政府采购争议解决原理与案例
——基于全球视域

焦洪宝 ◎ 著

中国财经出版传媒集团
经济科学出版社
Economic Science Press
·北京·

图书在版编目（CIP）数据

政府采购争议解决原理与案例：基于全球视域／焦洪宝著. -- 北京：经济科学出版社，2025.5. -- （政府采购培训丛书）. -- ISBN 978-7-5218-6929-3

Ⅰ.F810.2

中国国家版本馆 CIP 数据核字第 20259QX929 号

策划编辑：殷亚红
责任编辑：王　洁
责任校对：靳玉环
责任印制：邱　天

政府采购争议解决原理与案例
——基于全球视域
ZHENGFU CAIGOU ZHENGYI JIEJUE YUANLI YU ANLI
——JIYU QUANQIU SHIYU
焦洪宝　著
经济科学出版社出版、发行　新华书店经销
社址：北京市海淀区阜成路甲 28 号　邮编：100142
总编部电话：010-88191217　010-68580916
发行部电话：010-88191522　010-88190453
网址：www.cgpmedia.cn
电子邮箱：cgpm@vip.sina.com
天猫网店：经济科学出版社旗舰店
网址：http://jjkxcbs.tmall.com
固安华明印业有限公司印装
710×1000　16 开　19.25 印张　300000 字
2025 年 5 月第 1 版　2025 年 5 月第 1 次印刷
ISBN 978-7-5218-6929-3　定价：86.00 元
(图书出现印装问题，本社负责调换。电话：010-88191545)
(版权所有　侵权必究　打击盗版　举报热线：010-88191661
QQ：2242791300　营销中心电话：010-88191537
电子邮箱：dbts@esp.com.cn)

序　言

在英美法院庭审中，法官拿起法槌边敲边喊的是"order"，也就是秩序。当路口右转的车辆，与交叉方向正在直行的汽车相撞，会因违反"拐弯让直行"的交通规则而承担责任；在车辆稀少的路口不设红绿灯，而会竖着标明"STOP"的指示牌，司机需要将车停住再重新起步。这些规则给交通参与者排出先后，保障了交通秩序。文治武功、礼乐道释、儒墨名法，凡中外诸子百家，所追求的也不过是人人相处有序，天下得治。

秩序的建立，从一开始就不是由外在的硬约束形成的。秩序的形成需要内在的法则，关于这种法则的起源，中国古代先贤给出了"道法自然"的答案，西方亚里士多德也提出了法律源于自然本身的自然法则。相邻的邻居各自种植了桃树和梨树，形成朴素的观念是我不去摘你的桃子，你才不会摘我的梨子，相互认可产权才能各自安好。海上捕鲸作业的渔民，对于缚紧在渔船上还是叉住鱼叉就算占有捕获也有约定的规则。① 这些共同生活中所形成的公序良俗，随着国家的产生发展成为自觉的制定法或者基于道德、政策和经验并经法院判例确认的普通规则。② 定分止争是法律的基本功能，对于使用法律的个体，法的核心用途就是争。"积兔于市，过而不顾"，从确定各自的权益，到规范彼此的行为，到对受到挤压者提供救济，法律的基本原则是给予每个人应得的部分，不多不少。而对于群居的社团，

---

① ［美］埃里克森著，苏力译：《无需法律的秩序：相邻者如何解决纠纷？》，中国政法大学出版社2016年版。
② ［美］梅尔文·A. 艾森伯格著，孙良国、王怡聪译：《合同法基础原理》，北京大学出版社2023年版。

无论是借助规约章程,还是宪法法律,只要能够在执行中做到"小大之狱,虽不能察,必以情",即晓之以理,动之以情地去认真解决相互的利益纷争,实现公平正义,就能博得成员的忠诚,使集体凝心聚力。

法则最初是道德规范、宗教戒律和法律规则的混合。无论是仁者爱人的儒家观念,还是不谋杀、不偷盗的戒律,都在努力教化自然人向善成为懂得社会规则的社会人。由于实现秩序的治理规则和在矛盾出现时可以诉诸的法则有多重选择,人们往往会递次选择这些规则来解决问题,或是友邻的说教,或是长者的训诫,或是权威第三方的规劝,向司法机关求助总被列为最后的手段,因为把对问题作答的权力交给第三方需要以高度的信任和认同为前提,总不免有授权于他人再也无力操控之感。况且运行再好的机制也会偶有失灵之时,第三方裁决者都需要用服从来彰显其权威。这种权威如果不能顺应内在的法则,则会变成对存在与发展秩序的妨害。因此,即便是最智慧的审判者也需要时刻小心地求证究竟是应当向右,还是向左。

当生产力发展到有剩余可作为商品交易之后,商人之间的纷争开始出现,但英格兰王室法院受理合同纠纷案件是在18世纪以后,① 同期的清朝县政府还是惮于理讼的,② 更多的商事交易纠纷靠同行的相互制约或者适用商人习惯法的仲裁法庭来解决。莎士比亚戏剧中威尼斯商人之间"割一磅肉的契约纠纷"所反映的近代民法契约神圣的观念,除了略受到公序良俗或者诚实信用原则的共济与规制之外,一直是受到市场经营者的尊崇。"言必信,行必果",自古以来在中国也有着无讼的传统,大量的纠纷并不通过诉讼去解决。在西方国家,多元的可替代性纠纷解决机制处理了90%以上的争议。最终在法院诉讼中形成判决书的争议案件只是少数。司法的救济始终被认为是实现法律所确认的权利的最后手段,如果在司法中得不到承认与保护,即便是成文法中宣称的权利,也是被虚置的。但这并不意味着

---

① 高尔森:《英美合同法纲要(修订版)》,南开大学出版社1997年版。
② 王志强:《传统中国的非讼与好讼》,载于《中国社会科学报》2012年5月23日。

序　言

对权利保护的宣示毫无意义，许多基本生存保障权之上的权利是随着社会发展而逐步萌生，即便尚未被现行司法实践所认可，也可能会在社会关系中被绝大多数群体或个体通过相互尊重而实现，在最终的某个适当的节点成长至可强制履行的、由司法手段提供有力保护的状态。

政府采购首先是一项合同交易，至少在现代社会是如此。与强制瑶役赋税不同，现代国家采取了货币结算的形式，把政府部门的需求面向市场进行市场化资源配置。政府采购中的买方又是特殊主体，不同于一般的商品交易参与者，因为政府作为采购方有着无与伦比的与从其存在即与生俱来的高度信用。政府是维护秩序的当权者，其对于自身购买所需货物、工程或者服务的交易合同应当模范地予以信守。政府的采购又是开放的，面向所有的市场经营者提供竞争性的供应机会。政府按照长官意志指定供应商，不容易保证质量和价格的最优化，也容易被市场经营者指摘存在内部勾结、有权决策的官员被怀疑会染指交易过程造成腐败。在市场竞争制度和采购竞争平台建立起来以后，政府购买创造的市场利益就公开地成为竞争者的逐利目标。政府采购邀约被公布以后，相关市场经营者会对采购需求是否适合自身产品或服务获得竞争优势、是否便利于自身参与这一竞争性缔约进行分析，对参与采购竞争的整个过程反复审视，并对成交结果进行总结和发起必要的挑战。因此，政府采购交易是完全置于公众视野的、高度透明化的交易，需要严谨的规则和清晰的程序，既要力争实现购买方的物有所值，又要保证同时作为纳税人的市场供应商利益均沾。而作为政府采购规则的执行者和监督者，政府一方尤其需要自律自重，把市场供应商的不满意随时化解在矛盾出现的最前端，以实现政府采购活动持续健康运行。

理想化的逻辑法则总是能够自圆自洽的，理想的制度设计总是能够自动执行的。然而现实比理论更为丰满，完美顺畅的政府采购制度规则还需要救济制度予以校正和纠偏。没有法则就没有秩序，如果不能以个体权益对宏观规则的运行加以约束，当秩序的洪流倾轧之下，可能难免会有被挤到墙角的少数人的呼喊被埋没。这时救济制度就成为法则运行闭环中的必要旋梯，通过拾起部分被规则遗忘或误伤的市场机会参与者，拯救正当交易利益的同时，也使整体市场的循环更为圆满。如果没有救济，权利将得不到实现，法律规则运行的愿景也将遥不可及。

从 2003 年 1 月 1 日我国《政府采购法》开始实施至今已逾二十年，这期间中国式现代化在稳步推进，政府采购工作的法治化也在发展中迎来了深化改革的契机。从传统文化中、从全球法治文明成果中兼收并蓄先进的政府采购治理经验，对照借鉴法治化政府采购制度建设的理念、规则、个案处理意见，在法规条例的部分条款和判例个案的只言片语中采撷灵光一现的法治智慧，不失为增益于我国政府采购法治建设的重要路径。2002 年以来，我在南开大学何红锋教授等政府采购和工程建设法律领域资深学者的帮助下开始政府采购研究，并在进入高校从事法学专业教学以后专注于政府采购比较法律研究，在《中国政府采购》等专业期刊发表了一些外国政府采购法律制度比较研究论文和大量国外政府采购案例评析文章。在中国政府采购杂志社王洁副总编等同志的鼓励和支持下，我较为系统地梳理了在全球化视界下翻译引介的部分判例，并按照政府采购争议解决程序的框架增加了法域内外典型案例，并结合案例所体现的法律原则和裁判规则加以深入辨析阐释，使本书得以成稿。希望以此书与政府采购业界潜心钻研的同仁交流，为提高我国政府采购法治化治理水平提供有益的借鉴和启发。如有不当之处，敬请不吝指正。

焦洪宝
2025 年 1 月

目录 CONTENTS

第一章 全球视域下政府采购的界定 ……………………………… 1
    第一节 政府采购与公共采购的区分 ……………………………… 3
    第二节 政府采购流程的比较 ……………………………………… 10
    第三节 政府采购豁免的案例：欧盟泰克案 ……………………… 26

第二章 政府采购争议的源起与性质 …………………………… 33
    第一节 政府采购争议的源起阶段 ………………………………… 35
    第二节 采购行为的行政行为与民事合同性质之争 ……………… 44
    第三节 采购争议的行政与民事解决机制 ………………………… 47

第三章 争议解决程序类型 …………………………………………… 67
    第一节 国际协定中的政府采购争议解决程序 …………………… 69
    第二节 质疑、投诉与诉讼的衔接 ………………………………… 73
    第三节 监督检查与争议程序的区分 ……………………………… 82

第四章 采购准备阶段争议类型与内容 ………………………… 87
    第一节 纳入采购范围之争 ………………………………………… 89
    第二节 资格条件要求之争 ………………………………………… 105
    第三节 采购方式选择之争 ………………………………………… 113
    第四节 评审方法设置之争 ………………………………………… 123

第五章　采购实施阶段争议类型与内容 ……………………………… 137
第一节　采购实施程序上的争议 …………………………………… 139
第二节　采购文件合规性的争议 …………………………………… 147
第三节　供应商行为引发的争议 …………………………………… 153
第四节　评审过程与结果的争议 …………………………………… 162

第六章　合同履行阶段争议类型与内容 ……………………………… 173
第一节　合同成立与有效性、可履行性 …………………………… 175
第二节　合同变更与解除争议 ……………………………………… 180
第三节　继续履行、损害赔偿与惩罚 ……………………………… 192

第七章　政府采购争议解决的重要抉择 ……………………………… 201
第一节　起诉资格的授予 …………………………………………… 203
第二节　公平竞争权的保护 ………………………………………… 213
第三节　暂停程序的适用 …………………………………………… 228
第四节　基于公益的补偿 …………………………………………… 233

第八章　政府采购争议解决制度展望 ………………………………… 253
第一节　我国政府采购争议制度的改革 …………………………… 255
第二节　政府采购争议解决的基本原则 …………………………… 267
第三节　全球视域下政府采购争议展望 …………………………… 278

附录　相关法律法规部门规章规范性文件 ………………………… 290
参考文献 ………………………………………………………………… 294
后记：良法善治，一路向前 …………………………………………… 296

第一章

全球视域下政府采购的界定

在经济全球化背景下，商品生产领域的全球供应与流通领域的全球竞争已成为现实。政府依法行使政府管理职能以及面向社会提供公众服务所需要的基础设施及日常运行所需物资，从节约资金等角度考虑也在更多地面向全球化市场的最佳供应商采购。为提高政府运营效益，政府也开始将传统上由政府自身完成或对外提供的服务通过采购第三方服务的方式予以替代。为规范政府购买活动，各国在不同程度上将政府采购活动纳入法律调整，也形成了对政府采购内涵与外延的不同认识。

第一节　政府采购与公共采购的区分

政府采购，从字面来看，意指各级承担政府职能的采购主体为履行政府职能而面向社会供应商所进行的购买。但是对于政府采购具体的概念和所指代的采购活动范围，世界各国有不同的法律规定，不同国家纳入政府采购的专门法律制度调整的政府采购活动对象有所区别。概括而言，各国在政府采购的概念和范围方面的区别主要表现在两个方面。一是政府采购与公共采购的区别；二是适用政府采购专门程序规定的政府采购和无须适用专门政府采购程序即可实施的政府采购。

一、政府采购与公共采购范围的界定

（一）政府采购范围的界定

政府采购具有满足公共事务需要的公共属性，这是政府采购区别于以营利为目标的商业采购的根本特征。在我国，界定政府采购范围有四个重要因素：采购主体、采购资金来源、集中采购目录和采购限额标准、采购标的。在这四个因素中，区分政府采购与非政府采购的主要因素是采购主体和采购资金来源。集中采购目录和采购限额标准以及采购标的的因素，是界定专门的政府采购法律法规适用范围的因素。有些采购虽然在采购主体和采购资金来源方面属于政府采购，但由于采购金额小、采购标的不适于进行统一规范等原因，未被列入集中采购目录和采购限额标准，不纳入政府专门法律调整的范围。

从政府采购主体来看，我国的政府采购主体包括了国家机关、事业单位和团体组织，可见政府采购中的"政府"是较为宽泛的概念，不仅限于行政机关，还包括人大、法院、事业单位等承担公共管理职能的机构。这些采购主体所实施的采购，主要是为获取完成自身公共管理职能所需要的货物、工程或服务等外部资源而实施的，也有一些是用于满足面向社会公众服务所需的货物、工程或服务的采购。从采购资金来源来看,我国的政府采购资金是财政性资金,根据《中华人民共和国预算法》规定,我国采购主体的全部收入都被纳入预算管理,因此,只要预算单位进行采购活动,其支出资金实施的采购行为均具有政府采购性质。

采购是满足公共管理职能或社会公众所需,以及采购所使用的是具有公共归属性的预算管理资金,这使得将具有公共属性的政府采购纳入专门的法律调整成为必要。规范政府采购的目标,主要是保障公共资金使用的效益,还有保障政府采购行为的廉洁性、保障市场经营者对政府采购市场的广泛参与机会以及保障某些宏观调控目标通过政府采购得以实现等更为多元化的法治目标。

(二) 公共采购范围的界定

在我国,除了政府采购被纳入具有公法性质的专门法律调整之外,还有一些不属于政府采购范围但具有一定公共属性的采购行为同样被纳入具有公法性质的专门法律加以调整和规范,这主要是指由《中华人民共和国招标投标法》(以下简称《招标投标法》)规定必须进行招标的采购项目。这些依法必须招标的采购项目,有的并不属于政府采购,但经常与政府采购一起被合称为公共采购。

分析我国对依法必须招标项目的规定,不难发现对依法招标项目范围的界定因素主要是采购资金来源、采购项目的公共用途和采购资金规模。在采购资金来源方面,依法必须招标的要求针对全部或者部分使用国有资金投资或者国家融资的项目;在采购项目的公共用途方面,强调适用于大型基础设施、公用事业等关系社会公共利益、公众安全的项目;在采购资金规模上,依法必须招标的项目上要求单项合同的估算价达到一定的规模标准。[①] 从实施依法必须招标项目的采购主体来看,主要是国有企业。将大量的国有企业的招标采购纳入专门的法律调整范围内,体现了我国经济体制的特点。由于我国实施的是公有制为主体、多种所有制经济共同发展的

---

① 参见《必须招标的基础设施和公用事业项目范围规定》《必须招标的工程项目规定》。

第一章　全球视域下政府采购的界定

社会主义基本经济制度，除政府机关会负责预算资金支出之外，还有大量的使用预算资金实施的项目会交给国家投资的国有企业实施，有些国有企业也会承担一定的公共管理职能或被拨付专项资金代为实施某些面向社会公众提供服务的采购项目，这种采购所具有的公共属性同样要求在实施中贯彻公开、公平、公正的程序要求，从而保障采购所追求的公共目标得以顺利实现。另外，对于基础设施、公用事业等公共用途的项目，为保障社会公共利益、保障公共安全，无论其采购资金来源如何，也有必要适用公开、透明的招标采购程序。从而被纳入招标采购规制的范围。

在我国，公共采购通常被指代政府采购和依法必须招标的采购。而有些西方国家，例如，欧盟成员国，更倾向于直接使用公共采购的措辞。在欧盟，进行专门法律调整的采购主要有公共部门采购、公共事业部门采购和特许经营权的授予，其中，公共部门采购是指由"受公法管辖的主体"使用公共资金进行的公共目的采购。[①] 这些"受公法管辖的主体"包括政府部门、公立医院、学校、研究机构等，其范围大致与我国政府采购主体相当；公共事业部门采购和特许经营权的许可主要是在天然气、给排水、电、热力、邮政等公用事业方面进行合同采购或特许经营权授予的合同，这部分内容的采购在我国有的是作为依法必须招标的采购来管理，有的是在特许经营权授予时要求公开竞争程序或以政府采购确定投资者的方式实施，基本也可被视为是公共采购的一部分。另外，在全球范围内，都有一些大型企业，在进行大宗物资采购时，为提高效益等考虑，也会主动选择采取招标等公开的、竞争性缔约方式进行采购。在这些商业主体中，既可能是政府控制的国有企业，也可能是私营公司或公众持股的上市公司，由于这些采购项目不具有公共属性，不应当被纳入公共采购范围，但这些按照招标等竞争性缔约程序实施的采购，与政府采购、公共采购一起，可以笼统地被称为招标采购。

---

① 焦洪宝：《欧盟〈公共部门采购指令〉与我国〈政府采购法〉的比较与启示》，载于《中国政府采购》2020 年第 11 期。

二、国际上对政府采购范围的共识

政府采购占据着相当比例的交易市场，对经济社会发展有着重要的影响。在我国，2022年全国政府采购规模为34993.1亿元，占全国财政支出和GDP的比重分别为9.4%和2.9%。在欧盟及其成员国，约有25万个公共采购主体在购买服务、工程和用品方面的支出约占GDP的14%（每年约2万亿欧元），涉及一般公共服务、国防、公共秩序与安全、环境保护、住房、卫生、文化、教育与社会保障等方方面面。基于政府采购的重要影响，有些国际组织形成了有关政府采购合作的国际条约或有关公共采购的示范性立法文件，主要是世界贸易组织的《政府采购协定》和联合国国际贸易法委员会《公共采购示范法》等，这些规范性文件对于政府采购范围的认识和表述，在一定程度上体现了国际上对政府采购范围的共识。

（一）《政府采购协定》对政府采购范围的规定

《政府采购协定》（GPA）是世界贸易组织的多边协议，其基本目标是为各成员在政府采购领域建立一个有助于实现国际贸易进一步自由化和扩大、改善国际贸易的多边框架，避免有关政府采购措施被用于保护本国供应商、货物或服务的目的。协定文本分为正文和附录两大部分。其附录一是各成员在加入时提交的一份市场开放清单，列明了适用协定的中央政府、地方政府、其他采购实体名单和所适用的采购门槛价及协定所涵盖的货物、建筑服务及其他服务清单。《政府采购协定》所适用的采购，是为了政府目的而由附录一所列明的采购实体进行的不以商业销售或转售为目的，或用于供商业销售或转售的商品或服务的生产为目的而进行的对货物、服务或者货物与服务的任意组合的采购。按照《政府采购协定》规定，政府采购主体是由成员列出在附录一中的实体，所适用的采购范围要求在采购金额方面达到或超过附录一中列明的相关门槛价。以美国为例，其对于联邦政府采购实体，货物和服务的采购门槛价都是13万特别提款权，建筑工程采购的门槛价是500万特别提款权；地方采购实体对货物和服务的采购门槛价是 35.5 万特别提款权，建筑工程采购的门槛价是 500 万特别提款权。

《政府采购协定》还明确，不适用于以下采购：土地、现有建筑物或者其他不动产或者附着权的购买或者租赁；非契约协议或者一参加方提供的任何形式的援助，包括合作协议、补助、贷款、股份权益注入、担保和财政激励；财务代理或者储蓄服务、对受规制金融机构的清算和管理服务、有关公债销售、回购和发行服务的采购或者获得，包括贷款、政府债券、票据和其他有价证券；公共雇佣合同；为了提供国际援助的特定目的，包括发展援助的采购；根据国际协议的特别程序或条件进行的涉及部队的驻扎或者涉及签署国联合执行的项目；根据国际组织的特别程序或条件进行的，或者使用国际援助、贷款或其他援助资金进行的，使用该资金采购适用的程序或条件与本协议不一致的采购。

（二）《公共采购示范法》对公共采购范围的规定

联合国国际贸易法委员会《公共采购示范法》是在 1994 年《联合国国际贸易法委员会货物、工程和服务采购示范法》的基础上修订而来，旨在为各国对本国采购法律和实务进行评价和优化并在目前尚无采购立法的情况下为建立采购立法提供参照范本。《公共采购示范法》所称的公共采购，包括成员国内的一切采购实体获取货物、工程或服务的公共采购活动，还包括国防和国家安全相关的采购。除了公共部门外，往往还包括公用事业企业和在政府授予的特殊或排他性权利基础上开展经营的私营企业等。对于非政府实体是否受本法规范，示范法的立法指南草案提出了资金来源、控制关系、许可授权、红利分配、设立目的和法律适用等若干考虑因素。

《公共采购示范法》是联合国国际贸易法委员为各国推荐的示范法律文本，这一示范法律文本为各成员确立的公共采购立法的目标包括：（1）采购尽量节省费用，提高效率；（2）不论国籍促进和鼓励供应商和承包商参加采购程序，从而促进国际贸易；（3）促进供应商和承包商为供应采购标的进行竞争；（4）对所有供应商和承包商给予公平、平等和公正待遇；（5）促进采购程序的廉正、公平和公信度；（6）采购相关程序具有透明度。《公共采购示范法》致力于制定一套既能实现物有所值又能防止弊端的采购制度，规定了多种不同的采购程序，用以处理公共采购中可能产生的各种不同情形，包括涉及敏感问题的特殊采购，例如，涉及机密信息的采购，这使得《公共采购示范法》的适用范围可以包括适用这一立法示范文件颁布国内公共采购法的任何经济部门。

（三）经济合作与发展组织等其他国际组织对公共采购范围的认识

经济合作与发展组织（OECD），是由38个市场经济国家组成的政府间国际经济组织，旨在共同应对全球化带来的经济、社会和政府治理等方面的挑战，并把握全球化带来的机遇。OECD所界定的公共采购，是指政府和国有企业对货物、服务和工程的采购。由于公共采购占纳税人资金的很大一部分，因此，政府应以高标准行为高效地进行采购，确保以高质量的服务提供并维护公共利益。2015年《经合组织理事会关于公共采购的建议》指出，公共采购是政府治理和提供服务的重要支柱。由于其所代表的支出量巨大，治理良好的公共采购可以而且必须在提高公共部门效率和建立公民信任方面发挥重要作用，精心设计的公共采购制度也有助于实现紧迫的政策目标，例如，环境保护、创新、创造就业机会和中小企业的发展。OECD给出的有关公共采购的建议，为采购系统现代化提供参考，可以应用于各级政府和国有企业。

世界银行、亚洲开发银行等是由多个国家的政府共同投资组建并共同管理的国际金融组织，在其所发放的金融贷款项目的实施中，也会要求借款人执行一定的招标采购管理制度。世界银行招标采购的程序主要在《投资项目贷款（IPF）借款人采购规则》（2023年9月修订版）进行了规定，其适用范围包括使用投资项目贷款进行的货物、工程以及非咨询服务和咨询服务的采购。

三、纳入法律调控的政府采购范围界定

各国普遍认为有必要对政府采购进行专门的法律调控，并从采购主体、采购资金来源及采购目标的公共性等因素来对纳入法律调控的政府采购或

公共采购的范围加以界定。这种界定主要有三个层面，一是在较为广泛的意义上对政府采购进行定义，即凡是政府采购主体的采购支出活动，都属于政府采购范围，这一范围是与私人采购相区分的。二是对纳入法律调控的政府采购范围进行界定，即要求适用特殊的政府采购法律制度加以调整的政府采购支出活动是政府采购，另外一些低于政府采购监督管理限额的情况或例外情形，不作为政府采购活动进行管理。三是在对外开放政府采购市场方面对政府采购范围的界定，与其他国家在双边协定或多边条约中通过界定采购实体、门槛价（采购限额标准）以及采购项目确定政府采购开放清单，从而界定适用相关协定的政府采购范围。

在广泛的政府采购范围内，对于纳入明确规定的政府采购目录或达到一定的限额标准的，以专门的政府采购法律程序加以规范，其余目录之外或限额标准以下的，还有一些特殊情形下的采购事项，均在相应的法律规定中明确指出可以不适用政府采购法律规定的一般程序。例如，在美国低于2.5万美元的政府采购项目，采购人可以更为自主地选择采购方式而无须适用强制政府采购程序和方式。对于一些应急采购项目，在法国的政府采购规则中也指出可以自行采购。在我国现行的政府采购管理中，对于未纳入集中采购目录且未达到限额标准的采购项目，也交由采购人自主实施采购活动而无须适用《中华人民共和国政府采购法》（以下简称《政府采购法》）规定的采购方式。

对于限额标准以下未被纳入政府采购法律法规调整的采购活动，从采购资金来源和采购用途来看，也都属于广义的政府采购活动，不将其纳入严格的政府采购规则加以管理，也是出于政府采购程序成本支出与适用这一相对繁杂的公平竞争程序而获得的绩效之间的衡量。从经济效率的角度考量，如果采购标的额比较小，还要使用漫长的比价程序，或者是复杂的采购程序，显然会增加采购程序成本、交易成本，而由此可获得的实现采购主体的廉洁性、保障采购质量、节约资金等方面获得的利益空间并不大，因此，没有必要再去套用程式化的安排。对于未达到门槛而不要求全面实施政府采购监管的采购活动，在我国现行政府采购监督管理体制下，是不纳入政府采购监督管理部门的管理范围的，即不会受理这些低于限额的采购活动中供应商的投诉。[①] 在德国，对于低于管理门槛的政府采购活动，如果出现纠纷，只可以进行民事诉讼解决，不能去为政府采购设立的审查机构提出上诉。[②]

第二节　政府采购流程的比较

不同国家和地区的法律法规对政府采购的流程都有相应的规定，这些流程主要在于对政府采购方式、政府采购的工作步骤、政府采购中涉及决策事项的审批程序以及政府采购透明度的要求等方面。了解政府采购的基本流程，有助于加强对政府采购的感性认识，更为准确地理解政府采购的内涵与外延。

一、我国政府采购的流程

依据我国政府采购的法律法规及政府采购实践，我国政府采购的整体工作主要有以下程序。

（一）政府采购预算编制

《政府采购法》第四章政府采购程序中，首先规定的就是采购预算编制审核。《政府采购法》第三十三条规定："负有编制部门预算职责的部门在编制下一财政年度部门预算时，应当将该财政年度政府采购的项目及资金预算列出，报本级财政部门汇总。部门预算的审批，按预算管理权限和程

[①] 例如，《内蒙古自治区财政厅关于规范限额标准以下项目采购的通知》规定，限额标准以下项目采购，不适用《中华人民共和国政府采购法》第二条规定，各级财政部门不对争议事项进行受理或处理。

[②] Public Procurement-Study on administrative capacity in the EU, https：//ec. europa. eu/regional_policy/sources/policy/how/improving-investment/public-procurement/study/presentation_study_public_procurment_workshop. pdf.

序进行。"政府采购预算编制需要自下而上进行，从基层单位编起，逐级审核汇总，报财政部门审核。财政部门经汇总平衡并按照程序报批后，形成本年度本级政府采购预算，由财政部门在批复部门预算时一并批复至各部门。只有获得了政府采购预算审批，取得财政部门对支付政府采购所需资金的支持，政府采购才成为可能。因此，政府采购预算编制是政府采购流程的第一项工作。

（二）确定采购需求

《政府采购需求管理办法》（财库〔2021〕22号）规定，采购需求，是指采购人为实现项目目标，拟采购的标的及其需要满足的技术、商务要求。在采购预算确定以后，采购人应当依据部门预算（工程项目概预算）确定采购需求。采购需求应当符合法律法规、政府采购政策和国家有关规定，符合国家强制性标准，遵循预算、资产和财务等相关管理制度规定，符合采购项目特点和实际需要。采购需求是由采购人提出，以满足采购人的工作需要为目的。采购需求通常是采购人所从事的政务活动或公共管理活动所必需，也可能是与自身工作职责相关的服务事项或为公众提供的产品或服务。采购人可以先行结合自身工作情况提出功能性的采购需求，涉及所需求产品或服务的最终技术规格等内容，可以结合通过采购意向征集等方式，与市场可供应的产品或服务的规格进行衔接，甚至采取合作创新采购的方式与潜在供应商共同研究洽谈后具体确定最终的采购需求，从而保障采购需求在付诸采购后能够得到有效响应。

（三）编制采购实施计划

《中华人民共和国政府采购法实施条例》（以下简称《政府采购法实施条例》）第二十九条规定："采购人应当根据集中采购目录、采购限额标准和已批复的部门预算编制政府采购实施计划，报本级人民政府财政部门备案。"采购实施计划应当根据法律法规、政府采购政策，再结合采购需求的特点确定。报财政部门备案的采购实施计划具体内容，应当包括采购项目的类别、名称、采购标的、采购预算、采购数量（规模）、组织形式、采购方式、落实政府采购政策有关内容等。采购实施计划在实践中又称为采购实施方案，是一份采购整体工作的预案，其中涉及采购标的、采购方式、采购包的划分、采购政策执行要求等重要的政府采购法律规则在具体采购项目的落实方案。

（四）对采购需求和采购实施计划的审查

为加强对采购需求的形成和实现过程的内部控制和风险管理，采购人应当建立审查工作机制，在采购活动开始前，针对采购需求管理中的重点风险事项，对采购需求和采购实施计划进行审查，审查分为一般性审查和重点审查。一般性审查和重点审查的具体采购项目范围由采购人根据实际情况确定。主管预算单位可以根据本部门实际情况，确定由主管预算单位统一组织重点审查的项目类别或者金额范围。对于采购金额 1000 万元以上的货物、服务采购项目和 3000 万元以上的工程采购项目，以及涉及公共利益、社会关注度较高的采购项目和技术复杂、专业性较强的项目，一般需要进行重点审查，在一般性审查的基础上，进行非歧视性审查、竞争性审查、采购政策审查、履约风险审查等。

（五）采购意向公开

采购意向公开的目的主要是提高政府采购透明度，便于供应商提前做好参与采购活动的准备。除框架协议采购之外，预算单位应当对本单位政府采购项目的采购意向进行公开。因预算单位不可预见的原因急需开展的采购项目，可不公开采购意向。采购意向公开的主要内容包括：采购项目名称、采购预算金额、采购需求概况（包括采购标的需实现的主要功能或者目标，采购标的需满足的质量、服务、安全、时限等要求）、项目预计实施采购月份等。

（六）委托代理机构

纳入集中采购目录的政府采购项目，采购人必须委托集中采购机构代理采购；未纳入集中采购目录的政府采购项目，采购人可以自行采购，也可以委托代理机构在委托的范围内代理采购。采购人依法委托采购代理机构办理采购事宜的，应当由采购人与采购代理机构签订委托代理协议，依法确定委托代理的事项，约定双方的权利义务。

（七）编制采购文件

采购人自行或者委托采购代理机构按照审查通过的采购需求和采购实施计划编制。采购人或者采购代理机构应当按照国务院财政部门制定的采购文件标准文本编制采购文件。根据采购方式的不同，采购文件或者是招标文件，或者是适用于非招标采购方式的其他采购文件。以公开招标采购方式为例，招标文件应当包括采购项目的商务条件、采购需求、投标人的资格条件、投标报价要求、评标方法、评标标准以及拟签订的合同文本等。

（八）发布采购公告

为提高政府采购活动透明度，促进公平竞争，在政府采购中应按照财政部规定的格式编制采购公告，并按照《政府采购信息发布管理办法》（财政部令第101号）规定发布采购公告，包括公开招标公告、资格预审公告、单一来源采购公示等政府采购项目信息。采购公告内容应当包括采购人和采购代理机构的名称、地址和联系方法，采购项目的名称、数量、简要规格描述或项目基本概况介绍，采购项目预算金额，采购项目需要落实的政府采购政策，投标人的资格要求，获取采购文件的时间、地点、方式及采购文件售价，投标（响应）截止时间、开标（开启）时间及地点，采购项目联系人姓名和电话。

（九）接收投标（响应）文件并组织评审

投标（响应）文件应当在采购文件确定的提交投标（响应）文件截止时间前提交，采购人或者采购代理不得接收投标（响应）截止时后提交的投标（响应）文件。采购人或者采购代理机构应当进行开标或者开启响应文件，并组织对投标（响应）文件进行评审。除国务院财政部门规定的情形外，采购人或者采购代理机构应当从政府采购评审专家库中随机抽取评审专家。对技术复杂、专业性强的采购项目，通过随机方式难以确定合适评审专家的，经主管预算单位同意，采购人可以自行选定相应专业领域的评审专家。采购人、采购代理机构要确保评审活动在严格保密的情况下进行。

(十) 确定采购结果

采购代理机构自评标（评审）结束后将评标（评审）报告送交采购人。一般情况下，采购人应当符合评标（评审）报告，在评标（评审）报告确定的中标（成交）候选人名单中按排序确定排名第一的供应商为中标（成交）供应商。由于确定采购结果是采购人的自主权，采购人在成交供应商的最终确定上，可以享有一定的自由裁量权，但是仍应符合采购文件所确定的评审规则和政府采购法律法规对采购合同授予的相关规定，并保障政府采购结果确定工作的透明度。

(十一) 发出中标（成交）通知书和发布结果公告

《政府采购法实施条例》规定，采购人或者采购代理机构应当自中标、成交供应商确定之日起2个工作日内，发出中标、成交通知书，并在省级以上人民政府财政部门指定的媒体上公告中标、成交结果，招标文件、竞争性谈判文件、询价通知书随中标、成交结果同时公告。中标、成交结果公告内容应当包括采购人和采购代理机构的名称、地址、联系方式，项目名称和项目编号，中标或者成交供应商名称、地址和中标或者成交金额，主要中标或者成交标的的名称、规格型号、数量、单价、服务要求以及评审专家名单。

(十二) 签订采购合同

采购人与中标、成交供应商应当在中标、成交通知书发出之日起三十日内，按照采购文件确定的事项签订政府采购合同。政府采购合同应当包含法定必备条款和采购需求的所有内容，包括但不限于标的名称，采购标的质量、数量（规模）、履行时间（期限）、地点和方式，包装方式，价款或者报酬、付款进度安排、资金支付方式，验收、交付标准和方法，质量保修范围和保修期，违约责任与解决争议的方法等。

(十三) 合同公告与备案

采购人应当在采购合同签订之日起2个工作日内在规定的政府采购网上

公告。采购人应当在采购合同签订之日起 7 个工作日内将合同副本报同级采购监督管理部门备案。

（十四）履约验收

采购人或者采购代理机构应当组织对供应商履约的验收。对于大型或者复杂的政府采购项目，应当邀请国家认可的质量检测机构参加验收工作。采购人或者采购代理机构应当按照政府采购合同规定的技术、服务、安全标准组织对供应商履约情况进行验收，并出具验收书。验收书应当包括每一项技术、服务、安全标准的履约情况。政府向社会公众提供的公共服务项目，验收时应当邀请服务对象参与并出具意见，验收结果应当向社会公告。

（十五）支付资金及进行政府采购绩效评价

采购人应按照政府采购合同约定，及时向中标或成交供应商支付采购资金。按照深化财税体制改革、全面实施预算绩效管理的要求，采购人还要积极开展涉及一般公共预算等财政资金的政府采购项目进行绩效管理或绩效评价，并运用评价结果促进政府采购资金使用效益的进一步提高。

（十六）采购文件保存

采购文件包括采购活动记录、采购预算、招标文件、投标文件、评标标准、评估报告、定标文件、合同文本、验收证明、质疑答复、投诉处理决定及其他有关文件、资料。采购文件的保存期限为从采购结束之日起至少保存十五年。

二、《公共采购示范法》的采购流程

联合国国际贸易法委员会《公共采购示范法》未对公共采购流程进行完整呈现，主要是对实施采购过程的程序性问题进行规定，能够体现出相关的采购流程如下。

（一）明确响应文件的递交要求

《公共采购示范法》规定，资格预审申请书、预选申请书、投标文件的递交方式、地点和截止时间，应当在资格预审邀请书、预选邀请书、资格预审文件、预选文件、招标文件中列明，并规定："资格预审申请书、预选申请书或投标文件的递交截止时间，应当以具体日期和时间表示，并应当给供应商或承包商编写和递交申请书或投标文件留出足够时间，同时考虑到采购实体的合理需要。"这实际上是要求采购人在采购文件中要结合自身的需求给予潜在供应商预留合理的编制响应文件的时间。

（二）采购文件的澄清和修改

《公共采购示范法》规定，供应商或承包商可以请求采购实体澄清采购文件。对于供应商或承包商提出的澄清采购文件的请求，只要是在响应文件递交截止时间之前的合理时间内为采购实体收到的，采购实体均应作出答复。采购实体应当在能够使该供应商或承包商及时递交响应文件的时限内作出答复，并应当将澄清事项告知由采购实体提供了采购文件的所有供应商或承包商，但不得标明请求的提出者。在响应文件递交截止时间之前的任何时候，采购实体可以出于任何理由，主动或根据供应商或承包商的澄清请求，以印发补充文件的方式修改采购文件。补充文件应当迅速分发给由采购实体提供采购文件的所有供应商或承包商，并应当对这些供应商或承包商具有约束力。

（三）投标担保的提交与退还

《公共采购示范法》规定，采购实体要求递交响应文件的供应商或承包商提供投标担保时应遵守相应的规则：一是此种要求应当适用于所有供应商或承包商。二是采购文件可以规定，投标担保出具人和可能提出的投标担保保兑人，以及投标担保的形式和条件，必须是采购实体所能接受的。三是虽有上述规定，只要投标担保和出具人在其他方面符合招标文件中列明的要求，采购实体不得以投标担保不是本国出具人出具为由拒绝该投标担保，除非采购实体接受此种投标担保将违反本国法律。四是在递交投标文件之前，供应商或承包商可以请求采购实体确认所提出的投标担保出具人可否被接受，采购实体要求提出保兑人的，可以请求采购实体确认所提出的保兑人可否被接受；采购实体应当对此种请求迅速作出答复。五是确认所提出的出具人或可能提出的保兑人可被接受，并不排除采购实体以出具人或保兑人已无清偿能力或者已在其他方面失去信誉为由，拒绝该投标担保。六是采购实体应当在采购文件中具体说明对出具投标担保者的要求以及对所需投标担保的性质、形式、数额和其他主要条件。

《公共采购示范法》还规定了采购实体退还投标担保的情形，具体包括：投标担保期满；采购合同生效，按采购文件要求提供履约担保；采购被取消；在响应文件的递交截止日期之前撤回响应文件，除非采购文件规定不得撤回。

（四）资格预审程序

《公共采购示范法》规定，采购实体可以进行资格预审程序，以期在招标之前确定合格的供应商和承包商。这一资格预审程序是可选择的采购程序。采购实体进行资格预审程序，应当公开发布资格预审邀请书。资格预审邀请书的内容应当包括采购实体的名称和地址、采购程序中拟订立采购合同或框架协议的主要必要条款和条件的概要、确定供应商或承包商资格的标准和程序等内容。

采购实体应当就每一个递交了资格预审申请书的供应商或承包商的资格作出决定。采购实体作出此种决定，只应适用资格预审邀请书和资格预审文件中列明的标准和程序。采购实体应当迅速通知每一个递交了资格预审申请书的供应商或承包商是否通过了资格预审。采购实体还应当根据请求向任何人提供所有通过了资格预审的供应商或承包商的名称。采购实体应当迅速向每一个未通过资格预审的供应商或承包商告知未获通过的原因。只有通过了资格预审的供应商或承包商才有资格继续参加采购程序。

（五）取消采购、否决异常低价投标文件和排除供应商

《公共采购示范法》规定，采购实体可以在接受中选响应文件之前的任何时候取消采购，在响应文件被接受的供应商未能按要求签订采购合同或者未能提供履约担保的情况下,还可以在中选响应文件已获接受之后取消采购。采购实体不得在决定取消采购之后开启任何响应文件或建议书。

《公共采购示范法》规定,如果采购实体确定,其价格结合响应文件的其他构成要素相对于采购标的异常偏低,由此引起采购实体对递交了该响应文件的供应商或承包商履行采购合同能力的关切,采购实体可以否决该响应文件,条件是采购实体采取了下列行动:采购实体已经以书面形式请求该供应商或承包商就引起采购实体对其履行采购合同能力关切的响应文件提供细节;并且采购实体已考虑到该供应商或承包商在这一请求之后提供的任何信息以及响应文件中列入的信息,但在所有这些信息的基础上继续持有关切。

《公共采购示范法》规定,供应商或承包商有下列情形的,采购实体应当将其排除在采购程序之外:该供应商或承包商直接或间接提议给予、实际给予或同意给予采购实体或其他政府当局的任何现任或前任官员或雇员任何形式的酬礼,或提议给予任职机会或其他任何服务或价值物,以影响采购实体在采购程序方面的行动或决定或实施的程序;或者该供应商或承包商违反本国法律规定,有不公平竞争优势或利益冲突。

（六）确定中选供应商及采购合同的生效

《公共采购示范法》规定,除非有下列情形,否则采购实体应当接受中选的响应文件:取消了递交中选响应文件的供应商或承包商的资格;取消了采购;以价格异常偏低为由否决了评审结束时确定的中选响应文件;根据规定的理由将递交中选响应文件的供应商或承包商排除在采购程序之外。《公共采购示范法》规定,采购实体应将其拟在停顿期结束时接受中选响应文件的决定迅速通知每一个递交了响应文件的供应商或承包商。

《公共采购示范法》也规定了采购合同的生效方法,主要包括:一是发出接受通知书时生效。二是签署书面采购合同时生效。三是主管机构批准时生效。作为一种最佳做法,《公共采购示范法》规定,响应文件已获接受的供应商或承包商未能按要求签署书面采购合同,或者未能提供所要求的任何履约担保的,采购实体可以取消采购,也可以决定根据本法和采购文件中列明的标准和程序，从其余仍然有效的响应文件中选出下一份中选响应文件。在后一种情况下，本条的规定应当经变通后适用于该响应文件。在采购合同生效并且供应商或承包商按要求提供履约担保时，即应迅速向其他供应商或承包商发出采购合同通知，列明已订立采购合同的供应商或承包商的名称和地址及合同价格。

（七）采购合同或框架协议的授予公告

《公共采购示范法》规定，采购合同生效时或者订立框架协议时，采购实体应当迅速发布采购合同或框架协议的授予公告，列明被授予采购合同或框架协议的一个或多个供应商或承包商的名称，以及采购合同的合同价格。同时规定，授予公告的规定不适用于合同价格低于采购条例中列明的阈值的授标。采购实体应当定期、累积发布此种合同授予的公告，每年至少一次。

（八）采购程序的书面记录

《公共采购示范法》规定，采购实体应当保持采购程序记录，其中包括两种程度的披露：一是信息记录部分应当在中选响应文件被接受后，或者在采购被取消后，提供给请求得到此种记录的任何人。二是在不违反规定的情况下，规定的记录部分应当根据请求提供给已知悉中选决定的递交响应文件的供应商。采购实体应当根据本国采购条例或其他法律规定，记录、归档并保存与采购程序有关的一切文件。

《公共采购示范法》还规定了保密要求。在采购实体与供应商或承包商的通信或者与任何人的通信中，如果披露信息不是保护国家基本安全利益所必需的，或者披露信息将违反法律、将妨碍执法、将损害供应商或承包商的正当商业权益，或者将妨碍公平竞争，则采购实体不得披露任何此种信息。除根据规定提供或发布信息之外，采购实体处理资格预审申请书、预选申请书和响应文件，应当避免将其内容披露给其他竞标供应商或承包商，或未被允许接触此类信息的其他任何人。

《公共采购示范法》也对特定采购程序提出了保密要求。一是采购实体与供应商或承包商之间根据特定程序进行的任何讨论、通信、谈判和对话均应保密。二是采购涉及机密信息的，采购实体可以对供应商或承包商规定旨在保护机密信息的要求，并且要求供应商或承包商确保其分包商遵守旨在保护机密信息的要求。

（九）公开招标采购方式的程序规定

考虑到各国的不同实践与需要，《公共采购示范法》规定了多种采购方式以供颁布国根据需要进行选择。主要根据采购标的的复杂程度来选择采购方式，着眼于特定采购情形，并在实际可行的限度内力求实现最大程度的竞争，而不是以拟采购标的是货物、工程还是服务为依据。根据《公共采购示范法》，采购实体必须使用公开招标，除非有正当理由使用另一种采购方法。因此，使用公开招标是无条件的，任何采购都可以使用公开招标，而使用其他采购方法是有条件的，属于例外情形。《公共采购示范法》公开招标的采购程序作出细化规定，具体包括以下几个方面。

第一步，采购实体发布招标文件征求投标文件。《公共采购示范法》规定了征求投标文件程序，采购实体应当根据规定，通过登载投标邀请书征求投标文件。供应商或承包商凡是按照投标邀请书中列明的程序和要求对投标邀请书作出答复的，采购实体均应向其提供招标文件。已经进行资格预审程序的，采购实体应当向通过资格预审并支付收取费用的供应商或承包商提供一套招标文件。

第二步，供应商提交投标文件。《公共采购示范法》规定了投标文件的提交，应当按照招标文件列明的方式、地点和截止时间递交投标文件。采购实体应当向供应商或承包商提供一份显示其投标文件收讫日期和时间的收据，应当保全投标文件的安全性、完整性和保密性，并应当确保仅在按照本法开标之后方可审查投标文件内容；采购实体不得开启在投标截止时间之后收到的投标文件，并应当将其原封不动退还给递交该投标文件的供应商或承包商。

《公共采购示范法》也规定了投标文件的有效期、修改和撤回，投标文件在招标文件列明的期间内有效；在投标文件有效期期满前，采购实体可以请求供应商或承包商将有效期延长一段规定的时间。除非招标文件中另有规定，否则供应商或承包商可以在投标截止时间之前修改或撤回投标文件而不丧失其投标担保。此种修改或撤回通知，在投标截止时间之前为采购实体收到的，即为有效。

第三步，评审投标文件。一是开标。开标时间是招标文件列明的投标截止时间。应当在招标文件列明的地点，按照招标文件列明的方式和程序开标；采购实体应当允许所有递交了投标文件的供应商或承包商或其代表参加开标；供应商或承包商的投标文件凡是被开启的，其名称和地址以及投标价格均应在开标时向出席者当众宣读、应当根据请求告知递交了投标文件但未出席或未派代表出席开标的供应商或承包商，并应当立即载入采购程序记录。二是投标文件的审查和评审。首先，采购实体应将符合招标文件中列明所有要求的投标文件视作具响应性投标文件；投标文件即使稍有偏离但并未实质改变或背离招标文件列明的特点、条款、条件和其他要求的，或者投标文件虽有差错或疏漏但可以纠正而不影响投标文件实质内容的，采购实体仍然可以将其视作具响应性投标文件。其次，采购实体应当根据招标文件列明的标准和程序对未被否决的投标文件进行评审，以便确定中选投标文件。对于中选投标文件，其价格是唯一授标标准的，应当是投标价格最低的投标文件中选；或者价格标准结合其他授标标准的，应当是最有利的投标文件中选。最后，无论采购实体是否进行了资格预审程序，投标文件已被确定为中选投标文件的，采购实体可以要求递交该投标文件的供应商或承包商按照招标文件规定的标准和程序再次证明其资格。三是禁止与供应商或承包商谈判。《公共采购示范法》明文禁止采购实体与供应商或承包商就该供应商或承包商提交的投标文件进行谈判。

三、政府采购的一般流程及程序性调整

在国外，政府采购或公共采购也是受法律监管并由独立机构监督的过程。例如，在美国，公共采购受《联邦采购条例》（FAR）的约束。FAR规定了政府从私营部门购买商品和服务时必须遵守的规则和程序。有几种不

同类型的公共采购，包括密封招标、谈判合同、独家采购合同、小型采购程序。不同类型的公共采购方式适用于不同类型的采购项目。

（一）美国公共采购的一般流程

1. 采购规划

公共采购被认为是为公共部门采购商品和服务的过程。其包括为政府、国有企业和其他公共组织（如学校和医院）购买商品和服务。公共采购过程的第一步是规划。这包括清楚地了解需要哪些商品或服务，设置预算参数，并为采购项目制定时间表。

2. 确定潜在供应商

一旦计划了采购项目，下一步就是确定能够提供所需商品或服务的潜在供应商。这通常涉及向相关方发出征求建议书（RFP）或报价请求（RFQ）。

3. 评估投标文件

采购主体发布征求建议书（RFP）或投标邀请书（IFB）后，一旦收到感兴趣的供应商响应这些征求邀请而提交的投标文件，就必须对其进行评审，以选择最佳选项。评审标准通常包括价格、质量、交货时间和过去的表现。

4. 谈判合同条款

采购主体一旦选择了供应商，可以进一步谈判采购合同条款。这一步通常涉及买卖双方之间就具体交易细节来回讨价还价，直到就所有关键点达成协议。

5. 授予合同

公共采购过程的最后一步是将合同授予选定的供应商。公共部门根据自身所必须遵守的规则和条例，通过采购过程将合同授予最合格的供应商。

（二）我国政府采购的一般流程

按照我国政府采购流程实践，并结合对国际上以及国外有关国家公共采购流程设置的借鉴，可将我国政府采购的整体流程概括为以下五个阶段。

第一章　全球视域下政府采购的界定

1. 采购准备阶段

包括确定采购需求、编制采购预算、编制采购方案、编制采购文件等在采购文件正式发布前的准备阶段。在这一阶段，采购人要明确采购需求，包括所需货物、工程或服务的规格、数量和质量要求等。基于采购需求，采购单位编制采购预算，并上报财政部门审核。这一步骤确保采购活动在预算范围内进行。确定是否委托采购代理机构实施采购，并由采购单位或采购代理机构编制采购文件，包括招标公告、采购计划、招标文件等。招标公告用于向供应商宣布采购需求，招标文件则是供应商参与招标的具体指导文件。

2. 招标阶段

在这一阶段，采购人或其委托的采购代理机构要将招标公告在指定的采购信息发布媒体上公开，吸引潜在的供应商参与。在招标公告中应包含采购项目的基本信息、投标人的资格要求、招标文件的获取方式等。供应商查看招标公告后，如果符合条件，可以报名参与招标。在报名截止后，采购单位或采购代理机构会对报名供应商进行资格预审。资格预审通过的供应商按照招标文件的要求，递交包括技术标、资信标和商务标等招标文件所要求的构成内容的投标文件。

3. 评标与定标阶段

采购人或采购代理机构应在公告或邀请函中公开的地点和时间，进行开标活动，确保投标过程的公开透明。采购人或采购代理机构应依法组织评标委员会对递交的投标文件进行评审。评标委员会根据招标文件中的评标标准和方法，对投标文件进行打分和评价。评标委员会根据评标结果推荐中标候选人，由采购人确定中标供应商。中标结果应予以公示，接受社会监督。

4. 合同签订与履行阶段

采购人与成交（中标）供应商签订采购合同，明确双方的权利和义务。成交供应商按照合同要求履行合同义务，采购人进行验收并支付货款。

5. 总结与归档阶段

在采购完成后，采购人要进行采购项目总结，收集供应商的反馈意见，以便进一步改进采购流程。采购监督管理部门还要对采购完成情况进行绩效评价。在招标活动结束后，采购人要建立档案，包括采购实施方案、采购文件、各供应商响应文件或成交供应商的响应文件、评标结果、履约验收文件等。

在以上程序中，完成政府采购准备阶段的工作后，从发布政府采购公告至确定成交供应商的合同授予阶段的工作，属于狭义的政府采购流程。在狭义的政府采购流程中，要特别注重遵循公开、公平、公正和诚实信用原则，确保公共资金的合理使用和采购活动的合规性。

（三）实施政府采购活动中的程序调整

基于不同的政府采购方式的适用以及政府采购活动实施过程中遇到的情况，政府采购活动的程序往往需要进行调整。可能涉及的主要程序调整情形如下。

1. 政府采购方式的变更

政府采购原则上应当适用公开招标的采购方式。公开招标以外的采购方式，原则上均应当经过政府采购监督管理部门的批准才可以适用。而对于采购人采购公开招标数额标准以上的货物、服务，因特殊情况需要采用公开招标以外采购方式的，更应当在采购活动开始前，向政府采购监督管理部门申请变更政府采购方式。采购人申请变更政府采购方式，应当在报经主管预算单位同意后，再向财政部门申请批准。

根据我国《政府采购法》规定，招标后没有供应商投标或者没有合格标的或者重新招标未能成立的，可以作为适用竞争性谈判采购方式的条件。一般情况下，公开招标没有供应商投标或者没有合格标的或者重新招标未能成立，以及在公开招标过程中提交投标文件或者经评审实质性响应招标文件要求的供应商只有两家的，申请变更为竞争性谈判等其他采购方式的，可以提供相关材料向采购监督管理部门申请变更采购方式。有的地方政府在变更政府采购方式审批管理办法中还规定,在公开招标过程中提交投标文件或者经评审实质性响应招标文件的供应商只有一家,申请变更为单一来源采购方式的,可以提供相应材料申请办理审批。①

2. 采购流程中的期限调整

在我国具体政府采购活动的组织实施中,相关法律法规对采购流程中的部分重要工作期限进行了明确规定。但由于在实践中难免出现情形变化,需要调整相应期限的,仍应按照相关规定的期限办理。例如,《政府采购法》第四条规定,达到公开招标数额标准的货物、服务,在采购活动开始前,需要变更为公开招标以外采购方式的,采购人应向财政部门提供以下材料。《政府采购法实施条例》第三十一条规定,招标文件的提供期限自招标文件开始发出之日起不得少于5个工作日。采购人或者采购代理机构可以对已发出的招标文件进行必要的澄清或者修改。澄清或者修改的内容可能影响投标文件编制的,采购人或者采购代理机构应当在投标截止时间至少15日前,以书面形式通知所有获取招标文件的潜在投标人;不足15日的,采购人或者采购代理机构应当顺延提交投标文件的截止时间。

3. 采购实施中废标引发的程序调整

《政府采购法》第三十六条规定,在招标采购中,出现下列情形之一的,应予废标:(一)符合专业条件的供应商或者对招标文件作实质响应的供应商不足三家的;(二)出现影响采购公正的违法、违规行为的;(三)投标人的报价均超过了采购预算,采购人不能支付的;(四)因重大变故,采购任务取消的。如出现废标情况,政府采购工作流程将相应进行调整。在废标后,除采购任务取消的情形外,应当重新组织招标;需要采取其他方式采购的,应当在采购活动开始前获得设区的市、自治州以上人民政府采购监督管理部门或者政府有关部门批准。在其他非招标采购方式中,也可能出现供应商数量不足等影响采购顺利成交的因素,从而导致政府采购工作流

---

① 例如,安徽省阜阳市财政局《市级预算单位变更政府采购方式审批管理办法》(财购〔2016〕240号)等。

程需在调整后重新进行。

4. 处理政府采购质疑投诉导致的程序调整

《政府采购法》要求政府采购活动的全过程公开透明，法律保障供应商的知情权、参与权和监督权。在政府采购工作流程中，参加政府采购活动供应商有权对政府采购活动进行质疑与投诉。政府采购质疑和投诉是促进政府采购活动公开、公平、公正的有效措施，是完善政府采购纠错机制和监督手段的重要途径。《政府采购质疑和投诉办法》（财政部令第94号）规定了采购人、代理机构和财政部门需对质疑投诉进行答复和处理。供应商对采购文件提出的质疑，采购人、采购代理机构认为供应商质疑成立且影响或者可能影响中标、成交结果的，应当修改采购文件后重新开展采购活动。对采购过程、中标或者成交结果提出的质疑成立，当合格供应商符合法定数量时，可以从合格的中标或者成交候选人中另行确定中标、成交供应商的，应当依法另行确定中标、成交供应商；否则，应当重新开展采购活动。财政部门在处理投诉事项期间，可以视具体情况书面通知采购人和采购代理机构暂停采购活动，暂停采购活动的时间最长不得超过30日。采购人和采购代理机构收到暂停采购活动通知后应当立即中止采购活动，在法定的暂停期限结束前或者财政部门发出恢复采购活动通知前，不得进行该项采购活动。

第三节　政府采购豁免的案例：欧盟泰克案

泰克豁免原则是由泰克有限公司诉维亚诺市政府、雷焦艾米利亚天然气和水联合公司案的判例法形成的。本案是由意大利艾米利亚—罗马涅大区行政法庭根据《欧共体条约》第177条向欧洲法院提交的案件，主要诉求是要求欧洲法院对维亚诺市未经公共采购程序就将一些市政建筑供暖服务项目直接决定交给雷焦艾米利亚天然气和水联合公司是否违反了当时按照公共采购指令作出的初步裁决，以便意大利的地方行政法院可以继续审理泰克有限公司不服该决定而对维亚诺市政府和雷焦艾米利亚天然气和水联合公司案提起的行政诉讼。本案衍生出的泰克豁免原则对欧盟公共采购规则的除外适用范围的立法产生了直接影响。①

一、案件所涉采购项目及当事人情况

1997年5月24日，维亚诺市议会作出第18号《决定》，授予雷焦艾米利亚公司一些市政建筑供暖服务的管理权。在作出这一决定之前，没有发出任何投标邀请。雷焦艾米利亚公司的具体任务是进行有关市政建筑供暖装置的操作和维护，包括任何必要的维修和改进，以及燃料供应。雷焦艾米利亚公司的服务期是1997年6月1日至1998年5月31日，项目的报酬固定为1.22亿意大利里拉（当时货币）。其中，供应的燃料价值为8600万里拉，设施的运营和维护费用为3600万里拉。该《决定》第二条还明确，在最初的一年期限届满后雷焦艾米利亚公司承诺在修改《决定》中规定的条件后，应维亚诺市的要求，继续提供三年服务。

雷焦艾米利亚公司是一个由多个城市政府出资成立的提供能源和环境服务的联营公司。该公司章程规定公司具有法人资格的经营自主权，其经营范围包括直接负责和管理包括"民用和工业用天然气、民用和工业供暖"等在内的多项公共服务。公司章程还规定公司的经营活动范围可扩展到其他相关或辅助服务，持有上市公司或私营公司的股票以及向所在城市政府以外的私人或公共机构提供服务等。在公司最重要的管理事项上，包括编制财务报表和预算，需要由各城市政府代表组成的公司股东会批准。公司的管理机构还包括理事会、理事长及董事。这些管理机构人员不对城市政府当局负责，也不对所在城市政府承担任何职能。公司章程要求公司必须实现预算平衡和具有盈利能力。政府向公司提供资金和资产，公司要承担每年的利息。公司如有盈利，可以在各城市政府间分配；如有亏损，由各

---

① Teckal SRL v Comune de Viano （Case C-107/98），https：//eur-lex.europa.eu/legal-content/EN/TXT/?Uri=CE LEX%3A61998CJ0107.

城市政府追加出资。

泰克有限公司是一家从事供暖服务的私营公司，其具体业务包括向个人和公共机构供应先从生产企业购买的取暖油，同时，为石油和天然气供暖设备提供服务。泰克有限公司向意大利艾米利亚—罗马涅大区行政法庭提起诉讼，在诉讼中，泰克有限公司诉称维亚诺市在这一供暖服务项目上本应遵循欧共体立法所要求的公共合同招标程序。

二、法院审理本案的情况

意大利国内的行政法院不确定欧共体有关公共采购的《欧盟理事会关于协调公共服务合同程序的指令》（第92/50号指令）或《关于协调授予公共供应品合同程序的指令》（第93/36号指令）在本案中是否应当适用，但至少本案采购金额超过了这两项指令中规定的20万个欧洲货币单位的应用阈值。在本案中，维亚诺市委托给雷焦艾米利亚公司的采购项目具有双重性质，首先是提供各种服务，其次是提供燃料，意大利国内的法院认为不能忽视《欧盟理事会关于协调公共服务合同程序的指令》第92/50号指令第6条规定，该第6条规定，对于将法律、法规或行政规定的排他性权利授予给一个本身也是采购人实体的公共服务合同，不适用该指令规定的程序。在这种情况下，意大利艾米利亚—罗马涅大区行政法庭搁置了诉讼程序，将本案提交给欧洲法院，要求欧洲法院解释第92/50号指令第6条是否适用于本案。泰克有限公司、雷焦艾米利亚公司、意大利政府、比利时政府、奥地利政府、欧共体理事会参加本案审理。

关于本案是否应当受理的问题。雷焦艾米利亚公司和奥地利政府认为，欧洲法院不应受理本案。雷焦艾米利亚公司认为，首先，本案涉诉的采购合同金额低于第92/50号和第93/36号指令规定的阈值。燃料价格应该从合同估价中扣除，因为雷焦艾米利亚公司本身会通过公开招标程序获得其燃料库存。此外，案件所涉及合同也不是期限不确定的合同。其次，本案实际上涉及对意大利国家法律的解释。奥地利政府提出，对于本案采购金额是否超过欧共体相关采购指令阈值的问题，是应当由国家法院判断的事实问题。欧洲法院认为，本案主要是关于在地方政府将一项货物和服务供应合同授予给作为其成员的公司情况下，欧共体的法律应当适用的问题，因此，认为本案可以受理。

在1999年11月作出的判决中，欧洲法院认为，在满足某些要求的情况下，采购人可以不通过竞争性招标程序而直接将合同授予在法律上与采购人并不是同一主体的第三方实体，且该第三方实体在实质上并不是一个独立的机构。这种排除竞争性采购程序适用的情况需满足两个方面的测试条件，首先是"控制测试"，要求采购人对被授予合同的第三方行使的权力"类似于其对自己部门行使的控制权"；其次是"功能测试"，要求第三方本身必须是作为采购人的政府当局开展其活动的重要构成部分。当这两个条件得到满足时，该项采购合同将被视为"内部"行政安排。在本案中，由于采购的主要是燃料，欧洲法院认为不应适用第92/50号指令，而应适用第93/36号指令，但是第93/36号指令没有类似第92/50号指令第6条规定，因此，法院直接引用分析了第93/36号指令第1条有关公共供应合同的定义，认为第93/36号指令适用于合同一方是政府采购人，而另一方是在法律上与该政府采购人相独立的第三方实体。而当采购人对该实体具有类似与对其内部部门一样的控制权，且该实体开展的经营活动本身是控制他的采购人的必要活动的一部分时，情况就不同了，即该第93/36号指令的公共供应合同授予程序将不再适用。因此，法院将本案是否存在公共供应合同的问题交给国内法院进一步确定，并明确第93/36号指令只适用于采购人与独立的第三方订立的合同。这一判决意见实际上是驳回了原告泰克有限公司的诉求。

三、本案的影响

泰克有限公司诉维亚诺市政府、雷焦艾米利亚天然气和水联合公司案所引出的有关公共采购程序适用的豁免原则，被广泛称为"泰克豁免原则"，后来被正式写入2014年的《欧盟特许经营合同授予程序指令》（2014/23/EU指令）中。

2024 年修订版本的 2014/23/EU 指令第 13 条对授予附属机构的特许经营合同作出特殊规定，指出该指令不适用于由采购人向其附属机构授予特许经营合同，或者由若干采购人为开展该指令附件二所述活动（包括向公共提供的天然气、热力、电力、交通运输、邮政等）而成立的合资企业向其中一个采购人的附属机构授予特许经营合同。同时要求，被直接授予合同的实体要在此前三年时间内有 80% 以上的服务营业额或工作量是来自采购人或该采购人控制的其他附属实体（如果附属机构新成立没有前三年的营业额，则应由附属机构证明其达到该标准）。

在实践中，这种采购程序的豁免被严格解释和适用。对于控制权的测试标准，要求采购人能够对该被授予合同的附属机构的战略目标和重大决策具有决定性影响，采购人仅与其他采购人一起拥有该附属机构的所有股本是不够的。同时，如果有私人实体持有该附属机构的少数股权，也将排除泰克豁免原则的适用。对于第二个功能测试标准，要求该附属机构的营业活动主要是服务于采购人。

四、其他排除适用公共采购指令的采购事项

在欧盟公共采购指令中，还对采购程序的适用范围进行了其他一些方面的排除适用规定。这主要包括以下几个方面。

第一，保密和国家安全的例外。出于保密和安全考虑，某些公共采购可能被排除在欧盟公共采购指令的范围之外。例如，与军事安全或反恐措施有关的采购。根据《欧盟运行条约》第 346 条规定的一般豁免国防设备（以及与此类设备相关的服务）的采购也被排除在外。[1] 为了防止成员国过于频繁地援引第 346 条规定的国家安全豁免以避免在国防部门适用欧盟公共采购规则，欧盟制定了关于国防和敏感安全采购的第 2009/81/EC 号指令

---

[1] Consolidated version of the Treaty on the Functioning of the European Union, http://data.europa.eu/eli/treaty/tfeu_2016/oj.

（简称《国防采购指令》）。① 在实践中，大多数国防合同都授予国家供应商，使欧盟成员国政府能够保护其国内市场。《国防采购指令》旨在开放欧盟基本分散的国防部门进行竞争，同时保障成员国对基本国防和安全利益的控制。由于国防和安全采购的敏感性和复杂性，《国防采购指令》允许欧盟成员国使用简化的谈判程序，在不提供具体理由的情况下发布合同通知；对信息安全和供应安全作出具体规定；规定了若干保障措施和豁免措施，以保护重要的国家安全利益或公共安全；将某些合同完全排除在新制度之外（例如，与情报活动有关的合同）。在国防采购中，供应/服务采购适用的合同估价门槛为431000欧元，工程采购的适用门槛为5382000欧元。《国防采购指令》是对欧洲防务局2006年7月颁布的《国防采购行为守则》的补充。

第二，土地、现有建筑物或其权益的收购或租赁也被排除在2014年公共采购指令之外。然而，尽管有这种排除，一些土地开发协议（例如，开发商根据承包当局对开发商自己的土地的要求建造建筑物，然后将土地连同建筑物转让给当局）仍然受2014年公共采购指令的约束，因为这相当于公共工程合同。第一个案件是在2007年欧盟法院奥鲁诉法国罗阿讷市（Auroux v. Commune de Roanne）② 案中，政府拟在火车站周围建造一个休闲中心和相关设施。承包当局聘请了一家半公共开发公司来收购土地、获得资金、进行研究、组织工程竞赛、进行建筑工程、协调项目并与当局联络。政府当局本身并不打算成为各种设施的所有者，除了公共空间和停车场等要素。欧盟法院认为，该项目是公共工程合同，具有经济功能，符合订约当局的要求，因此，无论订约当局是否拥有甚至使用已完成的工程，均受公共采购规则的约束。在2010年赫尔穆特·穆勒有限公司诉联邦不动产管

---

① Directive 2009/81/EC of the European Parliament and of the Council of 13 July 2009 on the coordination of procedures for the award of certain works contracts, supply contracts and service contracts by contracting authorities or entities in the fields of defence and security, and amending Directives 2004/17/EC and 2004/18/EC (Text with EEA relevance), http://data.europa.eu/eli/dir/2009/81/oj.

② Case C-220/05 Jean Auroux and Others v Commune de Roanne，参见 https://eur-lex.europa.eu/legal-content/EN/TXT/?uri=CELEX%3A62005CJ0220.

理局（Helmut Müller GmbH v. Bundesanstalt für Immobilienaufgaben）一案中,[①] 德国联邦机构向私人当事方出售以前用作营房的土地。在销售合同中没有提及土地的未来用途。欧盟法院裁定，该销售合同不符合公共工程合同的条件，因为地方当局没有"直接的经济利益"。而且，地方当局在行使其城市规划权力时审查了其所收到的某些建筑计划这一事实并不意味着地方当局对重建工程提出了具体要求。这两项判决在法律上明确了属于公共采购规则之外的土地交易与受公共采购制度约束的工程采购之间的分界线，并确认欧盟法院将采取广泛的目的性方法。

第三，公用事业公司采购水、能源或燃料用于生产能源也被排除在外。此外，公用事业公司授予关联企业的采购，或由合资公用事业公司授予其成员之一或这些成员的关联企业的采购，可以排除在外，前提是有关企业本质上是为了向该集团而不是向公开市场提供服务/用品/工程而存在的。最后，成员国可以申请一般行业豁免（根据《关于协同水、能源、运输和邮政服务业公共采购程序的指令》，即 2014 年《公用事业指令》第 34 条），前提是市场已经自由化并开放竞争。委员会将考虑该特定成员国是否满足所需的竞争性市场条件，并通过正式决定确认豁免是否适用。即使有豁免，公用事业公司（但不是私营公用事业公司）在进行采购时仍必须遵守欧盟一般原则。根据 2024 年 1 月新修订版本的 2014 年《公用事业指令》第 30 条，国家出资企业实体可享受的公共采购程序豁免的规定仍然有效。

第四，某些类型的服务被完全排除在 2014 年公共采购指令的范围之外，例如，某些视听和无线电媒体服务、法院或法庭指定的法律服务、金融工具和铁路或地铁的公共客运服务（此类服务另由特定行业的立法涵盖）。此外，石油和天然气的勘探也被添加到公用事业制度的现有排除范围之外（即某些采购人授予的购买水和供应能源或生产能源燃料的合同）。

[①] Case C-451/08 Helmut Müller GmbH v Bundesanstalt für Immobilienaufgaben，参见 https://eur-lex.europa.eu/legal-content/EN/TXT/?uri=CELEX%3A62008CJ0451.

第二章
政府采购争议的源起与性质

在政府采购的整个流程中，从采购人端提出采购需求开始，到完成采购合同的履行实现采购功能结束，在涉及的各个工作环节中，以供应商的选择和采购合同的履行为焦点，采购活动当事人和利益相关方会在采购活动的合法合规性等方面提出疑义，进而引发各种争议。为便于分阶段分类处理好这些政府采购争议，可先按照源起阶段对政府采购争议加以认识。在此基础上，对争议各方诉求的争议点加以分析，正确识别这些不同类型的政府采购争议的法律性质，以选择正确的解决方式。

第一节　政府采购争议的源起阶段

一、采购准备阶段的争议

采购准备阶段是在发布采购公告进入采购实施阶段以前，以采购人及或采购代理机构为主体实施政府采购所开展的全部准备活动。采购人通过采购准备阶段的工作，形成可操作的采购实施方案，并在后续实施采购各环节中按照方案执行。在采购准备阶段可能出现的争议，有的需要在采购准备阶段予以解决，但大部分因采购准备阶段的工作存在问题而发生的争议，会在实施采购后的工作中暴露和被提请解决。采购准备阶段的争议主要有以下情形。

（一）采购需求形成过程中的争议

采购需求，是采购人为实现采购项目目标，对采购的标的及其需要满足的技术、商务条件所提出的要求。我国《政府采购需求管理办法》（财库〔2021〕22号）指出，技术要求是指对采购标的的功能和质量要求，包括性能、材料、结构、外观、安全，或者服务内容和标准等；商务要求是指取得采购标的的时间、地点、财务和服务要求，包括交付（实施）的时间（期限）和地点（范围）、付款条件（进度和方式）、包装和运输、售后服务、保险等。采购需求既需要满足采购人的需求，又需要在采购预算资金可实现的范围内，在具体技术和商务条件设定上，要与采购标的所拟实现的功能相匹配。

采购需求一般由采购人通过咨询、论证、问卷调查等方式进行调查，采购人初步开展获得的采购需求资料比较宽泛，在初步得出采购项目的功能、需求和目标以后，采购人可结合采购预算的审核情况进行采购意向的公开，在采购意向公开以后向征集到的意向供应商进一步沟通，以进一步细化项目技术和设备条件，形成清楚明了、表述规范、含义准备的采购需求。

采购需求形成过程中的争议，一是采购人内部的争议，例如，负责采购的部门与实际使用采购标的的部门对采购需求达不成一致意见。二是采购人与供应商之间的争议，例如，市场供应商就采购需求具体技术和商务指标不满意，认为属于与功能无关的不合理条件；市场供应商没有完全匹配采购技术要求的成熟产品，希望在交货期限等商务条件上加以调整等。

（二）采购预算编报审核争议

采购预算编报审核属于采购人的前期内部工作，但往往采购人需要提前向其预算主管单位申报采购预算，由预算主管单位报请财政预算部门审批后确定。采购预算编报审核过程中的争议，主要是采购预算不能满足采购需求所需要的资金等争议，或者是预算在执行中调整但未能达成一致意见，还有由于采购预算编报审核的工作周期与采购活动的实施不匹配造成的争议问题。在采购预算审核中，对于采购资金来源是否属于财政性资金，继而是否纳入政府采购的管理范围的问题，也往往会产生争议。如果在采购预算审核过程中，将纳入单位预算的资金作为非财政性资金而不适用《政府采购法》或者反之将未被纳入预算管理的资金视为财政性资金而适用《政府采购法》，在后期实施采购过程中，均可能产生相关争议。

（三）采购方案拟定争议

按照《政府采购需求管理办法》规定，在形成采购需求并获得预算审批后，采购人应当自行或委托采购代理机构制定采购工作计划。相关管理规定对采购工作计划应当具备的内容作出明确规定。在采购方案拟定环节，可能出现的争议如下。

一是关于采购主体是否应作为政府采购人的争议；二是所采购项目是否作为集中采购目录及达到采购限额标准；三是采购标的的性质按照货物、服务或者工程理解；四是采购方式的选择；五是是否委托采购代理机构的争议；六是采购合同文件选择方面的争议；七是采购验收安排方面的争议。这些争议大多是采购人内部就如何确定采购工作计划或采购方案的内容形成的，但是如果确定不当，将会产生供应商与采购人之间的争议，甚至直接影响采购法律法规的适用以及采购成交结果的合法性。

(四) 采购文件制作阶段争议

主要是在具体采购项目需求的技术条件与商务条件、评审标准等方面，在采购人与采购代理机构之间会产生不同的意见。采购文件的设置涉及诸多负面清单的规定，但是在具体项目上还需要在编制采购文件时将抽象的负面清单的规定与具体项目需求及相关技术条件、商务条件等情况加以结合。由于采购文件是供应商参与采购情况下必须接受的要约邀请内容，采购文件提出的交易条件，供应商必须作出正面响应，如果有所偏离会直接导致被排除在外。供应商在获得采购文件后，会围绕采购文件的规定开展询问或质疑，对这些询问和质疑，都需要采购代理机构协助采购人作出答复。如果对采购文件的质疑一旦成立，采购文件往往需要修改，从而影响采购工作周期。在采购文件制作阶段，采购代理机构会根据项目需求情况，根据对相关法律法规的理解，并结合自身经验，对采购文件中容易被质疑的内容与采购人反复沟通，进行风险提示，双方围绕相关问题最终达成一致意见后，才完成采购文件的制作以备对外发布。

二、采购实施阶段的争议

采购实施阶段，是在采购人内部确定采购方案后开始实施采购直到确定成交供应商。这一阶段采购人、采购代理机构以及市场供应商通过互动开展最符合采购目标的供应商遴选工作，参与采购实施阶段活动的供应商，对采购成交抱有期待心理并积极投入成本响应采购需求，在与采购人或采购代理机构有不同认识的问题上，会通过各种可能的方式和渠道提出自己的看法和诉求以争取自身的预期利益，因此采购实施阶段的争议较为激烈，为采购整体工作推进考虑，也需要在较短的时间内解决。采购实施阶段的争议主要出现在以下方面。

(一) 采购公告发布阶段的争议

在采购公告发布阶段的争议通常涉及公告的合法性、合规性及采购公告所透露出来的采购交易条件引起供应商的异议。在采购合法性问题上，采购公告应当按照《政府采购法》及相关规定在指定的媒体上发布，如果未能在指定媒体上发布，可能会导致供应商错失参与采购竞争的机会，在采购公告环节或者之后环节引发争议。采购公告应当由采购人或其委托的采购代理机构发布，其他未经授权的机构擅自发布采购公告可能引发误解。

采购公告应当包含所有必要的信息，如采购人、采购代理机构名称、地址、联系方式，项目名称和编号，采购标的的数量、规格型号、技术参数及售后服务要求，报名参加采购的资格条件，获取采购文件的时间、地点、方式及采购文件售价，递交响应文件的截止时间、开启时间及地点等。如果采购公告示未包含所有必要的信息，或者存在表述不清、含糊其词的情况，导致供应商无法理解采购项目的具体要求和条件，则供应商有权要求采购人予以澄清。公告所包含的对供应商报名参加采购的资格条件的内容，如果存在对供应商的歧视性条款，如不合理地限制报名者的资格条件、对特定品牌或供应商给予优惠等，会引发采购公告合规性的争议。而采购公告中有的合同条款如果脱离了实际需求情况或市场供应情况，例如，所设置的交货期不合理，正常情况下无法实现，或者技术规格超过市场供应能力，预算过低等，也会引发采购人的质疑。在公告发布后，采购人或采购代理机构应当及时关注供应商的反馈和意见，对存在的争议点予以及时解释和澄清，以确保采购活动的顺利进行。

（二）采购报名相关的争议

参加采购或招标，是否有报名环节，本身是有争议的。由于《招标投标法》和《中华人民共和国招标投标法实施条例》（以下简称《招标投标法实施条例》）对"投标报名"均没有明确要求，《国务院办公厅转发国家发展改革委关于深化公共资源交易平台整合共享指导意见的通知》（国办函〔2019〕41号）还专门指出，对于投标报名、招标文件审查、原件核对等事项可以采取告知承诺制和事中事后监管的方式解决，即避免在采购报名环节设置供应商参加采购的障碍。但采购报名环节在实际操作中仍有存在，例如，对于专门面向中小企业的采购项目，就不允许不具有中小企业条件的供应商报名。对于采购公告作出报名资格要求的，对于该报名资格条件是否合法，例如，对供应商经营年限、财务状况、技术水平等方面的要求等，可能会引发争议。而在具体报名材料上，如果采购公告未明确列出所有需要提交的报名材料，或者对材料的格式、内容等要求存在模糊之处，或者设定不合理的材料要求增加潜在供应商的参与难度、对报名材料采取不一致的审核标准等，都可能因涉嫌对供应商差别待遇而引发争议。有些采购要求在报名后才能获取采购文件，或者将报名与缴纳参与采购的保证金关联在一起，也容易引发争议。

（三）采购文件引发的争议

采购文件全面体现了采购的采购需求，也是采购成交后所订立的采购合同的重要内容来源，其本身往往被列为采购合同的构成部分，因此，采购文件中有关供应商资格条件的要求、采购标的技术标准要求及商务交易条件等内容，会受到供应商的关注，在出现内容模糊、违法违规等问题时会被询问和质疑、投诉。政府采购文件存在问题并引发争议的情况至少包括以下方面。

一是采购需求不明确。采购文件未明确供应商需满足的具体资格条件和提供的证明材料，仅使用"必须满足法律、行政法规规定的其他条件"等模糊表述，可能导致供应商理解上的差异和争议，也造成对采购人资格条件的审核标准不透明，从而影响响应文件是否能够被接受和进入实质评审。二是采购需求的技术标准不清晰，未明确采购标的需执行的国家、行业、地方等标准或规范，导致供应商在参与采购作出响应时无法准确把握要求，从而产生争议。三是采购需求的描述存在模糊、矛盾或歧义之处。采购文件中对同一需求的描述前后矛盾，或使用了"一线""先进""知名"等不明确、模糊的描述，使供应商难以判断，从而引发争议。四是采购标准设置不当，采购文件中设定的标准超出预算可能实现的范围、超出资产配置标准或办公实际需要，导致供应商无法按常规报价，从而产生争议。五是设定最低限价，要求供应商报价不得低于采购文件设定的最低限价，限制了市场竞争，可能导致供应商不满和争议。六是采购文件中未明确履约验收的主体、时间、方式、程序、内容和验收标准等事项，导致供应商在合同履行过程中可能产生误解或争议。七是文件编制存在倾向性或歧视性，采购人在编制采购文件时，可能会以某一公司的产品作为标准，导致文件内容出现具有歧视性现象和倾向性，引发供应商之间的争议。八是采购实施程序的设置不符合规定，政府采购文件本身在编制、审批、发布等过程中，以及采购文件中所体现的后续采购实施程序的安排，未遵循《政府采购法》及其实施条例等相关法律法规的规定，可能引发合规性争议。

（四）响应文件收取中的争议

响应文件收取中的争议，主要是在要求的递交文件截止时间后，是否可以继续收取响应文件的问题。对于延迟递交的响应文件如何处理，往往可能因出现对不同供应商予以不同的差别待遇等原因而引发争议。在响应文件递交的形式上，例如，纸质材料、电子采购情况下的电子投递等情况，也可能造成争执。

（五）响应文件评审中的争议

对响应文件评审，包括资格预审和响应文件的评审两个环节，由于都是需要评审专家参与，且是供应商集中竞争的重要环节，因此围绕评审问题在事中和事后都可能产生大量争议。

一是评审标准是否明确及设置是否合理问题。这本身是采购文件的问题，但可能仍会在评审阶段因执行问题引发争议。如果评审时使用了在采购文件中未明确说明的标准，或者表述存在歧义，导致供应商对评审标准的理解存在偏差，在满足评审要求方面错误地提供了材料，不能实现预期的评审结果，就会引发评审争议。或者出现评审标准与采购需求不匹配的情况，评审标准未能准确反映采购需求，导致评审结果与采购人的实际需求不符，引发采购人对评审结果不满意，引起争议。二是评审标准执行不严格。在评标过程中，评审委员会未能严格按照评审标准对响应文件进行审查，导致一些不符合标准的响应文件被错误地接受，或者符合标准的响应文件被错误地拒绝，引发争议。三是供应商之间不正当竞争，如为了中标某一采购项目而故意捏造事实、诋毁竞争者、伪造投标材料等，导致评审结果受不正当影响，产生争议。四是一些评审专家责任心不强、专业素养不高，在评标过程中对审查内容不仔细，评审过于随意，可能导致评审结果不公正，引发供应商争议。五是评审标准调整不当。在评标过程中，由于某些原因需要对评审标准进行调整，但调整过程未经过充分论证和审批，导致调整结果不合理或引发争议。例如，在评标过程中，由于某些特殊原因需要对评审标准进行修改，但修改后的标准未能得到所有投标人的认可或接受，导致争议的产生。

为了避免因评审标准问题引发的争议，招标人应在采购文件中明确、具体地规定评审标准，确保评审标准的合理性和公正性。同时，评审委员会在评标过程中应严格按照评审标准对投标文件进行审查，确保评标结果的准确性和公正性。对于评审过程中出现的争议，应及时进行沟通和解决，确保采购活动的顺利进行。

（六）成交结果的争议

成交结果的争议，一是采购人以采购成交结果不满意，认为评审不当或采购被违法违规围标、被非法串标，从而对成交结果不满意，认为不应当由公布的供应商成为成交供应商。二是其他落选供应商对成交结果不满意，认为采购过程未能体现公开公平竞争，从而不认可采购成交结果。

（七）采购合同成立与否的争议

对于采购结果公布后，是否即时成立采购合同的问题，存在理论和实践上的争议。供应商或采购人在成交通知书发出后，迟迟未能签订政府采购合同的情况下，是否可将采购文件、响应文件及成交通知书的内容作为政府采购合同的内容要求对方予以履约，存在争议。有的主张在发出成交通知书后即成立合同，有的主张在收到成交通知书时成立合同，有的认为成交通知书不代表合同订立，而需要签署政府采购合同后才能成立合同等。

（八）政府采购监督管理引发的争议

政府采购监督管理部门在履行其职责时，可能存在对于具体职责范围和权限的不同理解和解释。例如，采购人行业主管部门对政府采购是否有一定的监管职责及职责范围，政府采购监督管理部门对于政府采购活动的哪些事项可以纳入监督范围、对政府采购活动监督的具体方式是什么，以及政府采购监督活动中采取的执法措施，例如，暂停采购活动、重新采购等，对于采购活动的当事双方的法律约束力应如何理解等，都可能引发争议。被监督管理活动所影响其利益的采购人以及供应商，在不认可监督管理处理决定的情况下，也有权以及采取适当的方式提出异议，直至要求按照司法最终裁决原则进行诉讼处理。

三、合同履行阶段的争议

政府采购合同履行阶段的争议，主要是围绕政府采购合同的效力及合同当事方是否全面、充分、及时履行了合同权利义务等事项，在采购人与成交供应商之间发生。

（一）采购合同与采购文件一致性的争议

采购成交后，成交供应商要与采购人签署书面的政府采购合同。在签署合同过程中，仍可能发生对于部分合同条款进行谈判，以作出进一步调整或补充明确。原则上，采购合同应当与采购文件保持一致，但仍有可能针对采购文件不明确之处进行修改，这种修改如果涉及实质性内容，任何一方都有权拒绝，且这种对实质性内容的调整实际上会构成对以公开透明的采购程序确定的交易条件的修改，会对其他潜在供应商造成公平竞争方面的损害，因此相关法律法规也不允许这种对实质性内容的修改。但对于哪些内容是实质性内容以及采购文件最终是否要与签署的采购合同保持一致性的问题，可能会引发争议，从而影响采购合同的顺利签署。

（二）合同效力的争议

供应商或采购人可能因各种原因对政府采购合同的效力产生争议，在合同履约阶段引发诉讼后，对合同履行进行民事审判时，合同效力也是法院或仲裁机构主动审查的首要问题。按照我国《中华人民共和国民法典》

(以下简称《民法典》)的规定,合同是否有效要从多个方面加以认定,主要是在《民法典》第一百四十三条有关民事法律行为效力的构成上来看,一项有效的民事法律行为,必须在行为人具有相应的民事行为能力和意思表示真实的情况下达成,且合同内容不违反法律、行政法规的强制性规定,不违背公序良俗。政府采购合同如果有效,将被认定可以履行;政府采购合同如果是由于成交供应商提供虚假材料而成交,或者存在供应商向采购人行贿而使采购人违背真实意思表示、采购人利益明显受损的情况,可按照违反法律、行政法规强制性规定等因素考虑而认定合同无效。合同无效造成的经济损失,需要根据过错原则承担相应的法律责任。

(三)合同权利义务内容确定的争议

在政府采购合同达成后的履行期间,有些合同权利义务的内容在执行中仍可能会存在约定不明确的情况,需要根据诚信原则确定合同各方的权利义务。对于权利义务内容应如何确定,各方看法不一致,会由此而产生争议。

(四)供应商违约的争议

供应商应按照合同约定的内容、时间、质量标准等要求履行合同义务。如供应商未能按约定履行合同,应承担相应的违约责任。供应商对违约事实不认可,不愿意承担违约责任,采购人需要启动相应的法律程序追究供应商的违约责任,由此双方会发生争议。

(五)采购人违约的争议

采购人一方在政府采购合同履行过程中也可能出现违约行为,也应当依照约定依法承担违约责任,包括继续履行合同、赔偿损失等。根据《政府采购法》及政府采购合同的性质,采购人基于公共利益有权变更、解除合同。如果采购人违反了合同约定,但出现基于公共利益而变更、中止或终止合同的情况,采购人可以在一定程度上免除责任,但对于因此而给合同对方造成经济损失的情况,仍需要给予合理补偿。

第二节　采购行为的行政行为
与民事合同性质之争

政府采购是民事行为还是行政行为、政府采购合同是民事合同还是行政协议的问题，是政府采购法律制度的基础性问题，也一直是法律领域讨论的热点问题。政府采购行为的法律性质的界定，关系到政府采购争议解决制度的构建。

一、政府采购合同具有民事合同的基本属性

《政府采购法》规定，"政府采购合同适用合同法"。同时规定，"政府采购合同继续履行将损害国家利益和社会公共利益的，双方当事人应当变更、中止或者终止合同""政府采购当事人有本法第七十一条、第七十二条、第七十七条违法行为之一，给他人造成损失的，并应依照有关民事法律规定承担民事责任"。采购人实施政府采购，对相对方供应商而言在大部分情况下并非行使该采购人主体所具有的行政职权。政府采购行为所产生的法律效果，所引起的权利、义务关系，也主要是围绕政府采购合同的订立、政府采购合同的履行，属于民法调整的范围。

大部分项目的政府采购均应是民事行为。例如，通用办公设备的购买、办公用房的维修、立法项目的咨询等货物、工程或服务采购，在该政府采购中的合同授予环节与采购合同订立后的履行过程中，基本不会涉及采购人自身承担的行政管理职责的行使，即便涉及采购人因预算调整而取消采购任务、变更合同范围等情况，也并不涉及行政管理相关权利义务的问题，因此在更多情况下，政府采购和政府采购合同应按照民事行为和民事合同来认定，应当适用民事诉讼程序来解决争议。由于政府采购合同履行的内容较一般的民事合同会更多地与实现公共利益目标相关联，因此政府采购

合同在履行中受社会公共利益因素影响较多。在争议解决中，应当充分关注采购人主体身份的特殊性，从维护公共利益的角度对采购人所代表的行政主体的权益在自由裁量范围内予以优先考虑。

政府采购行为的民事行为性质以及政府采购合同的民事合同属性，可以从以下方面来分析。

一是合同双方的地位。政府采购合同的一方为政府或其代表机构，另一方为供应商。尽管政府在其中具有特殊身份，但合同双方仍是在平等、自愿的基础上达成协议的。这种平等地位是民事合同的核心特征之一。

二是合同目的和内容。政府采购合同的目的是满足政府和公众的公共利益需求，包括公共服务、基础设施建设、社会福利等方面的项目。然而，政府采购合同的内容仍主要涉及双方的权利和义务，如标的物的名称、数量、质量、价款等，这些都是典型的民事合同要素。

三是合同法的适用。政府采购合同在签订、履行、变更和解除等方面，都应当遵循《民法典》等民事法律法规的规定。这意味着合同双方需要按照合同法的规定行使权利、履行义务，并承担违约责任。

四是政府采购合同的双务、有偿性质。政府采购合同属于双务、有偿合同。这意味着合同双方之间存在对待给付义务，即一方在享有权利的同时，也必须履行相应的义务。同时，合同的履行是有偿的，一方取得权利必须支付相应代价，这个代价通常是支付报酬或酬金。

五是合同争议解决。如果在合同履行过程中发生争议，双方可以通过协商、调解、仲裁或诉讼等方式解决。这些争议解决方式都是民事合同争议解决机制的一部分。虽然在政府采购合同订立的过程中，涉及政府采购监督管理部门可能对采购实施阶段的工作予以监督管理，甚至在投诉处理或监督检查中认定采购成交结果无效或责令重新采购，并进而引发行政诉讼，但从政府采购合同本身而言，仍然属于当事方的合同是否成立或有效的问题，政府采购监督管理部门的处理结果也需要通过采购人一方予以落实，因此不影响将这些争议作为合同争议处理。

二、部分属于行政协议的政府采购合同

政府采购的采购人一方为国家机关、事业单位和团体组织，使用财政资金，采购过程要严格遵循有关政府采购的行政管理规定和接受行政监督，这必然使政府采购，特别是行政机关的政府采购具备一定的行政色彩。政府采购合同不仅具有民事合同的属性，同时也具有行政性特征。这是因为采购合同的一方通常是具有行政职能的政府部门或机构，其采购行为往往受到行政法律法规的规范和约束。此外，政府采购合同的目的通常是为了实现公共利益或政策目标，这也体现了其行政性质。与民事合同不同的是，在行政协议中，行政机关往往享有一定的行政优益权。这包括在不具备法定解除条件下，行政机关可以依法单方解除或变更协议的权力。然而，这一权力并非无限制的，必须受到法律法规的严格规范和约束，以确保公共利益和供应商合法权益的平衡。

与采购人行政职权的行使更为密切相关的政府采购合同可识别为行政协议。特别是政府购买服务合同、政府特许经营协议、政府与社会资本合作协议的合同，具有更鲜明的为了实现行政管理或者公共服务目标、具有行政法上权利义务内容的色彩，根据2020年1月1日起施行的最高人民法院《关于审理行政协议案件若干问题的规定》，这些政府采购合同可被理解为行政协议。将这类政府采购合同识别为行政协议，在合同双方因行政协议的订立、履行、变更、终止等行为发生纠纷时，均应按照行政监督和行政诉讼的程序予以处理，审查的重点在于行政行为的合法性，且采购人不能作为申请争议解决的申请人或原告，只能作为被申请人或被告，当遇有政府采购合同供应商不履行合同时，根据《关于审理行政协议案件若干问题的规定》只能通过采购人作出要求供应商履行协议的书面决定或依法作出处理决定的方式予以督促履行，并可进一步向人民法院申请强制执行这一书面决定或处理决定。在行政机关享有监督供应商履行行政协议相关义务的行政管理职权的情况下，更有利于行政机关结合自身行政管理职权对行政协议的相对方不履行行政协议的行为进行行政处理。因此，如果

政府采购的事项及政府采购合同的内容与采购人的行政管理职权有关,则以行政行为、行政协议、行政诉讼对采购行为、采购合同及采购合同争议加以认定,这一认定更为准确和便于问题的解决。例如,采购人是司法部门,对提供公共法律服务的律师执业机构供应商有行政管理职权;或者采购人是城市管理部门,对污水处理特许经营协议涉及的特许经营有行政许可权。

对于政府采购行为是民事还是行政行为、政府采购合同是民事合同还是行政协议问题的分析,还可以从采购实施阶段和采购履行阶段来区分。在实施采购阶段,政府采购行为更具有行政行为的典型特征。采购主体具有特定性,即各级国家机关、事业单位和团体组织;采购目的是政府各级及其所属机构开展日常政务活动或为公众提供公共服务的需要所进行的采购,具有行政管理性;采购行为具有适用政府采购相关法律程序的强制性、采购要求系采购人单方经审批和确定的单方性等特点。这些特征使得政府采购行为在性质上更倾向于行政行为。而在政府采购合同履行过程中,双方基于公平竞争自主报价平等地订立了合同后,合同双方在法律地位上是平等的,遵循平等、自愿的原则以合同方式约定权利和义务,符合民事合同的基本特征,因此,政府采购合同本身具有较多的民事合同属性。而在履行合同过程中,除非出现采购人一方主张适用行政优益权或由于采购人上级或内部的新的行政决策造成合同不能履行的情况,一般也不会触发需要对合同履行过程中的各方履约行为进行行政合法性审查的问题,因此,相关采购合同履行中的纠纷通常也会被直接以民事争议程序处理。

第三节 采购争议的行政与民事解决机制

政府采购争议的性质,与政府采购争议的法律诉讼解决机制具有互动关系。即一方面,政府采购争议的性质,决定了在争议解决方式上的选择和法律适用;另一方面,在实践中,用于解决政府采购争议的程序机制的立法设置和司法实践，也能够表明争议解决机制对于政府采购争议性质的看法。政府采购争议解决机制是多元和立体化的体系，但行政解决机制和民事解决机制是两条主线。

一、德国双阶理论对争议性质的界定

德国行政法学理论上的双阶论，是指将政府采购行为纵向拆解为两个阶段，分别适用不同性质的法律加以规范。德国双阶理论对政府采购争议性质的界定具有典型性，在双阶理论的基础上，采购争议在适用行政或民事争议解决程序问题上的选择方向较为明确。

在德国双阶论下，政府采购行为被分为两个阶段：第一阶段是缔约阶段，或称合同授予阶段。政府在开始采购、评审、确定成交供应商等这一阶段的实施行为被视为具有公法主体的性质。这是因为在这个阶段，政府行使的是落实政府采购法定程序、满足其行政管理目标的公共权力，其行为受到公法的约束。第二阶段是政府采购合同的履行阶段。在政府采购合同订立以后，供应商与采购人之间的关系被视为民事合同关系。这是因为在此阶段，双方主要进行的是合同的履行和纠纷解决，这些都属于私法范畴。在争议性质的界定上，对于第一阶段合同授予阶段发生的争议，供应商的救济手段主要是向行政机关等采购人询问、质疑、投诉、提起行政复议或行政诉讼。这是因为这一阶段的行为被视为公法性质，所以，适用公法的救济手段。而在第二阶段合同履行阶段，如果发生争议，其救济手段则按照民事纠纷解决机制进行。例如，可以通过民事诉讼等私法手段来解决争议。

双阶理论在德国行政法中得到了广泛应用，但在目前我国政府采购领域，双阶理论的适用仍然存在争议。有些学者试图以双阶理论来明确中国政府采购的法律性质，但并未在学术界取得共识。[①]

从德国政府采购争议处理的实践来看，德国设置了政府采购审查办公

---

① 于鹏：《行政协议纠纷适用仲裁研究》，载于《清华法学》2022 年第 5 期，第 55—71 页。

室，政府采购审查办公室在受理有关政府采购的投诉案件后即会停止政府采购合同的签订。政府采购审查办公室是行政机关，所作出的裁决是行政处分。若供应商对政府采购审查办公室给出的裁决不服，可继续向法院提起诉讼。需要注意的是，虽然对行政处分的诉讼原则上应由行政法院管辖，但在司法实践中，对于合同授予阶段围绕成交结果形成的纠纷，德国将采购中落选的供应商提起的诉讼作为民事诉讼案件进行处理，立法者将门槛金额以上的政府采购争议明确交由普通法院作为民事案件管辖，这体现了德国立法者将政府采购争议整体作为私法问题加以处理的观点。[1]

二、美国联邦政府采购争议处理机制

政府采购以遴选出成交供应商并授予合同为阶段性工作目标，围绕供应商资格条件设置、采购交易条件、采购评审公正性等影响采购成交结果的重大问题，供应商与采购人之间的争议问题较为突出，需要建立与完善相关的政府采购争议解决机制，在落实政府采购法律政策的同时，对受不法采购行为损害的供应商提供救济。对此，各政府采购法制相对完善的国家，都建立起了系统化的机制，以处理政府采购中供应商的投诉事件。美国建立起了较为完备的联邦政府采购法律体系和监督机制。

在立法机构层面，涉及联邦采购的监督管理机构有美国国会下属的政府问责办公室（Government Accountability Office，GAO）、联邦采购规则委员会和众议院政府改革委员会技术与政府采购办公室。在行政机构层面，美国总统行政和预算办公室（OMB）内设的联邦政府采购政策办公室（OFPP），代表总统参与政府采购及相关政策和法规的制定工作，指导和监督各联邦机关依法采购。[2] 美国联邦总务署（GSA）、各联邦机构等负责执行采购法规，依法实施采购。联邦总务署是联邦政府的集中采购机构，主要负责联邦政府通用货物的采购，如一般性的办公用品，同时还负责联邦政府房产

---

[1] 严益州：《德国行政法上的双阶理论》，载于《环球法律评论》2015年第1期，第99页。
[2] 赵谦：《美国政府采购的特点及经验借鉴》，载于《中国招标》2011年第27期。

的建设、维护和租赁。纳入联邦总务署集中采购的项目不全是强制性的，各联邦机构都有负责本部门的内设采购机构，负责本部门的采购业务。目前，采购额较大的部门包括国防部、能源部、卫生部和美国航空航天总署等。联邦政府各部门拥有独立的监察办公室，负责审定是否需要对本部门的公共采购采取纠偏措施。在司法层面，美国建立了完善的司法救济制度，专门机构有合同上诉委员会、美国联邦赔偿法院，政府问责办公室也受理供应商对政府采购活动的投诉。

（一）美国联邦索赔法院对政府采购争议的处理

美国联邦索赔法院是具有国家管辖权的记录法院，1982年根据美国《联邦法院改进法案》重新成立。[①] 该法院由16名法官组成，由总统提名并经参议院确认，任期为15年。1982年后，法院保留了索赔法院的所有原始管辖权，并不间断地延续了140多年的司法传统。此后，该法院在投标抗议领域获得了新的衡平法管辖权，以及疫苗赔偿方面的管辖权。联邦索赔法院主要审理基于宪法、联邦条例、行政法规或与美国签订的事实上明示或暗示的合同的金钱索赔。法院审理的许多案件都涉及退税诉讼，法院在这一领域与美国地区法院行使并行管辖权。法院管辖权的另一个方面涉及政府合同，管辖范围包括政府采购授标前的投标抗议和授标后的投标抗议案件。联邦索赔法院的管辖权还包括疫苗赔偿纠纷，涉及环境和自然资源问题的案件，涉及文职和军人工资索赔以及个人、国内和外国公司、州和地方、印第安部落和民族以及外国公民和政府对美国提出的知识产权索赔，印第安部落和其他各种法定索赔。对联邦索赔法院作出的判决不服，还可以在法院系统内继续上诉。

（二）联邦政府问责办公室对政府采购争议的处理

美国国会下设联邦政府问责办公室的前身是美国总审计局，是一个只对国会负责的独立机构，以中立原则开展工作，主要负责调查、监督联邦政府的规划和支出，即调查联邦政府如何花费纳税人的钱。参与美国联邦

---

① https://uscfc.uscourts.gov/about-court.

政府采购的供应商,可根据政府采购需求进行报价,政府应遵循公平、公正原则,按照一定标准对各供应商进行评判。一方面,参与政府采购的供应商在成交结果公布以前若认为政府的采购行为不合理,即可向负责采购的合同官员提出要求解决,并可进一步向采购人内部或上级机关设置的合同上诉委员会提出抗议,也可以向联邦政府问责办公室提出申诉。另一方面,若报价方认为政府未按照特定的标准进行评判,而与另一报价方签订采购合同,该供应商可对政府决定签订合同这一行为提出成交后抗议。联邦政府问责办公室只受理政府采购合同形成前和合同授予阶段的投诉,进入合同履行阶段的投诉则不予受理。

联邦政府问责办公室在收到当事人的异议书后,一般会要求中止采购活动,如果采购人认为授予合同或者履行合同符合政府的根本利益,或具有紧急和迫切的理由,则可以不暂停采购,但必须通知联邦政府问责办公室。联邦政府问责办公室在争议处理过程中,可以根据当事人的申请,就案件的相关事实和法律问题决定是否有必要召开听证会。如召开听证会,所有当事人的意见应记录在听证会中,并在听证后5日内发布听证报告。争议事项成立的,联邦政府问责办公室会作出建议性决定书,包括改正错误、重新开展采购活动、作出赔偿等,裁决不具有司法判决的强制性,但是通常都会得到严格执行。当事人向联邦政府问责办公室提出抗议后,对联邦政府问责办公室作出的裁决不服的,可进一步向联邦索赔法院起诉,但在这一诉讼程序中,监管部门联邦政府问责办公室不会成为被起诉的对象。[①]供应商也可以不经过前述政府行政管理体系内的质疑投诉程序而直接向联邦索赔法院起诉。

(三) 合同上诉委员会对政府采购争议的处理

1978 年《合同争议法》(*The Contract Disputes Act*,CDA) 特别授权联邦机构建立合同上诉委员会。合同上诉委员会旨在在可行的最大范围内,以

[①] 孙智欣:《深改背景下如何借鉴美国政府采购权利救济机制》,载于《中国政府采购》2020 年第 6 期。

非正式、迅速和低成本的方式解决政府合同引起的争议。根据《合同争议法》，合同上诉委员会是作为"独立、准司法"论坛而设立，不作为各自采购机构的代表，事实上与各采购机构"截然分开"。委员会不受采购机构管理当局的指导或控制。

1. 合同上诉委员会的管辖

目前，联邦政府系统内有三个合同上诉委员会：（1）武装部队合同上诉委员会（ASBCA），对国防部（包括陆军、海军和空军部以及国防部内的所有其他机构、部门和实体）和美国国家航空航天局（NASA）的合同拥有管辖权；（2）民用合同上诉委员会（CBCA），对大多数民事、联邦行政机构合同拥有管辖权（美国国家航空航天局、田纳西河流域管理局和美国邮政服务相关合同除外）；（3）邮政服务合同上诉委员会（PSBCA），该委员会对美国邮政服务和邮政费率委员会的合同具有管辖权。

2007年1月，在民用合同上诉委员会成立之前，有10个机构合同上诉委员会，包括武装部队合同上诉委员会和总务署、运输部、农业部、退役军人事务部、内务部、能源部、住房和城市发展部、劳工部的合同上诉委员会等。委员会法官必须具有至少5年的公共合同法经验，通常由其机构的高级官员任命，并且只有在有正当理由的情况下才会被免职。通常，由至少两名（通常是三名）法官组成的小组审理上诉案件，其中只有1名法官出席并主持听证会。涉及小额索赔、加速程序或替代争议解决方法的上诉通常可由1名委员会法官决定。合同上诉委员会专门负责处理合同索赔争议，不解决采购合同形成前和合同授予决定的争议。一般来说，该委员会是供应商对采购人履行合同事项作出的决定不服而引发的争议解决的首选机构，大多数政府采购合同引发的索赔争议都是该机构受理的。

2. 合同上诉委员会处理案件的程序

向合同上诉委员会（CBCA）提出的上诉，通常的工作程序有12个步骤：[①]（1）上诉通知。上诉人提交上诉通知（有时可能包括索赔，但这不是

---

① https://publiccontractinginstitute.com/demystifying-appeals-before-the-boards-of-contract-appeals/.

必需的)。(2) 立案。记录官分配一个案卷编号并以书面形式通知各方。(3) 上诉文件,称为"规则4"或"R4文件"。政府在收到立案通知之日起30天内将上诉文件汇编并传送给委员会和上诉人。这应包含所有相关文件,包括合同、提交给合同官员的索赔、合同官员的最终决定和其他相关文件。(4) 索赔。上诉人必须在收到立案通知之日起30天内提出索赔。起诉状应以编号段落形式列出:对上诉人的索赔进行简单、简洁和直接的陈述;每项索赔的依据;以及每项索赔的金额。(5) 答辩。政府必须在收到索赔之日起30天内对索赔进行回答。答辩应简单、简洁、直接地陈述政府对上诉人索赔中每个编号段落的抗辩意见。(6) 证据开示。上诉人提出起诉状后,双方可以立即开始证据开示。证据开示可能包括宣誓后取证、书面询问、要求出示文件和要求承认。(7) 动议。各方必须及时提交管辖权动议;但是,委员会可以将其裁决推迟到听证会。当事人还可以提出适当的非管辖权动议,例如,要求强制出示文件等。(8) 记录提交。任何一方都可以放弃听证会的权利,并以书面记录提交其案件。当事方选择以书面记录提交案件时,可以用宣誓书、证词、承认和诉讼协议来补充记录。(9) 听证会。双方可以在听证会上以证词和证物的形式提供证据。证人通常在宣誓后作证,并接受交叉询问。委员会可以应一方的要求传唤证人和文件,但如果证人拒绝作证,则必须通过法院强制执行。法庭记录员将准备对诉讼程序进行逐字记录。(10) 简报。当事人可以在收到笔录和/或记录结束后提交听证会后简报。律师在听证会上经常使用这些来代替总结(结案陈词),但也可能是在结案陈词之外被要求提交的。(11) 决定。委员会发布书面决定。(12) 上诉。任何一方均可在收到委员会决定之日起120天内向联邦巡回上诉法院提出上诉。

一般情况下,合同上诉委员会处理上诉可能需要6到18个月或更长时间。但也有两种类型的快速程序:(1) 小额索赔(如果争议金额低于50000美元至150000美元或更少,或者如果是小企业问题),会要求委员会尽可能在120天内作出决定;以及(2) 加速程序(争议金额为100000美元或以下),要求董事会尽可能在180天内作出决定。在这两种类型的快速上诉程序中,委员会的决定都很简短,仅包含简要的事实调查情况和结论。小额索赔决定没有先例价值,不得上诉。

最后,合同上诉委员会都提供各种替代性争议解决(ADR),包括:(1)促进性调解(中立方协助当事人和解);(2)评估性调解(中立方非正式地对各方在案件中的优势和劣势进行评估和提出建议以促进调解);(3)小型审判(中立听取证据,然后尝试调解);(4)不具约束力的咨询意见(中立地提供不具约束力的意见);(5)具有约束力的简易决定(中立者提供具有约束力、先例性和不可上诉的简短书面决定);(6)为满足案件要求而构建和量身定制的其他非正式程序(例如,使用委员会之外的ADR中立者以及不需要委员会参与的技术)。所有ADR在启动之前都先形成书面的ADR协议。

(四)其他部门参与政府采购争议处理的情况

在上述合同上诉委员会之外,联邦政府每个部门均设有总检察官(办公室)和法律部。总检察官(办公室)的作用相当于我国政府的纪检监察部门,定期对采购流程和合同进行审核,并在办公室内部共享其检查情况,以保证检查廉洁、透明。法律部为采购合同官提供法律支持,合同官在回答承包商的有关问题时,将征求有关律师及法律部门的意见,并作出处理决定。

在美国联邦政府采购争议解决制度中还有专门针对中小企业资格质疑处理的程序。美国联邦政府采购法规定联邦政府采购份额中至少应以各种方式向中小企业提供一半以上,为此美国联邦政府专门设立中小企业管理局协助、监督采购人员对中小企业进行政府采购。供应商、采购合同官员或中小企业管理局都可以对参加政府采购的中小企业资格进行质疑,该质疑应交由中小企业管理局处理。出现对中小企业资格的质疑时,相关采购活动必须暂停,除非资格被质疑的中小企业此前不符合合同授予条件,或采购活动涉及支援紧急行动、协助防范核弹、生物、化学、放射性攻击或从类似攻击中恢复重建等活动,关乎国家重大利益。如果出现以上暂停例外,必须书面决定并列出详细理由,且该质疑处理结果,如被质疑企业确实不具备中小企业资格时,只对其下次参与中小企业预留采购有效。对质疑处理期限也有严格限制,即中小企业管理局应在收到质疑材料及被质疑企业的质疑回应材料的 10 个工作日内作出决定。① 对中小企业管理局的决定不服的,可以再向政府问责办公室、联邦索赔法院要求处理。

三、部分其他国家对供应商提出的采购争议的处理机制

(一) 日本政府采购争议处理的行政机制

在日本政府采购争议的行政体系内的处理机制上,有政府采购审查办公室和政府采购审查局两个机构,专门处理政府采购质疑与投诉。审查办公室隶属于首相办公室的管辖之下,由日本内阁首席大臣领导;审查局负责审查供应商对政府采购的质疑。供应商可对政府采购所依据的方式等表示质疑,并随时向审查局提出。不过,质疑供应商应是在采购活动中提供了货物或服务,或是能够提供货物或服务的当事方。供应商在知道或合理认为已知质疑存在之日起,应在十天之内提出,由审查局进行审查。审查局认为符合撤销质疑条件的,有权撤销质疑;认为质疑合理的,须向接受审查的采购实体和质疑供应商发出书面通知,并在政府采购公报上公布。在审查局作出判决前,采购实体须中止合同的履行,质疑供应商和采购实体须严格按照指定程序向审查局提交相关材料。审查办公室和审查局根据供应商、采购实体提供的起诉状、辩护状及其他文件对质疑进行审查。在审查结束或质疑提出 90 天内,审查局应作出书面结果报告,陈述审查结果的依据、质疑的有效性与合法性、明确采购行为是否与 GPA 等规定发生冲突。此外,日本还成立了(内阁府)政府采购投诉处理部(苦情处理推进本部②),受理政府采购方面的申诉。同时,鼓励政府采购争议案件通过磋商进行解决。即先由供应商提出申诉,受理后在报纸、网络等进行公告,

---

① 陈晓云:《GPA 下救济与我国政府采购救济制度的完善》,https://ielaw.uibe.edu.cn/wtoflzdyj/6886.htm。

② 苦情处理制度是指日本行政法用语。行政机关听取公民对行政的不满情绪通过简易程序采取必要措施的一种非正式救济制度。

通知采购实体暂停履行合同，准备审议的各项事宜。采购实体向审议委员会递交说明报告，如果申诉的供应商对该报告满意，审议结束；若不满意，进入下一程序。如果采购实体对审查局提出的报告不满时，须在接到该报告十天内向审查局和审查办公室提出不履行的理由，经审查局发现存在不当行为则将相关信息汇报给执行机构进行管理实施。[①]

（二）法国政府采购争议处理机制

法国是大陆法系国家，被誉为"行政法母国"。由于历史与经济因素，法国公权与私权的划分逐渐演变为公法与私法的"对立"。与我国有很大不同的是，法国的司法系统分为普通法院与行政法院，由独立的行政法院专门审理行政案件。此外，法国没有完备独立的行政法典，在实践中主要依靠判例而进行判决。因此，法国的行政法属于判例法，并通过判例确定了行政合同的认定标准。若合同以提供公共服务为内容，超越了私法规则，并且有一方是行政主体，则认定该合同为行政合同。此外，为了提高政府采购制度的运行效率，统一认定标准，2001年法国第2001-1168号决议通过了《对经济和金融改革采取紧急措施的法律》（MURCEF），其中明确了政府采购合同属于行政合同。基于各项制度规定，法国政府采购合同已基本认定具有确定的行政性质。

在监督主体与投诉处理主体方面，法国实行监督部门与处理争议部门二分法，政府采购委员会是政府采购的监督部门，行政法院负责处理投诉事项。法院与政府采购机关属于完全独立的两个系统，直接由法院介入，可以一次性解决矛盾，同时也保证了争议处理机构的独立性。但行政法院需要对案件展开充分的调查，审判压力大。对于供应商来说，寻求法院的救济需要耗费相当高的成本，不利于权利的即时保护。

法国政府采购适用行政救济的方式。依据法国《政府采购法典》第131条规定，政府采购合同双方可以通过咨询委员会解决与合同有关的争议。咨询委员会的任务是通过寻求法律或事实要素，提出友好和公平的解决办

[①] 高荣月：《国外政府采购质疑投诉处理机制简介》，载于《中国政府采购报》2018年3月8日。

第二章 政府采购争议的源起与性质

法。咨询委员会的组成、组织和运作方式以及主席的权力，都应由法令规定。在合同签订前，参与政府采购的供应商（非中标供应商）可通过提起撤销之诉维护自身权益。被诉的行为必须独立于政府采购合同，与合同本身分属于不同的法律关系，即原告必须是基于被诉行为本身具有违法性而提起诉讼。政府采购具有公共性，出于对公共利益的保护，最高行政法院表示撤销不法行为并不会影响合同效力，原则上应当继续履行合同。若撤销事由不至于导致合同无效或者被解除，则采购人应当重新作出新的行政行为。此种救济方式对政府采购合同本身不会造成实质影响，但诉讼时间较长，若法官在实际审理后作出了合同无效的判决，就否决了合同的签订和履行行为，彼时的损失将非常巨大。

为了保障供应商的利益，法国《行政诉讼法典》第 L551-1 条和第 L551-2 条规定，若采购人没有遵循公开透明和强制竞争的原则，潜在供应商可以在合同签订之前提起诉讼，法官可以要求采购人遵守其义务，并暂停执行与合同有关的任何决定，除非法官暂停活动会给公共利益带来不利影响。依据第 L551-4 条规定，在采购人收到判决结果之前，不得签订合同。通过推迟合同签订时间，法官在合同成立之前即撤销采购人的不法行为，可提升政府采购救济的效率。①

（三）意大利政府采购争议解决机制

意大利政府采购争议解决机制主要体现在对公共合同争议解决的制度安排上。意大利充分确认了公共合同具有的公私法相交融的双重性质，将其作为一类特殊的协议用专门的法典来规范。在解决公共合同争议时，除以诉讼作为最重要的争议解决方案之外，还设置替代性争议解决方式，例如，和解等方式，允许当事方按照民商事争议解决的性质来解决。但对于公共合同争议的仲裁，又与普通的民商事仲裁相区别，在仲裁程序和人员上都具有一定的特殊性，适用专门的仲裁制度。

---

① 周浩然：《从救济机制视角比较分析中法政府采购制度》，载于《中国政府采购报》2022 年 4 月 26 日。

在诉讼解决公共合同争议的程序上，意大利的相关法律制度还体现了行政法院和普通法院的相互配合。意大利行政诉讼本身的双轨制，决定了行政法院和普通法院需要在行政案件的管辖上相互配合，二者管辖权划分的标准是"主观权利"和"合法利益"，即当发生行政争议时，私主体必须明确行政机关侵犯的是其主观权利还是合法利益，若属于前者向普通法院提起诉讼，属于后者则向最高行政法院起诉。其中，主观权利是实体法上的概念，无须依靠他人或行政机关的权力就会实现，不允许任何其他主体及权力损害，受到法律制度的绝对保护，比如，所有权。而合法利益是行政机关行使权力单方对私人利益产生的限制性或扩张性利益，例如，因行政征收或行政许可给私人利益产生的影响。[①] 主观权利与合法利益的区分是普通法院与行政法院司法管辖权划分的一般标准，在法律有特别规定的情况下，一些涉及主观权利的案件也可以由行政法院受理。而在关于公共合同的争议解决上，以这一标准为基础又衍生出了更加明确的两个标准，即时间标准和行政权力行使的标准，使得公共合同争议在行政法院和普通法院之间的管辖划分更加明确。意大利《行政诉讼法典》第133条规定在订立合同的程序方面发生的争议属于行政法院专属管辖，在合同订立后执行合同的争议不属于行政法院专属关系。从理论上来说，一旦招标结束，合同订立后合同双方处于平等地位，应当排除行政机关对私权关系的公权力干预，因此可由普通法院来管辖有关合同履行及损害赔偿等纠纷，如果有关合同无效的争议发生在合同订立之后，也属于普通法院管辖。如果因为招标采购行为本身的无效而导致合同无效，则属于行政法院管辖，因为招标程序涉及公权力的行使。

意大利解决公共合同争议的行政诉讼还有双向性的特点。意大利行政诉讼的性质以主观诉讼为主、客观诉讼为辅，原告主要是权利需要得到保护的私主体。但是不同于我国行政诉讼的单向性，在意大利行政机关也可以作为原告提起对私主体的诉讼。意大利承认行政机关在行政协议中享有

---

① 罗智敏：《意大利行政诉讼制度的发展变化及启示》，载于《行政法学研究》2018年第3期。

一定的优益权,即对合同的单方撤销和解除权。公共合同的相对人对于合同缔结过程中对其权利侵害可以提出诉讼。同时,在普通法院,行政机关也可以作为原告提出对合同相对方的诉讼。比如,根据最高法院的判决,招标机构因为合同相对人在招标过程的欺诈,或者在合同履行过程中的违约行为对合同相对人提起损害赔偿之诉,属于普通法院的管辖。承认行政诉讼中行政机关一方的诉权,意味着意大利的行政诉讼不仅仅是对行政行为进行监督,而是以行政纠纷为受案范围,行政机关可以借助诉讼维护自己的权利,反而在一定程度上避免了行政机关优益权的行使,符合行政协议制度"尽量避免特权的运用"的初衷。[①]

四、我国政府采购争议解决的行政路径

我国政府采购争议解决的行政路径,是指政府采购在行政监督体系内进行解决的渠道和方式,也包括将行政系统内的处理结果再交由法院进行最终司法审查。政府采购主要是为满足政务活动需要而进行的购买,采购人是使用财政性资金的国家机关、事业单位、团体组织,政府采购活动受到政府采购监督管理部门的专门行政监督。当政府采购争议出现,较易得的政府采购争议解决的渠道和方式是在行政管理体系内。我国政府采购法对供应商与采购人围绕政府采购活动产生的争议,提供了以下解决路径。

(一)询问、质疑

《政府采购法》第五十一条规定,供应商对政府采购活动事项有疑问的,可以向采购人提出询问,采购人应当及时作出答复,但答复的内容不得涉及商业秘密。《政府采购法实施条例》第五十二条规定,采购人或者采购代理机构应当在3个工作日内对供应商依法提出的询问作出答复。根据这一规定,供应商对政府采购活动有疑问的,可以首先通过询问的方式向采购人或采购代理机构了解相关情况。

[①] 罗冠男:《意大利公共合同争议多元化解决机制研究》,载于《经贸法律评论》2023年第2期。

《政府采购质疑和投诉办法》第十条规定，供应商认为采购文件、采购过程、中标或者成交结果使自己的权益受到损害的，可以在知道或者应知其权益受到损害之日起 7 个工作日内，以书面形式向采购人、采购代理机构提出质疑。《政府采购法》第五十四条规定，采购人委托采购代理机构采购的，供应商可以向采购代理机构提出询问或者质疑，采购代理机构应当依照本法第五十一条、第五十三条的规定就采购人委托授权范围内的事项作出答复。

询问、质疑是当供应商对采购活动有疑问或认为政府采购活动损害了自身合法权益的情况下，以向采购人、采购代理机构提出问题要求答复的形式解决疑惑，要求采购人更正不法行为或采取补救措施以恢复供应商的合法权益。询问、质疑是在政府采购交易的双方主体之间进行的沟通，严格来讲不属于第三方争议解决程序。但由于政府采购的采购人大多具有行政管理职能，且政府采购活动具有直接或间接实现行政管理目标的目的，因此，可以将询问和质疑视为政府采购争议解决的行政渠道。

（二）投诉、行政裁决

如果供应商对采购人或采购代理机构的质疑答复不满意，或者采购人、采购代理机构未在规定时间内作出答复，供应商可以在答复期满后十五个工作日内向同级政府采购监督管理部门投诉。

投诉的提出应当提交书面投诉书，并附送相关证明材料。政府采购监督管理部门应当在收到投诉后三十个工作日内，对投诉事项作出处理决定，并以书面形式通知投诉人和与投诉事项有关的当事人。

2020 年 1 月，财政部与司法部联合印发了《财政部办公厅 司法部办公厅关于确定第一批政府采购行政裁决示范点的通知》，确定了内蒙古自治区财政厅、上海市财政局、深圳市财政局试点将政府采购投诉处理制度改革为政府采购行政裁决制度，由财政部门对供应商依据《政府采购法》第五十五条提出的投诉，依法居中进行裁处。供应商如对行政裁决决定不服，可在收到行政裁决决定书之日起 60 日内申请行政复议，也可以在收到决定书之日起 6 个月内向法院提起行政诉讼。

第二章 政府采购争议的源起与性质

（三）行政复议

如果供应商对政府采购监督管理部门的投诉处理决定不服，可以依法申请行政复议。根据《政府采购法》第五十二条和第五十五条规定，我国对于政府采购行为的投诉处理程序是有严格的先后顺序的，必须遵循"质疑—投诉—行政复议"的顺序。供应商必须先经过质疑程序后，才可以向财政部门寻求投诉寻求进一步救济。质疑程序前置给予供应商与采购人、代理机构内部处理纠纷的机会。行政复议的提出应当遵循《中华人民共和国行政复议法》（以下简称《行政复议法》）规定，包括复议机关的选择、复议申请的提出、复议期限等。

（四）行政诉讼

如果供应商对行政复议决定不服，或者政府采购监督管理部门逾期不作处理的，可以依法向人民法院提起行政诉讼。行政诉讼的提起应当遵循《中华人民共和国行政诉讼法》（以下简称《行政诉讼法》）规定，包括起诉条件、起诉期限、管辖法院等。

（五）政府采购争议的其他行政解决方式

需要注意的是，上述行政路径并非孤立存在，而是相互衔接、相互补充的。供应商在解决政府采购争议时，应当根据具体情况选择合适的路径，并遵循相关法律法规规定进行操作。同时，除上述解决政府采购中的供应商提出的争议的行政路径外，对于采购人与相关行政管理部门之间围绕政府采购活动发生的纠纷、政府采购监督管理部门在行政执法中通过检查、受理举报投诉等开展监督管理而与管理对象，包括采购人、代理机构、供应商、政府采购活动的工作人员及相关人员等产生的纠纷，可以采用作出行政处理决定、行政处罚、对举报投诉进行处理答复、行政处分等其他行政手段予以解决。

除了上述行政路径外，供应商也还可以通过其他途径解决政府采购争议，如协商、调解等。这些途径的选择应当根据实际情况和争议的性质来确定。

五、我国政府采购争议解决的民事诉讼路径

(一) 协商调解解决

在发生争议时，各方可以先尝试通过友好协商的方式解决分歧。协商是解决争议成本最低、效率最高的方式，有利于维护双方的合作关系。如果协商无果，双方可以选择调解作为解决争议的方式。调解可以由第三方中立机构或个人主持，帮助双方达成和解协议。对于有些政府采购合同，特别是工程采购合同的履约期限较长，且涉及环境、交通、公共安全等因素，以协商调解方式对争议事项达成一致意见，可以快速有效解决这些工程采购合同在履约过程中的争议案件推动市政等公用设施工程建设。

(二) 民商事仲裁

政府采购合同在履行中发生争议，如果争议事项不涉及行政行为，主要系政府采购合同约定如何解释以及如何履行的问题，且合同中约定了仲裁作为争议解决方式，或者双方协商同意选择仲裁，那么合同方可将提交给仲裁委员会进行仲裁。《中华人民共和国仲裁法》（以下简称《仲裁法》）第二条规定，平等主体的公民、法人和其他组织之间发生的合同纠纷和其他财产权益纠纷，可以仲裁。仲裁裁决具有法律效力，双方应予以执行。

仲裁是一种非诉讼的纠纷解决方式，双方当事人基于自愿原则，通过协议将争议提交给中立的仲裁机构进行公正裁决，该裁决具有法律约束力，且通常实行一裁终局制度。仲裁具有民间性质，以当事人的合意为基础，裁决一经作出即发生法律效力，有助于迅速解决纠纷。其特点包括自愿性、专业性、灵活性、保密性、快捷性和经济性。仲裁的经济性也体现在时间上的快捷性、收费的降低性以及当事人之间通常没有激烈的对抗等方面。仲裁机构的仲裁员多为某个领域的专业人士，熟悉相关领域规定，能够提供更专业、更公正的裁决。与诉讼相比，仲裁程序更为简便快捷，时间也更为简短，程序通常不公开，有助于保护当事人的商业秘密和声誉。

仲裁，是由当事人依仲裁法的规定订立书面仲裁协议，自行推选仲裁

员来解决彼此间的纷争。仲裁裁决的结果，是仲裁双方当事人所信赖和推选的仲裁员参与作出的，因此，一般情况下仲裁当事人应当充分信赖仲裁结果。虽然仲裁员大多是推选的，但是仲裁程序与实体规则应当适用当事人选择或仲裁机构选择的仲裁程序，因此，如果在仲裁程序方面有重大瑕疵，当事人仍可以对仲裁裁决提起撤销仲裁的诉讼。撤销仲裁的诉讼，不是对已经完成的仲裁程序的上诉或再审，有着《仲裁法》所规定的严格限制的救济条件，因此撤销仲裁诉讼的胜诉可能性不高。有些仲裁案件的当事人囿于"用尽救济程序"等履行职责的考虑，仍然不顾后果提出撤销仲裁的诉讼，也会造成相关诉讼成本支出方面的浪费。

（三）民事诉讼

供应商与采购人（含采购代理机构）之间的争议，无论是政府采购合同缔约争议，还是履约争议，当协商、调解都无法解决争议时，供应商与采购人均有权直接向法院提起民事诉讼。诉讼程序包括起诉、受理、开庭审理、判决等环节。根据《中华人民共和国民事诉讼法》规定，人民法院受理公民之间、法人之间、其他组织之间以及他们相互之间因财产关系和人身关系提起的民事诉讼。

目前，在我国政府采购合同缔约争议司法实践中，如果供应商在竞争性缔约中认为自身系因存在串通投标而受到不法侵害落选，落选方以串通投标不正当竞争纠纷为案由提起民事诉讼，法院会根据《民事案件案由规定》有关串通投标不正当竞争纠纷案由的规定予以受理。在天津市中力神盾电子科技有限公司与上海联电实业有限公司、上海建工集团股份有限公司、上海市安装工程集团有限公司、上海中心大厦建设发展有限公司、中国技术进出口总公司串通投标不正当竞争纠纷案件中，上海知识产权法院在作出（2015）沪知民终字第182号民事判决时引用了《中华人民共和国反不正当竞争法》第十五条第二款有关"投标者和招标者不得相互勾结，以排挤竞争对手的公平竞争"的规定和《招标投标法实施条例》第四十一条对认定招标人与投标人串通投标的具体情形的规定，但认为上诉人（原审原告）并未能举证证明各被上诉人实施了相互勾结、排挤竞争对手的串通投标不正当竞争行为，故维持了一审法院关于驳回原告起诉的诉讼请求。①另外，江苏省无锡市中级人民法院（2015）锡知民终字第 11 号、（2016）苏 02 民终 1838 号这两个案件也是以串通投标不正当竞争案由立案。其中（2015）锡知民终字第 11 号案件在落选方举报两个投标单位存在串通投标并由采购人宣布流标并重新招标之后，向法院对两个串通投标的供应商提起了民事诉讼并获得了民事赔偿。而（2016）苏 02 民终 1838 号案件中，落选的原告同样主张两家供应商串通投标后，其中一家供应商中标，法院经审理认为，因争议数据相对有限，法院难以认定原告所主张的两供应商投标报价呈现规律性变化这一被视为串通投标情形，驳回了原告的诉讼请求。2006 年北京北辰亚奥科技有限公司因在一起制氧机采购中提出投标异议起诉财政部对投诉处理不当，北京市第一中级人民法院以财政部未对投诉事项全面审查和评述为由判决撤销了投诉处理决定。② 此后北京北辰亚奥科技有限公司对采购代理机构中化国际招标有限责任公司和中标人江苏鱼跃医疗设备有限公司提起民事诉讼要求赔偿因中标人采取不法手段中标而造成其经济损失 500 万元，北京市高级人民法院以原告未能提供证据证明被告在采购项目招标、投标过程中存在恶意串标的违法事实为由，驳回了落选供应商的请求。③

在政府采购合同履行中，因一方违约而造成的合同纠纷，通常会被作为一般民事合同加以处理。例如，在某印刷公司诉某档案馆政府采购合同纠纷一案中，采购人通过竞争性磋商方式采购印刷服务，最终以 406286 元成交。在发布《成交通知书》后、签署政府采购合同以前，采购人因受疫情影响和上级政府要求压缩行政支出等原因，不能按照原采购文件所确定的内容与成

---

① 焦洪宝：《政府与社会资本合作项目争议的解决方式》，载于《政法论丛》2018 年第 4 期。
② 谢菁菁：《从北京亚奥诉财政部案看我国政府采购法救济制度的完善》，载国际关系学院公共市场与政府采购研究所：《全球金融危机形势下的政府采购与公共市场研究——应对全球金融危机·政府采购与公共市场改革论坛文集》，2009 年 12 月，第 201—202 页。
③ 通力律师事务所：《关于江苏鱼跃医疗设备股份有限公司首次公开发行人民币普通股并上市之补充法律意见书（三）》，2008 年 2 月 22 日，浏览于 http: // ggjd. cnstock. com/ ggdl/ download/ 38334735. PDF。

交供应商签订合同,经多次协商未达成一致意见后作出了废标决定。供应商不服起诉至法院,要求继续签订合同或赔偿损失59217.3元。一审法院判决核算了购买招标文件费、招标代理费、交通费、投标文件制作费等费用予以实际损失的赔偿,未支持预期利益损失的要求;二审(2021)津01民终339号民事判决认为,双方成立预约合同关系,认为采购人未按照成交通知书的约定与供应商签订书面合同,属于违反预约合同的行为,改判增加要求采购人赔偿供应商的酌定预期利益损失连同实际损失共18000元。

而如果政府采购合同的交易涉及行政决策,也有被认定为按照行政协议进行处理的判例。例如,江苏省如皋市通诚刻章服务部起诉要求撤销如皋市行政审批局与如皋市如城镇印章服务部、上诉人如皋市金九印章服务部、上诉人海安市古楼文印社签订的《政府采购合同》一案,原告通诚服务部以政府采购合同条款及合同履行侵犯其作为相关市场竞争经营者的公平竞争权而提起诉讼,江苏省南通市中级人民法院作出(2021)苏06行终838号行政判决撤销了政府采购合同。法院认为,政府采购活动应当贯彻《政府采购法》《中华人民共和国反垄断法》(以下简称《反垄断法》)《优化营商环境条例》等规定的精神实质,依法平等对待各类市场主体。有多种政府采购方式或者服务方式可供选择的,应当选择有利于增进公平竞争的方式,维护市场在公共服务领域资源配置中的决定性作用,保障市场主体公平竞争。如皋市行政审批局决定为新开办企业提供印章刻制服务无可厚非,但通过被诉政府采购合同的方式,将印章刻制的交易机会完全赋予特定单位,损害其他印章刻制主体的公平竞争权。按照《审理行政协议案件若干问题规定》第十二条第一款规定,行政协议存在行政诉讼法第七十五条规定的重大且明显违法情形的,人民法院应当确认行政协议无效。因被诉政府采购合同的订立、履行及合同内容均违反法律、法规强制性规定,事实上造成隐形垄断和限制、排除市场竞争,损害了通诚服务部的公平竞争权和经营自主权,同时,被诉政府采购合同的履行也不符合《政府采购法》规定的政府采购活动方式,不符合对政务服务大厅等公共资源的使用目的,在客观上造成行业不正当竞争。故最终判决确认被诉政府采购合同无效。

第三章
争议解决程序类型

当前世界各国在国际贸易合作领域，围绕政府采购市场的相互开放，形成了一些国家（地区）之间的多边合作协议。国际贸易的多边合作法律框架主要是《关税与贸易总协定》及此后的世界贸易组织协定，在货物贸易领域是将政府采购作为国民待遇原则的例外规定，允许使用公共财政资金的货物购买不向国外货物平等开放市场准入。但是诸多协定成员之间也在相互开放政府采购市场上达成了协定安排，并为落实政府采购方面的国际协定义务提供要求，主要体现在要相互给予来自对方成员的政府采购供应商及其产品以国民待遇和公平公正的待遇。为保障供应商在每一个具体政府采购项目中的公平竞争利益，也要求成员在解决政府采购争议方面制定和实施相应的争议解决程序性规则。这些国际协定对政府采购争议解决程序设置的要求，一定程度上体现了国际性共识，为我国政府采购争议解决程序安排提供了借鉴。

第三章 争议解决程序类型

第一节 国际协定中的政府采购争议解决程序

一、《政府采购协定》有关国内审查程序的规定

《政府采购协定》（GPA）是世界贸易组织关于政府采购市场开放的专项协议。1979年，《关税与贸易总协定》缔约方将政府采购纳入贸易投资自由化谈判领域，制定了《政府采购协定》供缔约方自愿加入。1995年世界贸易组织成立后，该协定仍由世界贸易组织成员自愿加入。我国正在进行加入GPA谈判。《政府采购协定》在2012年3月30日修订，协定的基本目标是就政府采购建立一个有助于实现国际贸易进一步自由化和扩大、改善国际贸易的多边框架，避免有关政府采购措施被用于保护本国供应商、货物或服务的。2012年修订的WTO《政府采购协定》已于2014年4月6日正式生效。截至2023年底，《政府采购协定》有22个缔约方（涵盖49个世贸组织成员，其中欧盟及其27个成员国视为一个成员）。另有35个世贸组织成员/观察员和若干国际组织以观察员身份参加政府采购委员会。包括中国在内的世界贸易组织成员正在进行加入《政府采购协定》的谈判工作。《政府采购协定》正文为协定条款，包括定义、适用范围、基本原则、发展中国家待遇、采购程序、合同授予、国内审查程序等共22条，其中第18条对国内审查程序的规定，对各缔约方设置政府采购争议解决程序提出了要求。

《政府采购协定》第18条"国内审查程序"主要进行了以下规定：（1）每一缔约方均应为政府采购提供及时、有效、透明和非歧视性的行政或司法审查程序，以便供应商可以通过该程序，对在本协议所涵盖的、供应商在其中拥有或曾经拥有利益的采购中出现的违反本协议的情况进行质疑，或者在供应商无权根据一缔约方国内法直接对违反本协定的行为进行质疑的情况下，对于不符合缔约方为执行本协定而实施的措施的情况进行质疑。所有质疑的程序规则均应以书面形式列明，并使供应商普遍地可以

获取到。(2) 如果供应商对本协议所涵盖的、供应商在其中拥有或曾经拥有利益的采购，按照前述第 1 款提出了违反或不符情况的质疑，并进一步进行投诉，则进行采购的采购实体所在的协定缔约方应鼓励该采购实体和供应商通过协商寻求解决投诉。该采购实体应公正和及时地考虑任何此类投诉，其方式不得损害供应商参与正在进行的或未来的采购，也不损害其根据行政或司法审查程序寻求纠正措施的权利。(3) 每个供应商应有充分的时间准备和提交质疑，在任何情况下，从供应商知道或合理地应该知道质疑的依据之日起，不得少于十天。(4) 每一缔约方应设立或指定至少一个独立于其采购实体的公正的行政或司法机构，以接受和审查供应商在本协定所涵盖的采购中进行的质疑。(5) 如果第 4 款所指的主管当局以外的机构对质疑进行初步审查，缔约方应确保供应商可以就初步决定向独立于质疑所涉及的采购事项相关采购实体的公正的行政或司法当局提出上诉。(6) 每一缔约方均应确保由非法院的审查机构作出的决定会接受司法审查，或制定程序以保障：采购实体应以书面形式对质疑作出答复，并向审查机构披露所有相关文件；诉讼程序的参与人应有权在审查机构就质疑作出决定之前发表意见；参与人有权委托代理人和有权获得陪同；参与人应有权参加所有程序；参与人应有权要求公开进行诉讼程序，并要求证人出庭；审查机构应及时以书面形式作出决定或建议，并应解释每项决定或建议的依据。(7) 每一缔约方应采取或维持规定以下事项的程序：采取快速临时措施，以保持供应商参与采购的机会。这种临时措施可能导致采购进程中止。这些程序可以规定，在决定是否应采取此类措施时，可以考虑对有关利益（包括公共利益）的压倒性不利后果。不作为的正当理由应以书面形式提供；如果审查机构确定存在第 1 款所述的违反或不符，则采取纠正措施或赔偿所遭受的损失或损害，但可限于准备投标书的费用或与质疑有关的费用，或两者兼而有之。

从《政府采购协定》对国内审查程序的规定来看，该协定要求所有缔约方应建立及时、有效、独立、透明和非歧视的国内审查制度。这些争端解决机制允许供应商对违反《政府采购协定》和（或）实施《政府采购协定》的国家立法行为进行质疑。对这些供应商质疑的审查机构，可以是行政当局或法院，在作出审查决定中，对确有违反《政府采购协定》要求的，应当要求采取补救措施和（或）确保对供应商遭受的损失或损害进行赔偿，还必须采取快速的临时措施，以酌情保留供应商参与采购活动的机会。

二、《全面与进步跨太平洋伙伴关系协定》的政府采购争议解决程序

《全面与进步跨太平洋伙伴关系协定》（Comprehensive and Progressive Agreement for Trans-Pacific Partnership，CPTPP），是亚太国家组成的自由贸易区。2017年11月11日，由启动TPP谈判的11个亚太国家共同发布了一份联合声明，宣布"已经就新的协议达成了基础性的重要共识"，并决定协定改名为"跨太平洋伙伴关系全面进展协定"。2018年3月8日，参与"全面与进步跨太平洋伙伴关系协定"谈判的11国代表在智利首都圣地亚哥举行协定签字仪式，2018年12月30日，《全面与进步跨太平洋伙伴关系协定》正式生效。签署CPTPP的国家有日本、加拿大、澳大利亚、智利、新西兰、新加坡、文莱、马来西亚、越南、墨西哥和秘鲁。2021年9月16日，中国正式提出申请加入《全面与进步跨太平洋伙伴关系协定》。

《全面与进步跨太平洋伙伴关系协定》（CPTPP）第十五章第15.19条规定了国内处理政府采购争议的国内审查程序：（1）每一缔约方应设立、建立或指定至少一独立于其采购实体的中立行政或司法主管机关（审查主管机关），以非歧视、及时、透明和有效的方式，对供应商就其拥有或曾经拥有利益的涵盖采购进行过程中出现的下列情况所进行的质疑或投诉（申诉）进行审查：①违反本章政府采购规定的情况；或②如供应商无权根据一缔约方的法律直接质疑违反本章的情况，则为一采购实体未遵守该缔约方实施本章的措施的情况。对所有投诉的程序性规定应以书面形式作出并可普遍获得。（2）如供应商就其拥有或曾经拥有利益的涵盖采购过程中出现的第（1）款中所指的违反或未遵守情况进行投诉，则开展采购的采购实体所属缔约方，如适当，应鼓励该采购实体与该供应商寻求通过磋商解决其投

诉。采购实体应对该投诉给予公正和及时的考虑，且以不损害该供应商参加正在进行的或未来进行的采购或其根据行政或司法审查程序寻求纠正措施的权利的方式进行。每一缔约方应使其关于投诉机制的信息可普遍获得。（3）如审查主管机关之外的机构最初审查投诉，则缔约方应保证该供应商可就最初决定向一独立于其投诉所针对的采购实体的审查主管机关提起上诉。（4）如审查主管机关已确定存在第（1）款中所指的违反或未遵守情况，则缔约方可将对损失或损害的赔偿限定为准备投标或进行投诉过程中合理发生的费用或两者均包括。（5）每一缔约方应保证，如审查主管机关不是法院，则其审查程序应依照下列程序开展：①应给予供应商充足时间准备并以书面形式提交投诉，该时间自供应商已知或理应知道投诉的根据时起无论如何不得少于十天；②采购实体应以书面形式对供应商的投诉作出答复，并向审查主管机关提供所有相关文件；③在审查主管机关就投诉作出决定前，应给予进行投诉的供应商对采购实体的答复作出回应的机会；以及②审查主管机关应及时以书面形式提供对供应商投诉所作决定，并附对作出决定的根据的说明。（6）每一缔约方应采用或设立包含下列规定的程序：①在投诉解决前的快速临时措施，以保护该供应商参加采购的机会，并保证缔约方的采购实体遵守其执行本章的措施；及②纠正措施，可包括第（4）款下的赔偿。该程序可规定，在决定是否采用此类措施时，应考虑对包括公共利益在内的有关利益的重大不利后果。不采取行动的合理理由应以书面形式提供。

　　从 CPTPP 政府采购专章对政府采购争议解决程序的规定来看，基本与世界贸易组织《政府采购协定》类似。供应商对于采购程序中的问题可以质疑，采购人应当给予书面答复，并在供应商进一步向审查主管机关投诉后，采购人应当提供采购过程的记录文件，并由审查主管机关作出初步决定。如果投诉系由审查主管机关之外的审查机构作出决定，则应给予供应商向中立的审查主管机关提出上诉的机会，且该中立的审查主管机关如果是行政机构，则应设置程序以使该审查主管机关的决定接受司法机关的最终审查。

三、联合国贸易法委员会《公共采购示范法》对质疑程序的规定

联合国贸易法委员会《公共采购示范法》第 8 章质疑程序规定，供应商或承包商声称由于所指称的采购实体不遵守本法规定的决定或行动而遭受了损失或损害或者可能遭受损失或损害的，可以质疑有关的决定或行动。质疑程序主要有三种方式，一是向采购实体提出重新审议申请，二是向独立机构提出复议申请，三是向法院提出申请或上诉。对于质疑程序对正在进行的采购程序的影响，《公共采购示范法》规定在收到重新审议申请书、复议申请通知书或上诉通知书后，采购实体不得再采取任何步骤，使有关采购程序中的采购合同或框架协议生效。但同时又规定，采购实体可以随时以紧急公共利益考虑要求订立采购合同或框架协议为由，请求独立机构或法院授权采购实体订立采购合同或框架协议。《公共采购示范法》还对质疑程序中暂停采购程序、暂停履行采购合同或者暂停执行框架协议的适用及在涉及重大公共利益时接受逾期提交的复议申请等工作进行了规定。

第二节　质疑、投诉与诉讼的衔接

从有关政府采购国际协定对政府采购争议解决机制的设置要求来看，主要着眼于在政府采购合同授予环节对供应商提供充分的救济。这也体现出政府采购合同与一般的民商事主体之间的商事交易合同的区别，即政府采购的采购主体一般是公权力机构或者公法管辖的主体，使用的是公共资金，在交易中居于较为优势的买方的合同当事方地位，在采购合同条款的设置上较供应商有优势，一般也会要求供应商在履约后再由采购人履行付款等义务，因此在合同履行进度等方面也处于优势地位，采购人受权益侵害需要救济的情况较少会出现，因此政府采购争议解决制度主要围绕对供应商的权益救济展开。国际协定要求赋予供应商提出权益保护要求的程序

设置主要是向行政机构投诉和进行法律诉讼，其最终归宿都是解决处理好供应商对政府采购法律制度落实情况的质疑或挑战（challenge）。对照我国均有意向加入的前述两项国际协定，我国政府采购争议处理机制主要包括质疑、投诉、行政复议、诉讼等，较为重要的区别是增加设置了由供应商直接向采购人或采购代理机构质疑的程序。在质疑与投诉之间，存在着如何衔接的问题。另外，在行政机构对供应商的质疑投诉事项作出处理决定后，如何与后续上诉程序或最终司法审查程序衔接，也与政府采购争议解决程序类型如何适用存在较密切的关联。

一、质疑与投诉的衔接

《政府采购质疑和投诉办法》（财政部令第94号）第十条规定，"供应商认为采购文件、采购过程、中标或者成交结果使自己的权益受到损害的，可以在知道或者应知其权益受到损害之日起7个工作日内，以书面形式向采购人、采购代理机构提出质疑"。质疑是供应商认为采购文件、采购过程、中标或者成交结果使自己的权益受到损害时寻求救济的法定途径。

（一）质疑事项的分类

供应商可在政府采购的全流程中对涉及自身权益受损害的事项进行质疑，根据质疑所指向的采购事项，可以将质疑分为针对采购文件的质疑、针对采购过程的质疑和针对采购的中标或成交结果的质疑。这三个方面的质疑事项并不是相互分立的，可能供应商对采购中其认为不合法的因素会反复进行质疑，既对采购文件的规定不认可，也对按照采购文件执行的采购过程不认可，最终也会进一步指向于不认可采购成交结果。但是对于质疑所涉及的实质内容，要本着尽量集中性一次提出的原则。对此，《政府采购质疑和投诉办法》也能允许采购文件可以要求供应商在法定质疑期内一次性提出针对同一采购程序环节的质疑。如果采购文件作出这样的规定，即意味着供应商对采购文件的质疑、对采购过程的质疑和对于采购结果的质疑，分别只有一次机会。

针对采购文件的质疑,是质疑供应商认为采购文件编制不合理、采购需求的设置存在倾向性或者歧视性等方面提出疑问,要求采购人或采购代理机构给予解释说明,对不合法的内容要求予以更正。针对采购文件的质疑,供应商应在知道或者应当知道其权益受到损害之日起7个工作日内提出,而7个工作日的起算点是收到采购文件之日或者采购文件公告期限届满之日。这就意味着在超过这一期限后,供应商不能再对采购文件进行质疑。针对采购文件的质疑,往往主要围绕采购文件中对供应商资格条件的规定、对投标响应的实质性要求条件的设置以及评审因素的设置进行。特别是在与采购需求所设置的技术规格方面,供应商可能会以技术指标设置不合理,倾向于市场上具有该独特指标产品的供应商构成差别待遇或歧视待遇、将某项认证证书作为评审要素属于设置与采购需求无关的条件体现了对某供应商的差别待遇等理由进行质疑。

针对采购过程中的质疑,要求在各采购程序环节结束之日起7个工作日内提出。过程质疑的主要内容是质疑供应商认为采购人或者采购代理机构在组织实施采购活动的过程中违反相关法律法规,违背公开透明、公平竞争、公正的基本原则。质疑事项的焦点多集中于采购的流程步骤。例如,开标时接收了迟到的投标文件、代理机构工作人员在评审现场发表具有倾向性的言论、评审打分明显不公平等。

针对采购成交结果的质疑,要求质疑供应商在中标或者成交结果公告期限届满之日起7个工作日内提出。这种质疑通常是质疑供应商认为采购成交结果不符合采购文件要求。这种成交结果可能是采购文件对采购需求设置的条件不合理所造成的,也可能是评审不公正所造成的,还有可能是成交供应商或其他供应商提供了虚假材料导致评审出现偏差所造成的。例如,质疑事项为"成交产品不符合采购文件要求""投标人提供虚假证明材料谋取中标""我公司评审得分与预期得分存在较大差异,专家评审存在失误或不公平"等。

(二)质疑是投诉的内在前置环节

《政府采购法》第五十五条明确,"质疑供应商对采购人、采购代理机构的答复不满意或者采购人、采购代理机构未在规定的时间内作出答复的，可以在答复期满后十五个工作日内向同级政府采购监督管理部门投诉"。投诉是供应商认为通过质疑并未使自身的权益得到维护，不认可采购人或者采购代理机构作出的质疑答复时，进一步寻求救济的途径。并且应当注意，质疑是投诉的必要前置环节，质疑事项与投诉事项需在事项范围上一致。由此可见，我国政府采购中的投诉程序是对质疑程序中质疑事项的二次认定。

质疑答复的主体是采购人或采购代理机构，投诉处理的主体是财政部门。财政部门是我国法律规定的政府采购监督管理部门，同时也是对供应商要求权益救济的质疑投诉事项进行争议处理、对采购人的采购行为进行独立审查的行政审查机构。按照前述《政府采购协定》"应鼓励该采购实体与该供应商寻求通过磋商解决其投诉"的要求以及在国内审查供应商投诉的程序设置要求上有关"应给予供应商充足时间准备并以书面形式提交投诉，该时间自供应商已知或理应知道投诉的根据时起无论如何不得少于十天""采购实体应以书面形式对供应商的投诉作出答复"的规定，质疑程序可以理解为是我国政府采购争议处理程序所设置的由采购人与供应商磋商的机会，且在质疑程序中，采购人或采购代理机构已经给予供应商的质疑事项以书面答复，供应商提交给财政部门的投诉文件，相当于是对采购人或采购代理机构已经作出答复的再回复。

因此，前述质疑程序要求供应商在 7 个工作日内提出的要求，与《政府采购协定》规定的要给予供应商不少于 10 天时间以准备其投诉事项的时限要求并不冲突。而我国《政府采购法》规定的投诉程序中的 15 个工作日也是充分考虑并满足了供应商准备投诉文件的时间要求。从我国质疑程序和投诉程序的具体环节设置来看，质疑程序虽是投诉的必要前置程序，但也可以视为是完整的投诉程序的必要构成部分。因此，质疑在本质上是投诉流程中先行由供应商直接与采购人进行磋商和获得其书面答复并进一步对答复作出回应的环节，也可以将质疑作为投诉这一政府采购争议行政处理程序的内在构成部分，不作为单独的争议处理机制的类型。

二、投诉与行政复议的衔接

按照我国《政府采购质疑和投诉办法》规定，质疑与投诉是次第进行的，即必须先向采购人或采购代理机构质疑，才能进一步投诉。质疑事项采购人可能会作出更正，例如，针对采购文件的质疑采购人进行了采购文件的修改，但是仍不符合质疑供应商的预期，因此质疑供应商可进一步围绕该事项进行投诉。投诉在我国行政管理体系下具有较为广泛的含义，但在政府采购中，是作为政府采购争议解决的重要机制类型。

（一）处理投诉工作流程

从投诉处理的工作流程来看，投诉供应商以书面形式提交投诉书后，财政部门应当向采购人致送《投诉答复通知书》，要求采购人于接收《投诉答复通知书》5个工作日内就投诉事项和有关情况向财政部门提交书面说明，并提交相关证据、依据和其他有关材料。对于这些材料，财政部门认为有必要时，可以组织质证。质证由财政部门组织，采购人和相关供应商（投诉人及被投诉供应商）参加。在投诉处理过程中，财政部门视情况可以要求采购人暂停采购程序，例如，暂不进行采购程序或暂停签订或履行采购合同等。财政部门应当自收到投诉之日起30个工作日内，对投诉事项作出处理决定，财政部门在处理投诉事项期间，可以视具体情况书面通知采购人和采购代理机构暂停采购活动，暂停采购活动时间最长不得超过30日。财政部门对投诉事项作出决定后，要向各相关方发放《投诉处理决定书》。如果投诉事项不成立、投诉事项成立但不影响采购结果时，采购人可继续开展采购活动，依据原采购进度实施。采购结果发生变化时，依据财政部门对投诉事项的处理意见，视情况采购人可能被要求顺延选择成交供应商或者重新组织采购活动。

（二）投诉与行政复议的程序一致性

《政府采购法》第五十八条规定，投诉人对政府采购监督管理部门的投诉处理决定不服或者政府采购监督管理部门逾期未作处理的，可以依法申请行政复议或者向人民法院提起行政诉讼。《政府采购质疑和投诉办法》规定，投诉处理决定书应当告知相关当事人申请行政复议的权利、行政复议机关和行政复议申请期限，以及提起行政诉讼的权利和起诉期限。即对投诉处理决定，投诉的供应商有权申请行政复议。但是，投诉本身是对采购人在实施政府采购过程中的具体行为基于投诉供应商的请求而进行的复核，且还经过了供应商在答复质疑环节的回复确认，在对采购行为复审的事项上，行政复议与投诉处理具有程序上的一致性。

从我国《行政复议法》所规定的行政复议工作程序来看，行政复议的具体程序分为申请、受理、审理、决定。申请人应当在知道被申请人行政行为作出之日起60日内提出行政复议申请，行政复议机关收到行政复议申请后，应当在5日内进行审查，行政复议机关决定受理的，行政复议机构应当自行政复议申请受理之日起7日内，将行政复议申请书副本或者行政复议申请笔录复印件发送被申请人。被申请人应当自收到申请书副本或者行政复议申请笔录复印件之日起10日内，向行政复议机关提出书面答复，并提交当初作出具体行政行为的证据、依据和其他有关材料。在审理过程中，申请人提出要求或者行政复议机构认为有必要时，可以向有关组织和个人调查情况，听取申请人、被申请人和第三人的意见。行政复议机关应当自受理行政复议申请之日起60日内作出行政复议决定，该行政复议决定书可以给出决定维持具体行政行为，或者决定撤销、变更或者确认原具体行政行为违法、在一定期限内重新作出具体行政行为等结论。申请人对行政复议决定不服的，可以在收到行政复议决定书之日起15日内，向人民法院提起行政诉讼。

比较政府采购投诉处理工作程序与行政复议工作程序，发现两者之间有共通之处，即都是对具体行政行为的复核，且均要求双方相互交换意见，特别是要求被投诉或被申请人提供相关证据材料，在工作流程的时限上也较为紧凑。政府采购投诉处理程序要求被投诉的采购人在5个工作日内作出答复和提供证据材料，行政复议程序要求被申请人在10日内作出答复和提供证据材料。整体处理时间政府采购投诉程序一般为30日，行政复议程序为60日。因此，从这些规定流程和工作目标来看，基本可以把投诉处理作为行政复议程序的特别规定程序。

（三）投诉处理决定不作为行政复议事项的探讨

基于投诉处理程序是对采购人实施政府采购活动具体行为的复核，与行政复议对具体行政行为的复核具有相同性，因此，投诉处理决定作出后，再行允许进行行政复议，有重复在行政机关体系内复核之嫌。目前，我国政府采购争议处理机制规定了投诉决定书后可以复议，也可以直接诉讼，且对投诉处理决定的复议不是诉讼的前置程序，即不是提起诉讼之前的必经程序，但有必要进一步简化工作流程，不将投诉处理决定作为行政复议的事项，从而简化流程。

对照《行政复议法》，对于政府采购活动中采购人实施的一些具体行为，因政府采购本身具有一定的为政务活动服务的具体行政行为性质，因此也可以直接提起行政复议。例如，《行政复议法》第十一条规定的可以申请行政复议的情况，包括认为行政机关滥用行政权力排除或者限制竞争，认为行政机关不依法订立、不依法履行、未按照约定履行或者违法变更、解除政府特许经营协议、土地房屋征收补偿协议等行政协议，认为行政机关在政府信息公开工作中侵犯其合法权益等。换句话说，如果采购人或者其他行政机关对供应商采取不同的资格审查或者评审标准，要求供应商在本地注册设立分支机构、在本地缴纳社会保险，设定的资格、技术、商务条件与采购项目的具体特点和实际需要不相适应或者与合同履行无关，以其他不合理条件限制或者排斥潜在供应商等，都是行政机关滥用行政权力排除或者限制竞争的行为，属于行政复议的范围。如果政府特许经营协议是通过政府采购方式订立的，采购人（相关行政机关）在订立、履行、变更、解除协议过程中，协议对方（政府采购的中标、成交供应商）对此不服的，有权申请行政复议。如果与政府采购有关的组织或者个人申请了政府采购信息公开，申请人认为采购人、财政部门或者其他相关行政机关在信息公开中侵犯了其合法权益（比如，依法应当公开的不公开、答复程序不合法等），则其有权申请行政复议。

按照《行政复议法》对行政复议管辖体制的规定，除垂直领导等特殊情形外，申请人对县级以上地方各级人民政府工作部门及其派出机构、授权组织等作出的行政行为不服的,统一向本级人民政府申请行政复议。这是与政府采购投诉处理有区别之处:如果对政府投诉决定进一步向本级人民政府申请复议,可以在财政部门之外寻求更高层级的行政管理机关对质疑投诉的具体采购行为进行合法性复核。

三、投诉与诉讼的衔接

(一)投诉向行政裁决的转型

2020年1月,财政部、司法部办公厅联合发布《关于确定第一批政府采购行政裁决示范点的通知》,将内蒙古自治区、上海市、深圳市作为第一批政府采购行政裁决示范点。即以行政裁决程序替代投诉处理程序。一般而言,行政裁决是指行政机关或法律授权的组织,根据当事人申请,依照法律授权,以中立地位对当事人之间发生的、与行政管理活动密切相关的民事纠纷进行审查,并作出裁决。政府采购行政裁决,是指财政部门对供应商依据《政府采购法》第五十五条提出的投诉,依法居中进行裁处的行为。政府采购行政裁决案件当事人,包括申请人(依法提起投诉的供应商)、被申请人(被投诉的采购人或其委托的采购代理机构)和相关供应商(与投诉事项有关的其他供应商)。参照《上海市财政局政府采购行政裁决工作规程(试行)》,行政裁决的工作申请和受理、调查、调解、审理、决定及送达等环节。政府采购行政裁决的相关工作时限需符合《政府采购质疑和投诉处理办法》要求。

根据现行《政府采购质疑和投诉处理办法》,政府采购行政裁决的工作期限是30个工作日,其中自收到投诉书后的5个工作日决定是否受理,8个工作日内向被投诉人及其他当事人发送要求答复的通知,要求在5个工作日内回复答复,如此计算还余大约17个工作日对投诉进行审理。审理原则上采取书面审查的方式,必要时可以进行调查取证或者组织质证。在工作时间较紧张的情况下,从目前来看财政部门给出的投诉处理决定或行政裁决书所陈述的情况及决定均较为简要。同时,在处理投诉期间如果需暂停采购活动的,暂停采购活动时间最长不得超过30日。这些时限要求,充分考虑到了争议解决期间政府采购合同的订立流程或效力认定一直处于悬置状态的情况。尽快消除政府采购合同交易不确定性状态，成为政府采购争议解决机制设计的重要目标。如何高效处理争议，也是行政裁决与司法裁判程序直接衔接的主要考虑因素。

（二）投诉直接与司法诉讼衔接的探讨

《政府采购法》第五十八条规定对投诉处理决定结果可以依法申请行政复议或者向人民法院提起行政诉讼。在2022年7月财政部发布的《中华人民共和国政府采购法》（修订草案征求意见稿）第九十二条拟规定对投诉处理决定的结果，可以向人民法院提起行政诉讼，并可在诉讼请求中人民法院一并解决相关政府采购争议。如果最终确定这一条款的调整，就实现了对行政裁决不再设置行政复议环节而直接与司法诉讼程序相衔接的问题。但是对于具体司法裁判程序是适用行政诉讼，还是民事诉讼程序予以审理，修订草案仅提出一并解决政府采购争议，未作出限定，可能的指向是行政附带民事诉讼程序。

政府采购行政裁决是政府采购监督管理部门对政府采购相关争议的集中管辖处理，具有专业性和权威性。在现行政府采购争议解决机制下，在实践中对政府采购成交争议通常是要求先由政府采购监督管理部门作出行政处理，然后才可以进入法院的司法裁判程序。对行政裁决结果再进行行政复议的复审，虽然能够进一步穷尽行政程序，但本着司法最终原则，除在国务院层面可以通过国务院终局裁决的方式形成终局性结论外，仍需面临着进入司法裁判程序的问题。而政府采购行政裁决争议涉及大量的政府采购合同订立过程中的纠纷，在处理这些纠纷过程中有的还需要作出暂停采购活动的临时措施，为采购人及供应商双方利益的考虑，宜尽快定纷止争形成终局性裁判结论。行政裁决后不再设置行政复议程序而只允许进行司法诉讼，有利于缩短争议解决整体程序周期。[①]

---

① 焦洪宝：《政府采购行政裁决与司法裁判程序衔接问题研究》，载于《政法学刊》2024年第1期。

第三节 监督检查与争议程序的区分

依据《政府采购法》第七十条规定，任何单位和个人对政府采购活动中的违法行为，有权控告和检举，有关部门、机关应当依照各自职责及时处理。在投诉处理过程中，如果财政部门发现采购人、采购代理机构在采购活动中存在违法违规的相关问题，也会在投诉处理决定书中或另行以行政处罚等行政处理决定的形式责令采购人、采购代理机构予以改正。监督检查程序与争议程序，在工作目标、处理事项及后续救济程序上，有着明显的差别。

一、程序工作目标不同

政府采购的质疑投诉主要是由供应商为维护自身在所参与的政府采购项目中的合法权益而启动的，是对供应商提供救济的程序，且供应商所关切的最核心问题是自己能否成为成交供应商，因此可以认为政府采购投诉或试点的行政裁决工作主要服务于政府采购合同的成交。政府采购订立合同的所有工作程序，其目标是使交易双方在平等协商的基础上达成有关政府采购合同交易的权利义务具体内容的共同意思表示，并确定在政府采购合同中。大部分质疑投诉、复议、诉讼等政府采购争议问题都是直接或间接影响到成交结果的内容，例如，供应商反对采购条件中设置的不合理的交易条件或不认可最终成交结果，可以寻求争议解决程序推翻。政府采购行政审查机构或政府采购争议的诉讼审查法院对这些不合理的条件进行审查纠正，其主要目的是保障政府采购交易的公平竞争，保障政府采购合同成交结果的合法有效。如果认定投诉事由成立，其对政府采购合同订立过程及订立结果均会产生影响，包括直接宣告成交无效。

与争议解决程序不同，监督检查的工作目标更为宏观。对于监督检查中发现的问题，也可能会引发对采购成交结果的更改，例如，在监督检查中主动发现了有供应商提供虚假材料或者供应商围标、串标等情况，可以直接对政府采购结果作出重新采购的决定。但在政府采购争议程序中，即便供应商已经进行了质疑投诉直到后期的行政复议或诉讼，在政府采购争议程序中相关行政监督机构和司法机关已经对供应商的诉求作出了处理和回应，对政府采购项目的成交结果加以认定合法有效或者予以推翻，也都不影响政府采购监督管理机关根据职权对政府采购活动全流程进行监督管理并对其中不合法之处进行处理。例如，在一项采购活动中，采购人的违法违规行为可能不会直接影响成交结果，但财政部门可以依法以行政处罚、行政处分的方式对涉及的采购人、采购代理机构或供应商及相关工作人员进行惩处，这些处理决定不会对政府采购合同成交结果作出决定，但对于落实政府采购法律要求具有重要意义。

二、工作线索来源不同

监督检查是有关部门、机关对政府采购各参与主体在采购活动中的行为进行监督管理、保障各参与主体合法权益的一种方式。监督检查的有关部门、机关包括人民政府或者采购人单位的纪检监察部门、司法机关、财政部门等；在通常情况下以政府采购监管部门即财政部门为主。以财政部门的监督检查工作为例，以启动监督检查工作的主体不同，可以分为不同的类型。

（1）财政部门在日常管理工作中发现采购活动存在违法违规行为，主动开展监督检查；

（2）采购人或者采购代理机构发现采购活动中存在违法违规行为，通过向财政部门行函的方式提请财政部门发起针对该采购项目的监督检查；

（3）在供应商提起质疑投诉请求进行权益救济时，供应商提出的相关采购活动的违法违规行为或在审理政府采购争议案件中发现的违法违规行为，在政府采购投诉处理决定之外另行以监督检查的渠道进行处理的；

（4）采购人、采购代理机构之外的任何单位和个人，包括供应商、评审专家，直接向财政部门以检举、举报等方式反映政府采购活动中的违法违规行为要求查处的。

对于上述第（4）类由供应商举报而启动监督检查的，应注意区分举报与投诉。举报与投诉在政府采购流程中相互独立，但在特殊情况下，两者又有着高度的一致性。其主要区别在于：①举报人的身份不受限定，任何单位和个人都可以进行举报，其本身可能并不是利益相关方；同时，举报人身份保密，亦可匿名举报。投诉人必须是质疑人，即必须参与该政府采购活动且对质疑答复不满意。②举报无须前置流程，举报人可以直接向财政部门递交举报书提起；投诉必须以质疑为前置流程。③两者涉及事项不一致。举报为举报人首次向财政部门反映情况，因此，举报事项不受约束，可以涉及采购文件编制、采购过程、采购结果以及合同签订等任何采购环节（均需提供相关证明材料）；投诉事项受质疑事项的严格限定。

供应商依法维护自身权益，是法律赋予的权力，在维护自身权益时，应当坚持依法依规、诚实信用的原则，不得捏造事实、不得提供虚假材料、不得以非法手段获取证明材料等非法情形。如果投诉人在全国范围12个月内三次以上投诉查无实据的，将会被列入不良行为记录名单。

三、处理方式不同

争议解决程序一般是出具处理决定书，监督检查的结果一般是形成行政处罚决定书。对于政府采购活动中违法的供应商、采购代理机构、评审专家，财政部门可以依法作出的禁止参加政府采购活动、禁止代理政府采购业务、禁止参加政府采购评审活动等行政处罚决定，这些行政处罚决定在全国范围内生效。对于这些行政处罚信息，还要进行相应的公示。财政部门要依法公开对政府采购供应商、采购代理机构、评审专家的行政处罚决定，并按规定将相关信息上传至中国政府采购网开设的"政府采购严重违法失信行为记录名单"，落实对不良行为进行记录制度，对政府采购违法失信行为进行曝光和惩戒。

在后续的救济方式上，争议解决程序的投诉处理决定与监督检查的行政处理决定，在现行法律制度下并无多大的区别。当事人对财政部门作出的投诉处理决定、监督检查决定、行政处罚决定或者其他行政行为不服，一般情况下都可以申请行政复议，并可直接或在复议后进行行政诉讼。对于有些监督检查程序形成的决定，因对举报人在行政法上的权利义务不产生影响，可能会不被行政复议程序和行政诉讼程序受理。

本书主要探讨政府采购争议解决程序的相关问题，尤其是供应商通过质疑、投诉、诉讼等程序对采购人、采购行为提出的有关采购活动、成交结果以及采购合同履行中的诉求的解决，对于政府采购活动中因监督检查、行政处罚等行政执法行为引发的争议处理程序不进行深入分析。

第四章
采购准备阶段争议类型与内容

采购准备阶段的工作是由采购人单方完成的，采购人在采购准备阶段如果进行采购需求调查以及采购意向公开，也会面向市场上的各相关供应商收集信息，相关供应商可以予以协助提供，但最终形成采购方案仍是采购人一方的工作。采购准备阶段的成果是完成采购文件的制定具备实施采购的条件，这些据以实施的采购文件最终仍可能引发供应商的质疑投诉，因此，采购准备阶段的争议一部分发生并解决于采购准备这一时间段，还有一大部分会在采购实施阶段或采购成果结果出现后的时间段提出，但涉及质疑投诉的问题与采购准备阶段工作的合法性有关。

第一节 纳入采购范围之争

一项采购活动是否为《政府采购法》所规范的政府采购，将决定政府采购规则可否在这一采购中适用。基于政府采购与商业采购对供应商平等参与竞争机会的区别，如果是商业采购且不采用公开竞争的方式实施，供应商无法在获得采购市场机会方面寻求救济。将一项采购纳入政府采购范围予以管理后，供应商将享有参与这一公共性采购市场机会的平等竞争权，因此，在是否应当纳入政府采购范围方面，仍有引发供应商启动争议解决程序的可能。

一、政府采购范围界定的法治原理

对政府采购范围的界定，是采购人实施采购活动是否应当适用政府采购规则的前提，也是政府采购法律规则规范调整的采购活动内容的边界。对于政府采购范围的规定，主要体现在各国的政府采购基本法律制度中，但也与政府采购的实践操作相关。我国现行《政府采购法》对政府采购的范围持狭义的定义，只有纳入集中采购目录或达到限额标准以上的采购活动才适用《政府采购法》，但是对于集中采购目录以外且低于采购限额标准的采购活动，在实践中相当一部分采购人也会提高采购合规的自我约束程度，参照政府采购程序规定内部的采购制度。而广义的政府采购范围界定，仅从采购人、采购资金来源的方面对采购行为进行界定，不论采购金额的大小或是否以集中采购的方式进行采购。对于政府采购范围的界定，在一定程度上体现了政府采购法治的目标范围。

（一）从采购人端对政府采购范围的界定

以我国《政府采购法》及其相关法规的规定为例，对于政府采购范围界定主要考虑采购主体、采购资金、采购对象和采购资金限额的要素。《政府采购法》通过"具体采购主体列举"的方式，明确了政府采购的适用主体，包括各级国家机关、事业单位和团体组织。这些主体在政府采购活动中具有特定的法律地位和责任。在采购资金来源方面，《政府采购法》规定，采购人全部或部分使用财政性资金进行采购的，属于政府采购的管理范围。财政性资金包括预算资金、预算外资金和政府性基金。使用财政性资金偿还的借款，也视同为财政性资金。在采购对象方面，政府采购的内容应当是依法制定的集中采购目录以内的货物、工程和服务，或者虽未列入集中采购目录，但采购金额超过了规定的限额标准的货物、工程和服务。这确保了政府采购活动能够覆盖到关键领域和重点项目。《政府采购法》对采购资金限额标准的规定，不但界定了政府采购的范围，还对采购方式提出要求。例如，限额标准包括分散采购限额标准和公开招标数额标准等，单项或批量金额达到一定标准的货物和服务项目、工程项目必须采用公开招标方式实施采购。

对政府采购范围的界定还涉及地域范围。政府采购法律管辖的地域范围明确为在中华人民共和国境内从事的政府采购活动。这确保了《政府采购法》在全国范围内具有统一的适用性和执行力。但也有部分国家的政府采购规则也会规定相应的适用范围。例如，美国的《联邦采购条例》只适用于联邦政府采购，各地方州政府的政府采购活动可以执行本州的政府采购规定。有些美国本土以外的区域，也无须执行联邦政府采购规定。

（二）从采购对象端对政府采购范围的界定

政府采购的实施方式应当是采购，即包括买卖、租赁、服务、委托、雇佣等多种使用资金换取市场资源以满足政府政务活动需要或提供公共服务的行政管理目标需求的多种形式。在各国政府采购规则来看，普遍将政府采购的对象界定为三大类：货物、工程和服务。由于工程在国民经济分类和贸易分类中一般被列为服务行业，因此世界银行有关借款人贷款项目采购的规则等规范性文件确切地把政府采购对象界定为货物、工程以及工程以外的服务。

货物类采购对象涵盖了各种物资、设备和用品等物品。具体包括但不

第四章　采购准备阶段争议类型与内容

限于日用品（如文具、办公设备等）、生活物资（如食品、药品等）、生产耗材（如化工原料、机械配件等）以及专业设备（如医疗、环保、航空等专业领域设备）。这些货物是政府采购中最为常见的对象，旨在满足政府机构的日常运营和特定项目的需求。工程类采购对象则涉及各种建设项目的实施。政府采购的工程范围非常广泛，包括市政工程（如道路、桥梁、给排水、燃气等）和交通工程（如地铁、高速公路、机场等）。这些工程项目的采购不仅关乎政府基础设施的建设和完善，也直接影响到社会经济的发展和民众的生活质量。服务类采购对象则是指政府为完成其职能或满足公众需求而购买的各种专业服务。这些服务包括但不限于咨询服务（如法律顾问、财务咨询等）和工程建设相关的服务（如工程监理服务、项目管理咨询、造价咨询等）。服务类采购的目的是借助外部专业力量提升政府工作的效率和质量，更好地服务于社会公众。

在采购形式上，虽然都是进行财政性资金的支出，政府采购与公务人员费用支出、政府投资支出等也有明确的区别。传统上，人员的雇佣以及公务人员工资费用的支出不适用政府采购。但是对于工勤人员的采购，目前采购人也可以采用服务外包的方式进行服务采购。政府采购与政府投资都是使用财政性资金，两者的区别也较明显。政府采购一般具有消费性，政府采购获得的货物、工程或者服务都是为满足自身或者公众需要，是为政府部门提供消费品或者向社会提供公共利益，不具有商业性采购的盈利目的，不存在"为卖而买"或者使用采购对象再经营的问题。政府投资不同，政府投资以非经营性项目为主，但也可向经营项目中投资，特别是国有资产管理机构对国有独资企业的投资持股，也是采取投资的形式。这种以获取增值收益为目的的投资行为，不应涉及适用政府采购程序的问题。政府投资有固定资产投资，也有股权投资或者其他金融资产投资等投资形式。《政府投资条例》（国务院令第712号）规定的政府投资是指在中国境内使用预算安排的资金进行固定资产投资建设活动，包括新建、扩建、改建、技术改造等。固定资产投资可以直接投入项目将资金转化为实物资产；可以采取以资本金注入项目公司再由公司进行投资建设的形式，也可以采取向企业进行投资补助、贷款贴息等方式。对于投资的资金支出是否纳入政府采购程序管理的问题，仍需按照现行《政府采购法》规定，从采购主体、采购资金及采购对象等多个角度进行界定。例如，以政府与社会资本合作的方式开展项目经营，政府方采取合资入股项目公司的方式，虽然是股权投资行为，但可以通过政府采购确定合作伙伴及投资条件。

从采购对象端对政府采购范围进行界定，还涉及所采购产品的国内制造含量以及供应商的国内国外身份问题。因这一问题相对复杂，以下专门进行讨论。

二、对采购对象国内制造含量的界定

我国《政府采购法》第十条规定，政府采购应当采购本国货物、工程和服务。美国等国家的政府采购制度也对于购买本国产品有专门的法律规定。但在我国对于政府采购本国货物、工程和服务中的"本国"如何界定，至今并没有明确的法律政策加以规定。

（一）政府采购本国货物的历史政策

从这一问题的历史来看，1999年4月17日财政部颁布的《政府采购管理暂行办法》第六条规定，未经批准，采购机关不得采购外国货物、工程和服务。前款所称外国货物，是指最终货物为进口货物，或者最终货物虽然在我国境内生产或组装完成，但其增加值含量不足总价值50%的货物。《政府采购管理暂行办法》办法已于2006年3月30日废止。

2007年12月27日，《政府采购进口产品管理办法》第三条规定，"本办法所称进口产品是指通过中国海关报关验放进入中国境内且产自关境外的产品"。仅界定了何谓进口产品，对于除了这些进口产品之外的是否都是本国产品，并没有明确说明。

2008年7月19日—7月20日，在当时国家质检总局科技司的组织下，由国务院、商务部等9名专家学者组成的专家鉴定验收委员会，对由福建检验检疫局承担的当时的国家质检总局计划科研课题《政府采购国产货物、工程和服务界定规范研究》进行了鉴定验收。这一研究提出，对货物、工程服务均按照国产成分占50%以上，汽车国产成分需达60%以上作为政府采购本国产品的界定标准。

2010年5月26日，财政部、商务部、发展改革委、海关总署发布的《政府采购本国产品管理办法（征求意见稿）》第六条：本办法所称本国产品是指在中国关境内生产，且国内生产成本比例超过50%的最终产品。但该办法一直未正式颁布。在后期有关讨论中，也有学者提出两个"50%以上"的原则，即产品或服务的提供者中资股份应占50%以上；采购的产品或服务，在中国境内提供的部分，或者国内完成的增加值不低于货物或者服务，或者商品的总价值的50%。

（二）我国对政府采购本国产品的界定

2021年10月13日财政部发布了《财政部关于在政府采购活动中落实平等对待内外资企业有关政策的通知》，我国政府采购领域已经修改了国产成分占比50%的标准，即只要是在中国注册的外商投资企业在境内生产的，都可享有本国产品的待遇。其中工程服务，只要是工程地或服务地在国内，且供应商是中国法人，即可以全部供应；对于产品，只要不需要进口登记手续就能供应的，都算作国产产品，获得与本国产品同等的待遇。其中，对于商销产品来看，因为商品条形码的前缀码就可以区分产地是否是国产或者进口。国际条码组织给我国分配使用的编码前缀为690—699码段。但这些数字并不代表这些商品一定是中国企业制造。例如，一家外国公司在中国的分公司或授权生产商生产的商品，其条形码也可能包含690—699数字范围。中国物品编码中心只要给出了国产的前缀码，就可以作为本国产品参加政府采购。

《财政部关于在政府采购活动中落实平等对待内外资企业有关政策的通知》体现了中国政府采购对于外商投资企业的深度市场准入，是对外商投资企业实体待遇在政府采购领域的一种确认，已经远超过发达国家对本国产品指在国内完成50%产值的一般界定，使以进入政府采购市场为目标的外商投资企业享有了不对等的特殊优惠待遇，相当于单方开放政府采购的外国产品进入市场，只不过要求以商业存在的方式在境内生产以完成产品工程或服务的供应。

（三）国外对政府采购本国产品的界定方式

国外对政府采购本国产品的界定方式因国家而异，这些界定方式通常与各国的法律、经济政策和国际贸易环境紧密相关。在美国，政府采购本国产品的主要法律依据是《购买美国产品法》（*Buy American Act*）。该法规定，美国政府在进行采购时，应当优先购买美国产品。美国产品的界定通常要求产品必须在美国境内生产或组装，且考虑产品在美国境内增加的附加值占产品总价值的比例。例如，有规定指出，美国产品是指在美国境内生产或者组装且国内增加的附加值占产品总价值的比例要超过50%。2022年3月7日，美国国防部（DOD）、总务管理局（GSA）、国家航空航天局（NASA）宣布关于"购买美国货"要求的新规则，要求七年内将联邦承包商的强制性美国制造含量从55%提高到75%，并加强关键商品的国内供应链。2022年10月25日生效的新规则要求国内制造含量百分比立即从55%提高到60%，到2024年1月提高到65%，到2029年1月提高到75%。新规则还将允许政府跟踪制造轨迹，以确保商品符合这些更新的标准。"购买美国货"行动将支持美国制造业，允许美国政府利用联邦采购在国内发展美国本土产业，促进就业和经济增长。[①]

欧盟在政府采购方面也有类似规定，旨在促进欧盟内部市场的公平竞争和一体化。欧盟政府采购指令（如《公共部门采购指令》）要求成员国在政府采购中遵循"原产地规则"，但具体界定方式可能因指令和成员国而异。一般来说，欧盟对政府采购本国产品的界定也要求产品必须在欧盟成员国境内生产，也考虑产品在欧盟境内增加的附加值，在某些情况下还会考虑产品原材料的来源，以确保其符合欧盟的可持续性和环保标准。除了美国和欧盟外，其他国家也有各自的政府采购本国产品界定方式。这些方

---

① Federal Acquisition Regulation: Amendments to the FAR Buy American Act Requirements. https://www.federalregister.gov/documents/2022/03/07/2022-04173/federal-acquisition-regulation-amendments-to-the-far-buy-american-act-requirements.

式可能包括生产地要求、附加值要求、技术标准要求等。例如，一些国家可能要求政府采购的产品必须满足特定的环保标准或社会责任标准。

三、纳入政府采购范围争议案例

通过明确采购主体、采购资金、采购内容和限额以及地域范围等要素对政府采购范围界定，为政府采购活动提供了清晰的法律指引和界限。在实践中，为保障公开、公平、公正的采购原则落实到位，政府采购的范围会通过集中采购目标和限额标准加以明确。在实践上，围绕政府采购范围界定，也出现了一些争议案件。

（一）政府采购目录及标准规定

政府采购范围界定在法律上的明确性、促进政府市场竞争的公平性和有效性，我国《政府采购法》要求在全国逐步统一建立，以规范集中采购范围，取消市、县级集中采购目录，实现集中采购目录省域范围相对统一，充分发挥集中采购制度优势，不断提升集中采购服务质量和专业水平。财政部出台的《地方预算单位政府集中采购目录及标准指引（2020年版）》，要求各地方作为法律依据并结合本地区实际确定本地区货物、服务类集中采购机构采购项目、采购限额等。同时为降低行政成本，提高采购效率，要求省级单位政府采购货物、服务项目分散采购限额标准不应低于50万元，市县级单位政府采购货物、服务项目分散采购限额标准不应低于30万元，政府采购工程项目分散采购限额标准不应低于60万元；政府采购货物、服务项目公开招标数额标准不应低于200万元，政府采购工程以及与工程建设有关的货物、服务公开招标数额标准按照国务院有关规定执行。

另外，财政部还根据《国务院办公厅关于政府向社会力量购买服务的指导意见》《政府购买服务管理办法》要求，印发了《中央本级政府购买服务指导性目录》，规范和推进政府购买服务工作。通过该目录规定可以实行政府购买服务事项范围。对于政府购买服务的内容，一方面是面向公众提供公共服务，另一方面的采购内容是对政府职能提供辅助性服务，都是发挥着政府本职工作的替代作用，因此要求避免既花钱购买服务，又闲置自身人员和设施、不减少整体预算安排经费的情况。在部门采购领域，也有为界定政府采购范围而出台政策规定的情况。如国家医保局等八部门印发《关于开展国家组织高值医用耗材集中带量采购和使用的指导意见》，为开展国家组织高值医用耗材集中带量采购提供总体规范和要求。该意见明确了高值医用耗材集中带量采购的覆盖范围。重点将部分临床用量较大、采购金额较高、临床使用较成熟、市场竞争较充分、同质化水平较高的高值医用耗材纳入采购范围。要求所有公立医疗机构均参与集中采购，也明确在质量标准、生产能力、供应稳定性、企业信用等方面达到集中带量采购要求的企业均可参与集中采购。

（二）江苏省：使用师生伙食费采购学校食堂原材料案例[①]

江苏省昆山市某公司诉昆山市财政局不服政府采购投诉处理决定案件，涉及供应商参与了"昆山市部分学校食堂原材料供货商及配送服务商"的采购项目。该项目采购人为昆山市教育装备与勤工俭学管理办公室，参加公开投标竞争的供应商昆山某公司认为该次招标投标在程序和实体上存在重大违法，在进行质疑的基础上向财政部门投诉要求对涉案采购项目中的违法违规行为以及相关责任人员进行调查处理。财政局经调查，认为该采购项目的资金来源是师生上交的伙食费，非财政性资金，该采购不属于政府采购，因此对供应商的投诉作出不属于其管辖范畴的答复。

投诉供应商不服该答复提起行政诉讼，认为即使学生的伙食费可能是学生上缴，老师的伙食费也是财政经费支付的。老师的伙食原材料、食堂工作人员的伙食原材料和从事加工的工资费用、食堂的水电等公共开支均系公共财政补贴，从公用经费账户中支出。另外，像爱心学校、残疾人学校等特殊教育的公立学校的食堂原材料供应均在本次政府采购的范围内，都是公共财政支出。"昆山市部分学校原材料供货及配送商"采购项目没有披露具体涉及哪些学校，但极有可能本次采购活动资金来源系公共财政资

[①] 杭正亚：《政府采购救济争议处理实务指引与案例分析》，法律出版社2020年版，第15页。

金或者公共财政资金与私有性质资金混同、无法区分。法院经审理认为，采购人为昆山市教育装备与勤工俭学管理办公室是昆山市教育局举办的事业单位。昆山市教育局出具的"情况说明"中明确涉案采购项目的资金来源为师生伙食费，昆山市财政局从未审核过涉案采购项目资金的预算，本案现有证据亦不能证明涉案采购项目资金来源于财政性资金，法院维持了该处理决定。

本案采购项目的资金来源为师生伙食费，且学校食堂经营具有外包的性质。鉴于此，食堂收支不需要纳入预算管理，未纳入预算管理的食堂原材料采购不是政府采购，采购人作为事业单位有代为采购招标的性质。根据《政府采购法实施条例》第二条规定，政府采购中所涉及的财政性资金应当是指纳入预算管理的资金。在本案中没有任何证据证明该笔资金属于财政性资金，昆山市财政局提供的证据证明该项目不属于政府采购，是有事实根据与法律依据的。因此，由于该采购活动中发生争议财政部门也不应当作为政府采购予以受理和监管。

在实践中，还有一些校服采购是否作为政府采购的情况。由于校服样式需要统一，因此一般校服采购都是由学校或教育部门组织统一采购。而校服采购是否属于政府采购，尽管在采购主体方面是符合法律规定的采购人主体身份要素的，但主要还应核查校服采购资金来源。在实践中一般有三种情况，一是校服采购资金是学生交费，学校形成代收费；二是校服费未纳入学校代收费，而是由家长自行购买或交由家长委员会统一代买；三是部分地方使用财政资金采购校服。从资金来源来看，只有使用财政资金采购校服才应当执行政府采购规定。但是为了加强校服采购工作的管理，教育部门也出台了具体规定，加强校服采购工作的监管。有的省市明确了校服的采购可通过采取区域统一招标采购、学校集中委托采购、学生自行选购的方式进行。采取区域统一招标方式的，由属地教育行政部门组织实施，无论是代收费还是自行统一采购，都要求参照政府采购相关法律法规实施。

（三）采购人未开展需求调查的投诉案例

某市城市管理局委托代理机构就该市农村易腐垃圾清运市场化项目进行公开招标采购，项目预算为1700万元。共有6家供应商参与投标，最终A公司中标。中标公告发布后B公司进行诸多质疑，其中一项为：本项目是预算超过1000万元以上的服务项目，采购人采购需求调查至少应调查3家相关对象。本项目采购需求不合理，未向与本项目背景密切的相关市场主体进行调查核实，不利于项目的评审和后续实施，代理机构质疑答复称"请专家论证了"，因对代理机构质疑答复不满，B公司向财政部门提起投诉。财政部门受理投诉后认为，采购需求调查是采购人确定采购需求前的行为，此时采购活动还未开始，故不属于供应商可质疑及投诉事项，因此驳回了B公司投诉。①

本案例B公司之所以提出这样的质疑，是因为2021年7月1日起施行的《政府采购需求管理办法》第十条、第十一条明确，1000万元以上的货物、服务采购项目，3000万元以上的工程采购项目，应当开展需求调查，面向市场主体开展需求调查时，选择的调查对象一般不少于3个，并应当具有代表性。那么，B公司可以就采购人未开展需求调查进行质疑投诉吗？《政府采购法》第五十二条明确，供应商质疑投诉的事项分别为采购文件、采购过程和中标、成交结果，采购需求调查是否属于采购过程呢？《〈中华人民共和国政府采购法实施条例〉释义》明确，采购过程，是指从采购项目信息公告发布起，到中标、成交结果公告止，采购文件的发出、投标、开标、评标、澄清、谈判、询价等各个采购程序环节。就此可以看出，采购过程被界定为采购实施阶段的各项工作，而采购需求调查属于采购准备阶段的工作，因此采购人未开展需求调查不属于供应商可以质疑投诉的范畴。

但是，《政府采购需求管理办法》第三十六条也明确，在政府采购项目

---

① 董莹：《采购人未开展需求调查可以投诉吗？》，政府采购信息网，https://www.caigou2003.com/web/case/20220225/549530174920589312.html。

投诉、举报处理和监督检查过程中,发现采购人未按本办法规定建立采购需求管理内控制度、开展采购需求调查和审查工作的,由财政部门采取约谈、书面关注等方式责令采购人整改,并告知其主管预算单位。对情节严重或者拒不改正的,将有关线索移交纪检监察、审计部门处理。因此,本案例财政部门虽然驳回了 B 公司投诉,但应该对采购人未开展需求调查进行处理。

四、美国:对预留企业份额的争议

(一)美国政府问责局对医疗洗衣服务项目预留份额争议的裁决

2000 年 5 月 11 日,美国陆军部发布招标公告,将 100% 的采购份额预留给小型企业,向提交最低价的合格投标人授予一份固定期限为 1 年、可续约 4 年的合同,被授予合同的供应商将为北卡罗来纳州布拉格堡沃马克陆军医疗中心的每月约 9 万到 10 万磅重的医用亚麻制品清洗提供人员、材料、运输、用品、设备和设施的服务。国家亚麻布服务公司是一家大型企业,在招标公告发布后向美国政府问责局提起抗议,认为该项采购系不当地将采购份额预留给一家小型企业。

抗议者国家亚麻布服务公司声称,该机构未能进行足够的市场研究,以支持其在采购中将会以公平的市场价格收到至少两个有履约能力的小企业投标报价的合理预期。美国《联邦采购条例》规定,当有合理的预期会收到至少两家有履约能力的小企业报价,并且将以公平的市场价格授予合同实现采购的情况下,价值超过 10 万美元的采购项目必须专门预留给小企业参与。抗议者国家亚麻布服务公司认为,其作为一家当地的大型企业,可以以更低的价格提供服务。而采购人现在的供应商虽然是一家小企业,但现任供应商和其他有能力的小企业均不在当地地理区域内。这些外地小企业的额外运输成本将导致采购合同的价格超过公平市场价格。

美国政府问责局否决了国家亚麻布服务公司的抗议。从以往的案例来看,只要采购人尽到合理努力寻找有履约能力的小企业竞标者,并不需要再使用任何特定的方法来评估小企业的可得性。预留份额给小企业的决定，可能是基于对此前的采购历史、适格的小企业专家的建议以及通过对采购公告的回应情况进行市场调查等因素进行分析的结果。是否预留采购份额的决定是采购合同官员自由裁量权范围内的商业判断问题，美国政府问责局的审查通常仅限于确定该官员是否滥用了他或她的自由裁量权。如果根据采购人的工作记录显示，合同官员面前的证据足以支持可以合理预期小企业竞争的结论的合理性，问责局就不会质疑为小企业预留份额的决定。从本采购项目的采购历史来看，采购人正在履行的合同以及更早期的合同都是由小企业以合理的价格履行的。在对小企业的能力和投标意愿的调查研究工作中，采购人员在小企业管理局的数据库中进行了搜索，联系了相关企业，并与之前提供服务的小企业进行了沟通。在此期间，采购人还向小企业管理局采购中心的代表和小企业专家征询了意见，获得将采购份额100%留给小型企业的方案的认可。基于这些市场研究工作，采购人确定了至少三家小企业参与竞标的意向，并预计会有足够的价格竞争。对于抗议者提出的该公平市场价格没有考虑大型企业更低的服务价格问题，问责局认为，在采购人经过市场调查已经能够确定会有小企业通过竞争使采购项目以合理的价格确定供应商的情况下，采购人在作出预留份额的决定之前无须再确定大企业可能出价的价格。因此问责局认为，没有理由质疑采购人将采购项目留给小企业独家参与的决定。①

（二）美国索赔法院审理的文件销毁服务采购份额预留纠纷

美国退伍军人事务部拟通过招标采购文件销毁服务，并决定该项目的全部采购份额预留给由伤残退伍军人开办的小型企业。采购人的招标公告在2018年2月发布后，有5家伤残退伍军人小企业投标，但这5家投标人的报价均超过了采购预算。经过采购人要求投标人重新修改报价，获得的报价仍然远高于采购人估算的成本，于是采购人取消了招标。

---

① National Linen Service，B-285458，August 22，2000，参见https://www.gao.gov/assets/340/332035.pdf。

经过进一步市场调查，采购人发现现有市面上的伤残退伍军人小企业不能以适当的价格满足采购人所在地理区域的文件销毁服务采购需求，但另有17家普通的小型企业可以满足采购需求。采购人还专门发布征求公告，有多家普通小企业，包括正在为采购人服务的供应商和一些伤残退伍军人小企业表示愿意参加采购竞争。采购人再次测算了采购成本调整了采购预算，继续进行第二次招标，但此次采购将合同份额全部预留给了普通的小型企业。曾经积极参加本项目第一次采购招标的一家伤残退伍军人小企业退伍军人碎纸公司（Veteran Shredding）对采购人在第二次招标时没有将采购份额继续预留伤残退伍军人小企业的做法向美国政府问责局提出抗议，认为这种做法违反了政府采购相关法律法规的规定，并进一步起诉至美国联邦索赔法院。

采购人抗辩称，采购的基本准则是向技术达标且价格最低的供应商授予合同。采购人的成本估算经过了充分的市场调研，确有普通的小企业有意向投标，价格低于第一次招标时报价的伤残退伍军人小企业。原告退伍军人碎纸公司在第二次招标中未提交投标文件，其没有机会获得合同，不是潜在投标人，因此根本没有资格提出抗议。

美国联邦索赔法院认为，能够起诉的供应商必须是本次采购活动的"利害关系方"，在起诉时该供应商必须表明其遭受了竞争伤害或因所谓的采购过程中的错误而受到损害。即供应商本应有机会获得采购合同。有资格提出抗议的供应商必须在招标截止日期之前提交投标文件，且为了证明其与采购项目有直接的经济利益关系，供应商还需要进一步证明其有获得采购合同的机会。在第一次招标中，退伍军人碎纸公司的投标在技术上达标，但在报价上是三份技术标满足要求的投标人中最高的，按照评审原则，退伍军人碎纸公司没有获得采购合同的机会。《联邦采购条例》规定，当采购人收到来自两个或两个以上资深伤残退伍军人小企业的投标时，应将采购合同授予报价合理的伤残退伍军人小企业。采购人认为退伍军人碎纸公司的报价不合理，退伍军人碎纸公司在起诉中也没有找到《联邦采购条例》中有关于规范采购人对投标报价的评估程序的规定，故法院无法判定采购人违法，最终驳回了原告的诉讼请求。①

五、世界贸易组织：土耳其药品采购不属于政府采购

（一）世界贸易组织争端解决涉及的土耳其药品本地化措施情况

自2006年以来土耳其实施了一项全民健康保险制度，为居住在土耳其者提供包括药品报销在内的健康计划，该计划由基于雇主和雇员缴款的社会保障费提供资金，如出现赤字由公共资金弥补。土耳其卫生部药品与医疗器械局主管药品登记、上市许可、定价、分类和检查。与此同时，隶属于家庭、劳动和社会服务部的社会保障局负责社会保障政策实施，负责支付所有医疗保健商品和服务，包括支付药费。药品由医生开处方，私人药店向病人提供。所有药店都是土耳其药剂师协会会员。

与许多其他国家一样，土耳其的药品市场受到严格监管。将药品投放市场的要求是良好生产规范认证、上市授权、上市授权持有人提交的药品定价以及销售许可证。卫生部根据产品的上市许可证和定价文件，在评估提交信息的准确性后，颁发销售许可证。要获得报销，药品必须列入《卫生实施公报》附件4/A清单。争议中的措施，即本地化要求，规定药品必须在土耳其生产才能上市。社会保障局决定哪些产品将被列入此清单。在土耳其经常销售的药品中，近90%被列入该清单。

土耳其药品的三种不同分销渠道。一是由公立医院通过公开招标获得的药品，由社会保障局支付费用后直接向住院患者提供药品。二是列入可报销的药品清单的药品，根据处方经过报销体系报销后向门诊患者提供的药品，这些药品的大部分费用是由社会保障局承担的。三是非上市药品以及无处方或由非社会保障局签约医生提供处方的产品的纯商业销售，不予

---

① 杨文君：《政采支持政策虽好，中小企业也要接得住——从一起美国政府采购小企业预留份额纠纷案获得的启示》，载于《中国政府采购报》2020年7月31日第4版，案件判决为 Veteran Shredding, LLC v. United States, 2020-1336 (Fed. Cir. Jan. 13, 2021)，浏览于 https://casetext.com/case/veteran-shredding-llc-v-united-state。

报销。这一部分比例很小。[①]

土耳其从 2013 年开始实施本地化要求，主要针对第二项分销渠道的药品，具体的措施包括对药品生产本地化要求，即要求外国药厂承诺将其某些药品放在土耳其生产，而如果没有承诺、承诺未被接受或者未予履行，社会保障局就不予报销。已经本地化的药品会被禁止进口，承诺本地化的药品可以得到优先的上市审批。根据药品市场份额和同类药品在本地市场的情况，该措施分为若干阶段。在程序上，主管部门先是确定相关药品，然后通知药厂哪些药品已经被纳入本地化要求的范围。药厂与主管部门商讨逐步进行本地生产的过渡性方案并做出承诺，经主管部门接受后，定期提交进展报告。本地化要求的政策目标，是逐步将药品进口转化为本地生产，具体实现国内生产达到总销售额 60%。

欧盟于 2019 年 4 月 2 日对土耳其药品本土化措施向世界贸易组织（WTO）争端解决机构提起争端解决程序，后成立专家组审理。2022 年 3 月 22 日，在专家组报告公布前，被申请人土耳其与申请人欧盟达成仲裁协议：如果提起上诉，就援用 WTO《关于争端解决规则与程序的谅解》第 25 条，以仲裁代替上诉。2022 年 4 月 25 日，土耳其提起上诉，根据《多方临时上诉仲裁安排》成立了仲裁庭。仲裁庭在 90 日的审理限期内作出了裁决。

（二）可报销药品采购不属于政府采购裁决结论

在本案的答辩中，土耳其以 1994 年《关税及贸易总协定》第 3 条第 8 款（a）项的政府采购例外规定作为抗辩理由，认为可由此排除在药品采购中执行《关税及贸易总协定》第 3 条第 4 款的国民待遇义务。专家组所得出的法律结论是本地化要求不属于《关税及贸易总协定》第 3 条第 8 款（a）项所规定的政府采购例外。在上诉中，土耳其认为专家组对于政府采购概念的以下解释内容存在错误：购买必须由政府机构实施；购买是指卖方向买方（政府机构）转移所有权。土耳其主张社会保障局实施了政府采

[①] Mikyung Yun, *Government Procurement Defence Under GATT 1994 Article Ⅲ: 8 (a): A Critical Review of the Turkey-Pharmaceutical Products Dispute*, Journal of World Trade, February 2023, DOI: 10.54648/TRAD2023007.

购行为。

《关税及贸易总协定》第 3 条第 8 款（a）项规定："本条的规定不适用于有关政府机构采办供政府公用、非为商业转售或用以生产供商业上销售的物品的管理法令、条例或规定。"土耳其不是世界贸易组织《政府采购协定》的成员，因此不涉及与欧盟等申请人按照《政府采购协定》承担国民待遇义务。如果土耳其的药品本地化措施不构成政府采购例外，该措施就违背了世界贸易组织的国民待遇义务。为论证这一问题，专家组和上诉仲裁庭分析了此前世界贸易组织争端解决机构审理的加拿大可再生能源案和印度太阳能电池案，这两个案件都涉及政府采购电力时要求发电设备达到一定的国内含量要求是否不受国民待遇义务约束的问题。在考虑是否构成政府采购问题上，要着重分析采购人是否是政府实体、采购是否出于政府目的。另外，在美国声纳系统采购争端案中，专家组也发现通过私营实体先行采购再由政府研究资助机构通过履行合同向私营实体偿付资金而实现产品购买，是可以取代直接购买的一种政府采购的有效方式。土耳其药品案的上诉仲裁庭分析认为，应区分"购买"（purchase）和"采购"（procurement），采购主要是指政府机构的行为和程序，"采购"的含义是"获取"（obtain）、"取得"（acquisition），即政府机构获取或取得产品。采购并不限于获得产品所有权，但是政府机构应该具备对产品某种程度的控制，包括所有权或其他财产权、法律或契约权、规定价格或支付费用、使用、占有、控制、最终收益、承担商业风险等。仲裁庭认为，社会保障局对药品进行报销、确定价格并决定是否列入清单，但是占有、处分、控制和获益、获得所有权和管理库存的是药店或病人，而不是社会保障局，所以社会保障局没有实施"采购"行为。因此本地化措施不属于《关税及贸易总协定》第 3 条第 8 款（a）项规定可享受国民待遇义务例外待遇的政府采购范围。①

---

① 杨国华：《WTO 上诉仲裁第一案——"土耳其药品案"》，载于《上海对外经贸大学学报》2022 年第 6 期。

第二节　资格条件要求之争

在政府采购中,资格条件的要求必须遵循公开、公平、公正的原则,确保所有潜在供应商都能平等参与竞争。对产品或供应商的资格条件的要求,是采购准备阶段制定形成采购方案的重要内容,也往往是市场供应商能否参与某具体采购项目的最重要的市场准入因素。产品或供应商不具备采购项目所要求的资格条件,往往会造成无法参加采购报名,或者因不能通过资格预审或初步评审而无法进入实质评审环节,即直接被排除在相互竞争的产品或供应商范围之外,丧失成交或中标的可能。因此,围绕资格条件要求的设置,在供应商与采购人之间经常产生较大争议。

一、政府采购对资格条件要求的法治原理

政府采购对资格条件的要求,主要是为落实公开、公平、公正的政府采购基本原则。对于资格条件的要求,主要体现在对参与竞争的供应商主体身份情况的要求。

(一) 对供应商资格条件要求的设置

根据相关法律法规的规定,政府采购对供应商的资格条件要求通常包括以下几个方面:(1) 具有独立承担民事责任的能力:供应商应具备法人资格或依法登记的其他组织资格,能够独立承担民事责任。(2) 具有良好的商业信誉和健全的财务会计制度:供应商应具备良好的商业信誉和健全的财务会计制度,以确保其经营活动的稳定性和可持续性。(3) 具有履行合同所必需的设备和专业技术能力:供应商应具备履行合同所必需的设备和专业技术能力,以确保其能够按照采购合同的要求提供合格的货物、工程或服务。(4) 是有依法缴纳税收和社会保障资金的良好记录:供应商应依法缴纳税收和社会保障资金,并具备良好的缴纳记录。(5) 参加政府采

购活动前三年内,在经营活动中没有重大违法记录:供应商在参加政府采购活动前三年内,应在经营活动中保持良好的记录,无重大违法违规行为。

(6)其他法律法规规定的条件:根据具体采购项目的需求和相关法律法规的规定,还可能存在其他特定的资格条件要求。

采购人为了保障政府采购合同能够顺利执行,其通过采购程序希望实现的最大目标是找到一个殷实可靠的厂商,所以,会在采购时确定可参加采购的供应商的基本资格。在这些资格条件中较为重要的就是供应商的信用证明,一般要求经过审计获得标准审计意见的财务报表、征信机构出具的信用文件、金融机构等具公信力机构出具的文件确认参与采购的供应商的信用状况,另外,在采购过程中,也会以采购人是否属于失信被惩戒的对象、是否有影响成为合格供应商的被重大行政处罚或记入政府采购黑名单的情况等进行核查,以避免信用不佳的供应商中标而发生不能顺利履行政府采购合同的风险。

采购人应在采购文件中明确列出供应商的资格条件,确保所有潜在供应商都能清晰了解并对照自身条件进行参与。在资格条件中不得设置不合理或歧视性的门槛,以保障所有符合条件的供应商都能平等参与竞争。为保障政府采购的公平竞争,采购人对资格条件应根据采购项目的实际需求合理设置,避免过高或过低的门槛导致竞争不充分或资源浪费。所有符合资格条件的供应商都应被平等对待。违背对供应商资格条件要求的做法,主要表现为:非法限定供应商所有制形式、组织形式、所在地;将供应商规模条件、股权结构等设置为资格条件;设定与采购项目的具体特点和实际需要不相适应或与合同履行无关的资格条件;对供应商资格采取不同的资格审查标准;以其他不合理条件限制或者排除潜在供应商。

另外,还需要注意,采购对资格条件的要求与采购实质性要求的区分。对于产品的实质性要求(如必须获得3C强制认证),不应作为资格条件,而应在项目需求中明确,并以醒目的方式标明。这样做可以避免对供应商构成不合理的限制或歧视。

（二）关联关系企业参与采购资格条件的设置

为保障政府采购竞争的公平公正，政府采购规则要求存在关联关系的企业不能参与政府采购投标。例如，禁止单位负责人为同一人或者存在直接控股、管理关系的不同供应商，参加同一合同项下的政府采购活动；除单一来源采购项目外，为采购项目提供整体设计、规范编制或者项目管理、监理、检测等服务的供应商，不得再参加该采购项目的其他采购活动。

而在实践中，还有一些因参与采购的供应商之间存在异常关联而被否决参与竞争资格的情况。

例如，《招标投标法实施条例》第四十条规定，"有下列情形之一的，视为投标人相互串通投标：（一）不同投标人的投标文件由同一单位或者个人编制；（二）不同投标人委托同一单位或者个人办理投标事宜；（三）不同投标人的投标文件载明的项目管理成员为同一人；（四）不同投标人的投标文件异常一致或者投标报价呈规律性差异；（五）不同投标人的投标文件相互混装；（六）不同投标人的投标保证金从同一单位或者个人的账户转出。"当存在这些情况时，采购人可以认定为相互串通投标的重大异常关联情形。在实践中，采购文件还会作出进一步细化的规定，例如，投标保证金由同一人缴纳或申请退还、投标文件邮递号码连号、投标人的地址相同、电话号码相同等显系同一人或同一供应商所为等。当出现这些情况时，供应商可能会主张不是故意或没有想要围标的动机，但仍可能不会影响对于违规事实的认定。

关联关系企业参与采购资格条件的设置，还涉及分公司能否成为供应商的问题，《政府采购法》第二十二条第一款规定，供应商应当具有"独立承担民事责任的能力"。同时，《中华人民共和国公司法》第十三条规定："分公司不具有法人资格，其民事责任由公司承担。"据此，可以得出结论，分公司没有承担民事责任的能力，不能成为政府采购的供应商。但在实践中，分公司成为供应商的情况也较为普遍，且分公司负责当地实际业务的处理，与总公司相比其履约能力并不差，且分公司与总公司承担连带民事责任，并不会影响最终责任承担能力。

二、意大利：不绝对禁止关联企业共同投标案

2009年欧盟法院对意大利移送的有关邮政服务采购案件的判决，涉及关联企业投标限制规则。该项目采购人是意大利米兰工商会，拟采购快递服务公司的信件和其他文件快递服务，有三家公司即意大利SDA快递公司、意大利邮政公司和阿西图尔公司参加投标程序。阿西图尔公司提出，由于SDA公司是意大利邮政公司的全资子公司，不能共同参加此次采购。采购人仍然坚持将合同授予给报价最低的SDA公司。阿西图尔公司向法院提起行政诉讼要求撤销成交结果，并引用了意大利有关法律中对存在控制关系的企业不得参加同一招标程序的规定。意大利相关行政法院将本案涉及的关联企业能否共同投标问题提请欧盟法院裁决，以保障这一规则与欧盟的采购政策相符。

（一）欧盟法院对关联企业共同投标规则的认识

欧盟法院认为，欧盟的相关指令虽然列出了禁止供应商参与公共合同的七种情况，但主要关注的是供应商的职业诚信、偿付能力和可靠性方面。意大利国内有立法禁止关联企业共同投标，是为了防止在授予公共合同的同一程序中的参与者之间可能串通，并保障投标候选人的平等待遇和程序的透明度。但欧盟的法律也十分重视使供应商能够尽可能广泛地参与招标，如果一律将提交单独和有竞争性投标的关联企业排除，会减少采购项目的竞争，故其作出判决，认为无须绝对禁止有控制关系或相互关联的企业同时和有竞争地参与同一招标程序，应该给予关联企业相关机会，使他们能够证明这种关联关系没有影响他们在招投标过程中的行为，从而在不妨碍竞争的情况下共同投标。

（二）对我国关联企业共同投标规则探讨

我国关于关联企业共同投标规则的规定，主要体现在《政府采购法实施条例》第十八条和《招标投标法实施条例》第三十四条，在这两条规定中，为采购项目提供过前期服务供应商不得再参加该采购项目的其他采购

活动的规定，是基于与采购项目相关的业务关联而作出的禁止投标；对因与招标人存在利害关系可能影响招标公正性的供应商不得投标的规定，是对关联企业互为招标人和投标人作出的原则性规定；而对于单位负责人为同一人或者存在直接控股、管理关系的关联企业供应商共同投标一个项目，则是绝对禁止的。

参照欧盟法院对前述意大利米兰工商会采购案中关联企业共同投标规则问题的立场，如果同一项目有关联企业共同投标，需要判断他们是否出现了影响招标投标公正性的行为。有相互控股、管理关系或其他关联关系的多家供应商共同投标一个项目，仍有可能是独立报价存在竞争的。对于他们串通的可能及核查，仍需依据串通认定的证据作出一般认定，而不能简单地剥夺他们共同投标参与公平竞争的机会。①

三、中国：被执行人不得参与投标的资格条件设置案件

2014年5月，甲公司在进行宿舍楼工程招标时，要求投标人的资格条件应满足"近三年（2011年1月1日起至2014年当时）没有处于被责令停业、财产被接管、冻结、破产状态；无因投标人违约或不恰当履约引起的合同中止、纠纷、争议、仲裁和诉讼记录"。在招标投标过程中，经主动查询及其他投标人投诉，确认所有的中标候选人均不能满足此项资格条件，导致全部废标。②

对供应商的资信情况加以明确，排除其存在采购合同违约的情况，可以降低中标人在本招标项目中的履约风险。但从当前我国建筑市场及施工企业的实际情况来看，没有违约合同纠纷以及无仲裁诉讼案件的情况极为罕见，总包企业大量存在与下游分包商、设备材料供应商的合同纠纷，如果严格要求，将导致有业绩经验的施工企业绝大多数达不到对投标人的此

---

① 焦洪宝：《从欧盟法院判例看关联企业投标限制规则的适用》，载于《中国招标》2023年第3期。

② 夏煜鑫：《招标文件中如何合理设置投标人涉诉资格条件》，载于《招标采购管理》2015年第10期。

项资格条件，造成招标失败。

我国政府采购中已经明确将供应商被列入失信被执行人等因失信被联合惩戒的情况列为排除进入政府采购市场的负面清单，一旦供应商被列为失信被执行人，说明其已经丧失偿还经法院确认应当偿还的债务的能力，企业相当于已经处于失去对外承担民事责任的法律能力、应当进入破产程序停止经营的境地。但是除此之外，还有很多企业虽然没有被列入失信被执行人，但因诸多诉讼案件被列为被执行人，其处于尚有债务已经逾期未能清偿的状态，这种信用状态也是不佳的，会直接影响其在金融系统或资本市场上融资。如果一家总包企业存在被执行案件，发包人将可能随时面临着被法院强制要求协助案件执行，将本项目项下未付工程款作为被执行人到期债权而给付到另一建设项目中的申请执行债权人，从而可能使本项目的下游分包商、设备材料供应商拿不到相应款项无法继续施工。因此在招标采购中，对于供应商资格条件的要求，可以关注其有无较大金额的被执行案件尚未执行终结的情况，如果有，可以认为其不符合资格条件；如果是在中标后发生的，可以从合同履行的不安抗辩权行使的角度，要求其提供充分的说明或必要的担保，以保障该些被执行案件不会影响到供应商在本招标采购项目下的合同履行。

四、美国：对中小企业履约能力认定引发争议案

支持中小企业参与政府采购，是政府采购发挥推动经济和社会发展的政策功能的重要举措。根据财政部、工业和信息化部《政府采购促进中小企业发展管理办法》（财库〔2020〕46号）要求，对采购限额标准以上、200万元以下的货物和服务采购项目、400万元以下的工程采购项目，适宜由中小企业提供的，采购人应当专门面向中小企业采购。超过200万元的货物和服务采购项目、超过400万元的工程采购项目中适宜由中小企业提供的，预留该部分采购项目预算总额的30%以上专门面向中小企业采购，其中预留给小微企业的比例不低于60%。为保障这一政策目标的实现，有些政府采购项目会规定供应商必须是中小企业才能参加采购项目竞争。但由

于中小企业的生产规模、供货能力、企业整体实力等较大型企业有明显劣势，如何保障中小企业在成交后有履约能力是一个难题。美国联邦政府采购制度通过引入了小企业管理局对中小企业的履约能力进行认证，对这一问题给出了解决方案。

（一）争议采购项目基本情况

1994年4月28日，美国陆军航空部队司令部发布招标公告，采购6套便携式水储存和分配系统，其用途是在军事演习和灾难期间用于一次性地可向3000~4000人提供安全饮用水。这一采购项目按照法律要求是留给小企业的采购合同份额，即只允许小企业投标。今古棒公司（J. G. B. Enterprises, Inc.）和阿尔卑斯公司都提交了投标。JGB公司此前不久曾获得一个政府采购合同供应了类似的水系统。阿尔卑斯公司曾在1992年获得过一项政府合同，涉及制造和供应113个次氯化装置，这些装置是储水和分配系统的组成部分，但并不是这次采购的水系统使用的装置。

根据各方报价，航空部队确定阿尔卑斯公司是明显的最低价竞标者，报价为181608美元，而JGB公司以225890美元的标价位列第二低价。1994年7月15日，航空部队的采购合约官员要求进行一次合同授予前调查，调查阿尔卑斯公司是否具有成功完成合同的能力。但该次调查采信的是基于另一份合同由航空部队的生产管理部门在1994年7月8日已经启动的对阿尔卑斯公司合同授予前调查结果。该1994年7月19日出具的调查结果显示，阿尔卑斯公司满足完成采购合同的所有生产和技术要求，但阿尔卑斯公司在会计制度方面不具有履约能力，因为其无法承受按照进度付款的支付方式。

航空部队决定将有关阿尔卑斯公司会计系统的问题提交给美国小企业管理局。因为在供应商已被告知其被采购合同官员确定为不具有履约能力的情况下，供应商要求由小企业管理局对其履约能力作出确认。按照美国政府采购相关法律规定，如果小企业管理局确信小企业是有履约能力的投标人，小企业管理局有权对小企业进行审查并颁发能力证书。如果小企业管理局为该小企业颁发了能力证书，那么相当于指示采购合约官员要向该小企业授予政采合同，采购合约官员不得再对小企业提出履约能力和资格方面的任何其他要求。这也是法律赋予的能力证书的结论性效力。

在1994年8月29日的一份报告中，为美国小企业管理局工作的一位工业专家得出结论认为"阿尔卑斯公司具有履行水系统合同的所有技术和财务能力"。除了审查和批准了阿尔卑斯公司的新会计制度以外，该专家还审查和批准了阿尔卑斯公司的技术能力、工厂、设施和设备、原材料的可得性、质量控制以及关于水系统的生产和使用性能方面的能力。小企业管理局的调查还包括对位于犹他州的阿尔卑斯公司制造设施进行调查，尽管在这次现场调查中小企业管理局的贷款官员没有到现场。在1994年9月6日的会议上，小企业管理局的一个区域委员会审查了工业专家的调查报告，并得出结论认为阿尔卑斯公司有资格履行航空部队的合同，一致同意颁发能力证书给阿尔卑斯公司。

同时，JGB公司对其竞争对手进行了调查，确定阿尔卑斯公司不能履行合同。因此，JGB公司于1994年8月31日向航空部队提交了两份合同授予前的抗议文件。在第一次抗议中，JGB公司声称阿尔卑斯公司不是负责任的竞标者，并且不能在规定的时间和成本内实际履行合同。在第二次抗议中，JGB公司声称阿尔卑斯公司没有资格接受合同，因为其不是"制造商"或"正规经销商"，而是打算依靠分包商来履行合同。JGB公司还声称：（1）阿尔卑斯公司的实体工厂太小，不能一次生产一个以上的单元；（2）阿尔卑斯公司雇佣的人太少，除非公司转包大部分工作；（3）阿尔卑斯公司没有经验制造这种复杂设备；（4）阿尔卑斯公司需要购买昂贵的测试和制造设备以完成合同，这些成本没有反映在阿尔卑斯公司的投标价格中；（5）阿尔卑公司斯投标价格太低，无法支付材料和劳动力成本；（6）根据阿尔卑斯公司以前的工作经验，其只能制造5%的水系统本身而需要转包其他部件。

采购人航空部队回信否认了JGB公司的两次授标前抗议，表示根据《美国法典》"小企业管理局对履约能力的认证是决定性"的有关规定，一旦小企业管理局颁发了有利于阿尔卑斯公司的合格证书，其就必须将合同授予阿尔卑斯公司。直至1994年9月26日，配水系统合同被授予阿尔卑斯公司，合同交付期限被确定为1995年8月24日。

第四章　采购准备阶段争议类型与内容

(二) 落选供应商继续投诉诉讼的情况

1994年10月11日，JGB公司收到一家根据航空部队的合同作为阿尔卑斯公司分包商的公司的询价单。JGB公司主张，其从该请求以及其他调查中收集到的信息表明，阿尔卑斯公司根本不了解航空部队合同的要求，因为其订购的零件和用品数量太少，无法履行合同。此外，JGB公司还主张其调查显示阿尔卑斯公司无法在合同交付期限前完成。JGB公司在1994年11月4日向航空部队提出了授标后的裁决请求，但航空部队未再予以回应。因此，原告JGB公司于1995年2月3日在美国纽约北区联邦地区法院提起诉讼，请求确认小企业管理局向阿尔卑斯公司颁发的合格证书无效，要求航空部队无视合格证书并撤销与阿尔卑斯公司的合同，将合同授予JGB公司，以及作为替代方案，赔偿JGB公司的投标准备成本、利润损失和律师费。

法院经审理认为，为使自己的主张获得支持，原告必须证明采购人的采购决定没有合理依据，或者明显违反了所适用法规。在本案中，采购人在收到对小企业履约能力的质疑以后，依法将这一问题移交给小企业管理局来处置，采购人即不再控制此事。小企业局的工作报告指出，他们对阿尔卑斯的设施进行了考察，通过颁发合格证书确定阿尔卑斯公司有资格履行合同，该证书即证明企业有责任和（或）有资格履行特定的政府采购（或销售）合同。航空部门基于履约能力证明作出的合同授予决定在法律上是合理的，故驳回了原告的诉讼请求。[①]

第三节　采购方式选择之争

采购方式是采购项目的实施手段，政府采购之所以需要专门的法律予以规范，主要是为了用更具有公开性的缔约方式实现更为有效的资源配置，

[①] J. G. B. Enterprises, Inc., Plaintiff, -v-the United States of America, the United States Army Aviation and Troop Command, The United States Small Business Administration, and Alpine Industries, Defendants. 921 F. Supp. 91; 1996 U. S. Dist. Lexis 4698; 40 Cont. Cas. Fed. (Cch) pp. 76, 941.

因此，政府采购的首选采购方式是公开竞争性更强的公开招标等方式。在采购准备阶段，采购方式要作为采购方案拟定的重要内容，结合诸多考量因素进行选定。在按照既定的采购方式实施采购活动过程中，还有可能出现超出预见范围的情况，导致原定采购方式需要调整。由于不同的采购方式为供应商提供了不同范围的竞争机会，且不同的采购方式在实施步骤中可能会在不同的竞争供应商之间产生不同的竞争优势或劣势，因此采购方式的选择会成为引起供应商争议的重要领域。

一、采购方式选择的考量因素

以我国政府采购领域的采购方式规定为例，主要有公开招标、邀请招标、竞争性磋商、竞争性谈判、询价、单一来源谈判、框架协议、合作创新采购八种方式。这些采购方式均有不同的特点、适用条件和具体程序。在对这些采购方式进行选择确定时，主要考量以下因素。

（一）采购规模及采购预算的充裕性

采购规模的大小直接影响到采购策略的选择。大规模采购往往能够利用规模效应，通过集中采购来降低采购实施成本在整体交易金额中的占比，当采购量增加时，固定的采购交易成本可以摊薄。对于政府而言，大规模的采购项目可能会采用公开招标等方式，以吸引更多供应商参与，从而获得更优惠的价格和更优质的服务。另外，采购规模是结合采购需求与采购预算而确定的，如果预算充裕，在满足采购数量要求的基础上，也会在物有所值原则的基础上适当提高采购标的物的质量，从而选择公开程度更高的采购方式以在更广泛的范围内选择产品。在预算紧张时可能倾向于选择采购交易成本更低的采购方式，如询价采购或竞争性谈判。

（二）采购对象市场供应情况及市场竞争情况

采购对象的可得性是确定采购方式的重要考量因素。如果所需物品或服务在市场上较为稀缺，采购人可能需要采取更灵活或更具针对性的采购方式。政府在进行特定项目采购时，会考虑所需产品或服务的市场供应情况。如果供应紧张，可能会采取更直接的采购方式以确保供应。如果相关产品供应充分，市场竞争激烈，采购人有更多的选择和谈判的余地，会倾于使用公开招标等方式更有效地利用市场竞争来获取更优惠的价格。

（三）采购需求实现的紧急程度及采购工作时限要求

在某些情况下，采购需求可能非常紧急，需要快速完成采购以确保业务的正常进行。这种情况下，采购人可能需要采取更快速的采购方式。对于政府而言，一些涉及公共安全或民生问题需要通过紧急采购程序以确保快速响应和供应。例如，在自然灾害等紧急情况下，政府可能会启动单一来源等应急采购程序以快速获取所需物资。

二、采购方式的国际比较

对于常见的采购方式，不但在政府采购中适用，在多边开发银行的贷款项目采购中以及一般的企业商业采购中，都被广泛适用。

（一）我国采购方式的规定

我国政府采购的采购方式主要有公开招标、邀请招标、竞争性磋商、竞争性谈判、询价、单一来源谈判、框架协议、合作创新采购八种方式。我国《招标投标法》涉及的招标也分为公开招标和邀请招标。《电子采购交易规范非招标方式》（GB/T 43711—2024）规定了四种非招标采购方式，分别为询比采购、谈判采购、竞价采购、直接采购。

《国有企业采购操作规范》（T/CFLP 0016—2023）对采购方式的分类，从不同的角度分类如下：对于适宜招标采购的项目，按采购对象的公开程度，分为自愿公开招标、自愿邀请招标两种采购方式；对于部分满足招标条件的简单、小额的项目，按评"价"或评"标"的不同，分为询价、比选两种采购方式；其中，比选采购也称竞标、议标、比质比价；对于需要和供应商沟通、谈判采购的项目，按长期战略采购和非战略采购的需要，分为合作谈判、竞争谈判两种采购方式；对于市场供应特殊的项目，按市场的不同情形，分为单源直接采购和多源直接采购两种采购方式。

（二）国际组织推荐及多边开发银行规定的采购方式

1. 联合国国际贸易法委员会《公共采购示范法》的规定作为联合国国际贸易法委员会为各国对本国采购法律和实务进行评价和现代化提供的参照范本

《公共采购示范法》规定的采购方式主要有：（1）公开招标。除非有正当理由使用其他采购方式，采购实体必须使用公开招标。因此，使用公开招标是无条件的，任何采购都可以使用公开招标，而使用其他采购方法是有条件的，属于例外情形。（2）限制性招标、询价和不通过谈判征求建议书。限制性招标、询价和不通过谈判征求建议书这些方法一般用于以下情形：采购需要很明确，不需要采购实体与供应商或承包商进行讨论、对话或谈判，而且这些方法都存在不适用公开招标的正当理由。（3）两阶段招标、通过对话征求建议书、通过顺序谈判征求建议书、竞争性谈判和单一来源采购。这些采购方式的共同特点是，采购人将与供应商或承包商进行讨论、对话或谈判。（4）电子逆向拍卖。电子逆向拍卖系指供应商或承包商在规定期限内相继提交更低出价，出价自动评审，采购实体选出中选投标文件所使用的在线实时采购工具。（5）框架协议程序。架协议程序系指分两阶段进行的程序：第一阶段，甄选将加入与采购实体的框架协议的一个或多个供应商或承包商；第二阶段，将框架协议下的采购合同授予已加入框架协议的一个供应商或承包商。

2. 《政府采购协定》对招标采购程序的规定

招标采购程序有三种，但是在采购方式适用中，可以另外引入谈判或电子反拍程序。（1）公开招标（open tendering），是指所有感兴趣的供应商都可以提交投标的采购方式。采购实体应当允许所有合格供应商参加一项特定采购的投标，除非采购实体在意向采购公告中说明了对允许参加投标供应商的数量限制和选择有限数量供应商的标准。（2）选择性招标（selective tendering），是指只有符合参加条件的供应商才能被采购实体邀请参加投标的采购方式。（3）限制性招标（limited tendering），是指采购实体与其选择的一个或数个供应商接触的采购方式。在没有供应商投标、只有一个特定的供应商可以满足采购需求、补充采购、紧急采购及创新研发性采购等情形下，采购实体可以使用限制性招标方式，但限制性招标不得用于避免供应商之间的竞争或者作为歧视来自其他参加方供应商或者保护国内供应商的方式。（4）谈判。协定明确，参加方可以允许其采购实体进行谈判，条件是在意向采购公告中明确表明有此意图，且从评标情况看，按照公告或招标文件规定的具体评标标准，没有一份投标明显最具有优势。在谈判程序中，采购实体应当依照公告或招标文件规定的评价标准淘汰参加谈判的供应商，并在谈判结束后，对剩余的参加供应商提交新的或经修改的投标规定一个共同的截止期限。（5）电子反拍（electronic auction），是指一种通过电子手段展示投标供应商的最新报价或可量化非价格评标因素折算的价值或两者兼有，从而产生投标排序或重新排序的迭代过程。采购实体如果意图使用电子反拍进行并纳入适用范围的采购，该实体应当在电子反拍开始前将基于招标文件中所列评估标准，在拍卖过程中自动排序或重新排序所使用的自动评估方法（包括数学公式）提供给每一个参加者，在合同是被授予最具优势的竞标者的情况下，还需向参加者提供有关对竞标因素的最初评价结果等相关信息。

3. 世界银行对贷款项目借款人采购方式的要求

《投资项目贷款借款人采购规则》（2023年9月修订版）规定了适用于世界银行贷款的货物、工程以及非咨询服务和咨询服务的采购方式，主要有四种：（1）征询建议书（Request for Proposals）。当需要采购的货物、工程或非咨询服务的性质和复杂程度允许建议人提供客户化定制的解决方案或建议书，在程度上有不同的变化来满足或超过建议书征询文件的要求，从而更好地适应借款人的业务需求。此时应该使用征询建议书这种具有竞争性的方法。（2）征询投标文件（Request for Bids）。根据所要提供的货物、工程或非咨询服务的性质，借款人能够详细规定其要求，供投标人在投标时响应，这种情形应采用征询投标文件这种具有竞争性的方法采购采用一阶段程序。征询投标文件一般采用合格标准（在最低要求基础上采用通过/

不通过）评审投标文件。打分法通常不用于征询投标文件的方法。（3）询价（Request for Quotations）。询价是一种比较公司报价、具有竞争性的方法。在采购有限数量的现成的货架商品或非咨询服务、标准规范/规格的商品或金额小且简单工程时，使用这种方法可能比复杂的方法更有效率。（4）直接选择（Direct Selection）。为匹配、适合用途和物有所值的考虑可能需要直接选择的方法，即只找一家供应商进行谈判。当仅存在一个合适的供应商或者有理由使用首选的供应商时，这种选择方法可能是适当的。对直接选择的所有情况，借款人应保证与同类性质的项目的市场价格相比，该价格是合理的和一致的；所需的货物、工程或非咨询服务没有为了避免竞争性程序而被拆分成更小规模的采购。这四种采购方式在市场方式选择上，征询建议书、征询投标文件和询价，都可以选择公开竞争性采购或者是有限的竞争性采购，也可以是国际竞争性采购或者是国内竞争性采购，直接选择方式是无竞争的直接选择。在采购过程中根据所要求的信封数量和阶段，还可以分为单信封、双信封、一阶段、多阶段。

（三）美国与欧盟的政府采购方式

美国《联邦采购条例》（FAR）规定的联邦政府采购方式主要包括以下类型。

一是招标采购方式。包括（1）公开招标采购：通过公开招标的方式，邀请所有符合条件的供应商参加投标，采购实体根据事先确定并公开的标准选择供应商。这是最常见的采购方式之一，旨在通过广泛竞争获得最佳价格和质量。（2）选择性招标采购：与公开招标不同，选择性招标采购的招标范围仅限于通过采购实体资格审查的供应商。这种方式通常用于对供应商有特殊要求或限制的采购项目。（3）限制性招标采购：直接邀请几家特定的供应商参加招标，通常用于采购规模较小或技术复杂的项目。

二是非招标采购方式。（1）谈判采购：包括竞争性谈判和非竞争性谈判（即单一来源采购）。竞争性谈判适用于采购需求复杂、难以通过招标确定最佳供应商的情况；单一来源采购则适用于只能从唯一供应商处采购的特定情况。（2）询价采购：通过向多个供应商发出询价单，邀请其报价，

第四章　采购准备阶段争议类型与内容

并根据报价进行比较和选择。这种方式适用于采购规模较小、标准化程度较高的项目。(3)自营：在某些情况下，政府部门可能会选择自行提供所需的产品或服务，而不是通过外部采购。

三是其他采购方式。除了上述主要的招标采购和非招标采购方式外，FAR还规定了其他一些采购方式，例如，简易采购程序：适用于小额采购项目，旨在简化采购流程，提高效率。紧急采购程序：在紧急情况下，为了保障公共利益或国家安全，可以采取紧急采购程序，快速完成采购活动。

欧盟《公共部门采购指令》规定的采购方式主要有6种，分别为公开性程序、限制性程序、带谈判的竞争性程序、竞争性对话、创新伙伴关系、非公开协商程序，另外，规定了电子采购和集中采购的4种实现工具，即框架协议、动态采购系统、电子反拍和电子目录。

以上这些采购方式都较为强调采购过程的公开性与透明度。无论是国际、外国还是中国，都强调政府采购的公开性和透明度。招标采购特别是公开招标方式最能体现这一点，能够确保所有潜在的供应商都有机会参与竞争。同时，在具体适用上，还要考虑灵活性与效率。竞争性谈判和询价方式在灵活性和效率方面具有优势。能够根据采购需求的具体情况进行调整，快速找到合适的供应商。对于某些特殊的采购需求，如技术复杂或性质特殊的项目，竞争性谈判和单一来源采购方式可能更为合适。能够确保采购项目的顺利进行，并满足特定需求。总的来说，不同的采购方式各有优缺点，适用于不同的场景和需求。在选择采购方式时，需要综合考虑采购项目的特点、预算、时间等因素，以确保采购的效率和效益。

另外，需要注意，采购方式与采购组织方式的区分。采购方式主要指的是在进行物资采购时所采用的具体方法和形式，例如，公开招标、邀请招标、竞争性谈判、询价采购、单一来源采购等。这些方式决定了如何选择供应商、确定价格以及达成采购合同等具体操作流程。而采购的组织方式则更多地涉及采购活动的组织结构、管理流程和策略等方面内容。采购组织方式关注的是如何有效地组织和协调采购过程中的各个环节，以确保采购活动的顺利进行。例如，集中采购和分散采购就是两种不同的采购组织方式。集中采购是将所有采购需求集中起来，统一进行采购，这样可以提高采购效率、降低采购成本；而分散采购则是由各个需求部门自行进行采购，这种方式可能更加灵活，但也可能导致采购成本的增加和管理难度的提升。电子采购有时也被认为是一种采购组织方式，以利用电子系统进行采购活动，提高效率并减少人为错误。框架协议采购，也是通过与供应商签订长期合作协议来更为有效的组织采购活动，适用于频繁、小额或急需的采购。在实践中，还可以对一个采购项目实施分标段、分采购包采购，或者是一个阶段采购及多阶段采购，例如，对工程项目的设计、施工一并采购还是分开采购等。这些变化方式可以根据具体项目的特殊需求和条件来定制。

三、中国：采购方式错误适用的争议案例

政府采购作为公共财政管理的一项重要内容，其采购方式的适用性和合规性一直备受关注。然而，在实际操作中，由于各种因素的影响，政府采购方式的适用常常引发争议。2017年8月，某"XX市城市主题定位及区域经济整体大策划项目"竞争性磋商，采购预算为250万元。经过磋商，A供应商被确定为成交供应商，采购人于法定期限内和A供应商签订策划服务合同，A供应商提供策划服务成果后，并多次催款无果，后将采购人诉至法院，要求判令采购人向其支付策划费150万元及利息。①

在庭审中，采购人称：该项目采购预算为250万元，已经超过该省政府采购公开招标数额标准（服务项目金额100万元），应当适用公开招标采购方式。采购人也没有向该市级财政部门申请变更采购方式，因此，直接采用竞争性磋商属于采购方式适用错误，违反了国家法律法规强制性规定，请求认定政府采购合同无效。

采购方式适用错误，签订的政府采购合同是否有效？最高人民法院的相关司法解释，《民法典》第一百五十三条中的"违反法律、行政法规的强制性规定"中有关影响民事法律行为效力的规定，仅指效力性强制性规定。

---

① 张建芳：《采购方式适用错误，政府采购合同有效吗?》，政府采购信息网，2023年8月31日。

强制性规范规制的是合同行为本身即只要该合同行为发生即绝对地损害国家利益或者社会公共利益的，人民法院应当认定合同无效。如果强制性规定规制的是当事人的"市场准入"资格而非某种类型的合同行为，或者规制的是某种合同的履行行为而非某类合同行为，人民法院对于此类合同效力的认定，应当慎重把握。在本案中，未经公开招标采购程序而采用竞争性谈判，最后签订涉案策划合同行为本身并不绝对地损害国家利益或者社会公共利益，加之出于维护诚信的市场交易秩序、保障公平法治的投资环境考量，在对涉案策划合同效力认定时应当秉承谨慎态度。故法院判决认为，当事人应当按照约定全面履行自己的义务。在本案中，A供应商与某采购人签订的××市城市主题定位与区域经济整体策划合同书系双方当事人真实意思表示，且未违反法律法规强制性规定，合法有效。因此，判令该采购人在规定时间内向A供应商支付策划费150万元及利息。由于在本案中采购人不依法履行变更采购方式审批程序，擅自采用非公开招标之外的其他采购方式，属于明显的违法违规行为，财政部门应当依据《政府采购法》相关规定予以处罚和处分。

四、奥地利：邮政服务不受公共采购程序约束的判例

本案是欧盟普通法院第五法庭对奥地利邮政公司诉欧盟委员会案件的诉讼案件（CASE T-463/14）。案件申请人奥地利邮政公司是一家受奥地利法律管辖的上市公司，其52.8%的股份由奥地利工业管理有限责任公司持有，而该公司是奥地利共和国全资拥有的国家公司。根据奥地利法律，申请人被指定为在奥地利共和国为政府提供全面的邮政服务和相关服务的提供商。

2013年9月30日，奥地利邮政公司致函欧盟委员会，要求协调适用2004年3月31日，欧洲议会和理事会第2004/17/EC号《关于协调水、能源、运输和邮政服务业公共采购程序指令》第30（5）条规定，请欧盟委员会作出声明，由于申请人在奥地利境内提供的某些邮政服务以及某些其他服务处于可以由公共采购部门直接获取的市场竞争态势之下，故申请人提供这些服务的合同不受该2004年第17号指令中规定的邮政服务采购程序

的约束。申请人此项请求所涉及的服务有：在国家一级（"国内"和"入境"）为商业客户之间（B2B）以及商业客户与私人客户之间（B2C）的邮寄信件提供邮政服务；在国家一级（"国内"和"入境"）私人客户之间（2C）以及私人客户与商业客户之间（2B）的邮寄信件服务；B2B 和 B2C（"B2X"）以及 C2B 和 C2C（"C2X"）国际（"出境"）信件的邮政服务；在国家和国际一级为有地址的广告信件提供邮政服务；在国家和国际一级为未经处理的广告信件提供邮政服务；为有地址和无地址的报纸提供邮政服务；收发室管理服务；与电子媒体相关并完全由电子媒体提供的增值服务；集邮——特种邮票；金融服务。

经过向奥地利共和国收集事实材料和与申请人多次沟通，欧盟委员会于 2014 年 4 月 2 日通过了第 2014/184/EU 号决议，部分批准了申请人的请求，决定豁免奥地利邮政服务公司在奥地利共和国可提供的某些邮政服务对公共采购程序的适用，使其不受第 2004/17 号指令有关适用范围的约束。[1] 这些被豁免的服务包括：收发室管理服务；与电子媒体相关并完全由电子媒体提供的增值服务；集邮服务；代表其自身提供的支付服务。但对于其他服务事项，欧盟委员会的决议指出仍需按照 2004 年第 17 号指令规定的采购程序办理。对此决议，申请人不认可，向欧盟法院提出了诉讼，要求法院部分废除有争议的决定，即废除与申请人向欧盟委员会请求要求声明的内容相反的内容，或者完全撤销该争议决定。申请人坚持认为，其向欧盟委员会请求的国家一级的 B2B 和 B2C 地址信件邮政服务等邮政服务事项，均应豁免适用相关的欧盟公共采购程序。

经过审理，法院作出判决，部分支持了申请人的诉讼请求，认为在涉案的欧盟委员会 2014 年 4 月 2 日第 2014/184/EU 号决议中，有关要求申请人在奥地利为商业客户之间以及商业客户与私人客户之间的国际邮寄信件提供服务仍应继续适用第 2004/17/EC 号《关于协调水、能源、运输和邮政服务业公共采购程序指令》的采购程序是不当的，该部分内容应当撤销。

---

[1] 本案是欧盟普通法院第五法庭对奥地利邮政公司诉欧盟委员会诉讼案件（CASE F—463/14）。

五、欧盟：废标后可改变采购方式的判例

欧洲议会公布了一项招标书，使用公开招标程序对将欧洲议会议员运送到布鲁塞尔的项目进行采购。在采购程序中，采购人收到了两份投标书，但欧洲议会随后决定放弃招标程序，理由是根据招标文件确定的合同授予标准，所收到的投标书中投标报价与期望的价格相比太高，因此，所有收到的投标书均是不可接受的。2012年9月，欧洲议会邀请投标人提交类似的采购合同的投标，这次使用谈判程序，该合同被授予TMS豪华轿车公司，另一家落选的直达全球公司（Directway Worldwide）对关闭公开投标程序并将合同授予TMS公司的决定提出诉讼，因为议会通过谈判程序以高于申请人在首次招标中提交的价格授予了合同，且议会对合同的初始条件进行了实质性修改，从而影响了谈判程序中对投标价格的评审结果。直达全球公司的诉讼请求为要求法院宣布欧洲议会与TMS公司签订的合同无效，并命令议会每年向直达全球公司支付199500欧元的临时金额，作为对其所遭受损失的补偿。

欧盟普通法院全部驳回了上诉，认为直达全球公司关于结束公开招标程序的起诉已经超过起诉期限，因此不予受理。关于将合同授予TMS公司的决定，普通法院认为，欧洲议会没有违反平等待遇原则，因为这两个程序是独立的、自主的程序。[1]

第四节　评审方法设置之争

政府采购的评审方法设置是确保采购活动公正、公平、公开的重要环节。采购人对评审方法的设置，是对采购对象在技术规格等需求方面的评估，也发挥对供应商采购响应的指导作用。评审方法需要在采购文件中予

---

[1] Direct Way and Directway Worldwide v European Parliament.

以明确和公开，既需要明确得出总体评审结论方法，也要列明评审中所要考虑的各项评审要素及其权重。对同样的采购响应方案，运用不同的评审方法可能会得出不同的评审结论，因此，评审方法设置的合法性、合理性是供应商所关切的重要问题，在采购准备阶段如果不能科学设置，会在采购文件公开后直至采购结果形成后引发争议。

一、评审方法的类型与适用原理

评审方法在不同的采购方式中会有不同的运用，主要目的是评审所采购的对象是否满足采购需求，这既包括要确认被评审的响应是否达到采购需求，还要在有竞争的不同供应商之间作出优劣排序。评审的重点是采购的响应性和供应商的履约能力。评审方法的设置是任何采购方式都需考虑的问题，即使是单一来源采购，也需要对所采购的对象能否满足采购需求加以评估论证。原则上，采购评审方法主要有两大类型，即最低价评审法和综合评审法。

（一）最低价评审法

最低价评审是仅对价格进行评审。最低价评审法适用于技术、服务等标准统一的货物和服务项目。在这种方法下，响应文件需要满足采购文件全部实质性要求，且报价最低的供应商将被视为成交、中标的候选人。

最低价评审法的优点是简单明了，易于操作，能够确保采购到价格最低的货物或服务。但缺点也比较明显，即如果只是注重价格因素，可能出现恶意低价竞争，从而在获得成交后无力完成采购合同的履行。为防范出现低价抢标后偷工减料不诚信履约的情况，最低价评审法在具体适用中会强调是经评审的最低价评审或者合理最低价评审法，即响应人需满足采购的全部实质性要求，并且通过对供应商报价的评估，该响应报价不得低于其成本。对于异常低价或不合理的报价，可以采取相应的风险制衡措施予以排除在评审范围之外或要求提供特别的说明或担保。

另外，还有一些最低价评审法，选用的评标基准价不是此次采购的最

第四章　采购准备阶段争议类型与内容

低报价，而是以采购项目的市场平均价为基础确定"评标基准价"。这种方式是以采购项目的现行市场销售价为基础，通过对采购项目的多个不同供应商所提供的市场价进行简单的算术平均，得出采购项目的平均市场价，并以此市场平均价作为对各参与采购供应商报价的评审"基准价"。这样，最接近于评标基准价的"中准价"就成为得分最高的报价。

（二）综合评价法

综合评价法则适用于更为复杂的政府采购项目，特别是当项目涉及多个评审因素且这些因素难以直接量化时。在这种方法下，响应文件需要满足采购文件全部实质性要求，并根据评审因素的量化指标进行评分，得分最高的供应商将被视为成交候选人。

综合评价法，一般采取打分的方法，把涉及的参与采购的供应商的各种资格资质、技术、商务以及服务的条款，都折算成一定的分数值，总分为100分。在评审时，对供应商的每一项指标进行符合性审查、核对并给出分数值，最后进行汇总比较，取分数值最高者为推荐的成交供应商。在评审时各个评委对主观评价的评审因素独立打分，互相不商讨，最后汇总分数。这种综合评价法需要提前制定出具体项目的评审办法和得分或扣分因素，在评审时由评审专家对照标准打分。综合评价中，对于价格因素，如果纳入综合评价因素，还要具体明确具体分值占比以及折算成分值的方法。

综合评价法的特点是能够全面考虑供应商的各项能力和条件，确保采购到性价比最优的货物或服务。

在评审方法的选择及具体评审内容的设置上，要注重合法性、合理性与透明性，避免歧视性和倾向性。评审方法的设置必须严格遵守《政府采购法》《招标投标法》及其实施条例等相关法律法规的规定，确保采购活动的合法性。要根据采购项目的具体情况和需求，选择适合的评审方法。在评审方法选择的基础上，对于采用综合评价法的项目，应细化评审因素，确保评审因素的设定与采购需求和项目目标紧密相关，应避免对特定供应商或投标人形成歧视，不得设置不合理的门槛或条件，以通过评审能够客观、公正地反映供应商的实际能力和水平。评审标准和方法必须在采购文件中明确，且不得在评审过程中随意更改，以保障所有供应商在同一标准下竞争，增强采购活动的公信力和可信度。

二、价格评分的随机效应及解决方法

综合评价法往往需要将对报价和质量标准分别分析，然后使用某种手段将这两种分析结合起来，还需要考虑到两者之间的权衡取舍。这些结合方法通常使用算术方法，允许将质量和价格分数放在一起，形成对每个投标的综合评分。将价格转换为分数，通常使用下列公式来完成：价格评分＝最低出价÷投标人投标报价×价格加权，然后可以将其添加到总分数中。例如，当某综合评价法确定100总分中的60%用于价格，40%用于质量。提交并授予以下价格和分数，见表4-1。

表4-1　　　　　　　　价格评分

投标人	报价（货币单位）	价格得分（60分）	质量得分（40分）	总得分（100分）
A	400	45	38	83
B	350	51.4	32	83.4
C	300	60	20	80

投标人B以83.4分获胜。

如果在同一个投标中，投标人A、B、C提交了与以上情况相同的三个投标，但现在投标人D提交了价格为250个货币单位的投标，并被授予15个质量分数，则价格分数和总计将更改如表4-2所示。

表4-2　　　　　　　　价格评分变化

投标人	报价（货币单位）	价格得分（60分）	质量得分（40分）	总得分（100分）
A	(25/40×60)	37.5	38	75.5
B	(25/35×60)	42.86	32	74.86
C	(25/30×60)	50	25	70
D		60	15	75

第四章 采购准备阶段争议类型与内容

投标人 A 现在获胜。投标人 B 的出价相同，但其出价被标记为不如投标人 A 的出价具有经济优势，即使这两个出价都没有改变。投标人 A 相对于投标人 B 的相对优势（反之亦然）是由一个基本无关紧要的因素决定的，即投标人 D 的出价和得分。当然，根据投标规则，投标人 B 可能会在第二种情况下声称投标人 D 的投标异常低或未能达到相关的质量阈值，因此，不应被视为有效投标。无论这场辩论的对错如何，事实仍然是，两个最高质量的出价之间的竞争结果取决于最低出价的价格。

这个公式有更简单的奇怪之处。设想有三个出价，见表 4-3。

表 4-3　　　　　　　　　　投标人出价

投标人	报价（货币单位）	得分（分）	报价得分比（%）
A	100	50/100	50
B	75	50/75	67
C	50	50/50	100

人们可能会期望中间出价将获得 75% 的分数，但由于该公式不是线性函数，因此，其价格得分低于可能被认为"公平"的分数。当然，这在很大程度上损害了以这种方式评分的任何范围的投标人之间的投标。在过程结束之前，投标人无法知道他是否可能受到这种偏见，因为他无法知道其价格在何处下跌，但原则上他确实知道其面临这种偏见的风险。从购买者的角度来看，运用这个公式选择到价格和质量的"金发姑娘"（Goldilocks，译为"恰到好处"）出价的可能性会因该效应而降低。

为避免这种因为第三方进入或退出竞争而发生中标或落选反转的结果，可以考虑适用"物有所值"（Value for Money，VfM）的价格评估方法。这种价格计算方法会帮助采购人在预算范围内审查并确定，与被判断为质量"可接受"的廉价投标相比，为提高中标的质量或效益可能还值得支付多少费用。即采购人如果选择质量较低的投标书（但仍在规定的范围内），价格比竞争中得分最高的投标书便宜，采购人能节省多少钱？这种成本节约是否足够大，而减少的收益是否足够小，迫使采购人选择更便宜、质量更低的选择：该选择是否更物有所值？换句话说，可以帮助采购人分析，在能够得到一个高质量的解决方案情况下，接受一个更便宜的不太"适合用途"的技术解决方案能节省多少钱？这种成本节约对此次采购项目来说是否具有足够吸引力？从而帮助采购人作出最终的合同授予决定。①

三、评审方法及评审因素设置不当的争议

（一）价格分的权重应符合规定

某政府采购项目的评标方法采用综合评分法，其中，货物的价格分占总分的比例为25%。然而，根据《政府采购货物和服务招标投标管理办法》第五十二条规定，货物项目的价格分值占总分值的比重（即权值）应为30%~60%。因此，该项目的价格分比例设置明显不符合法律法规要求，应中止评标重新招标。

（二）特定行业业绩不得作为加分因素

某医院食堂改造政府采购项目在竞争性磋商文件评审标准中要求响应供应商提供近两年内同类项目业绩（金额要求200万元及以上），每提供一项得0.5分，最多得3分。W供应商对此进行了质疑和投诉，认为竞争性磋商文件以特定行业业绩作为加分条件。经查证，该投诉事项成立，因为竞争性磋商文件中的规定属于《政府采购法实施条例》第二十条第一款第（四）项禁止的情形。政府采购项目不得以特定行政区域或特定行业的业绩、奖项作为加分条件或中标、成交条件。原因在于评审因素的设定应与投标人所提供货物服务的质量相关，如果在其他行业的业绩并不影响完成本采购项目的履约，则应避免将其作为评审因素。在实际操作过程中，如需设置业绩要求，还应明确范围并确保潜在供应商数量可构成充分竞争。②

（三）与合同履行无关的评审因素构成不合理要求

某单位以公开招标方式采购信息化建设项目，在发布采购结果公告

---

① A guide to support Value for Money （VfM） analysis for public managers. https：//www.cipfa.org/policy-and-guidance/reports/a-guide-to-support-value-for-money-vfm-analysis-for-public-managers.

② 王梦婷：《同类项目业绩等同于特定行业业绩吗？》，载于《政府采购信息报》2023年10月30日第7版。

第四章　采购准备阶段争议类型与内容

后，投诉人依法对采购文件进行质疑，并对质疑答复不满意，并进一步向财政部门提起投诉。投诉事项一主要是招标文件中关于检测报告的要求排斥主流厂商，且未预留合理检测时间的问题。投诉事项二主要是招标文件中要求项目经理同时具备4个证书，为不合理要求、排斥潜在投标人的问题。[1]

关于投诉事项二，经查明，招标文件评标标准中项目团队评审内容第2点载明"投标人针对本项目委派一名项目经理，具备高级信息系统项目管理师、高级系统分析师、高级系统架构设计师、计算机网络类高级工程师、CISP（信息系统安全认证专业人员）；以上具备任意4个证书得5分，具备任意3个证书得2分，具备任意1个证书得1分"。第3点"投标人须为本项目委派至少6人的专业团队，团队人员有以下能力证书：信息安全工程师（软考）、IT服务项目经理（ITSS）、系统集成项目管理师（软考）、注册信息安全专业人员（CISP）、系统规划与管理师（软考）。每有一人具备得1分，最多得2分，证书不能相同且不能为同一人"。

本采购文件招标文件封面载明本项目为"货物类"采购，所采购的核心产品是视频存储磁盘阵列，需求清单载明货物内容为图像管理软件2项、硬件设备70项、其他若干项。应当认为，本采购项目主要为货物采购，以交付设备为主，需要进行安装调试等工作。本项目主要是购买设备，并不是购买软件研发、信息系统管理、网络管理等服务，用计算机技术与软件专业技术资格证书作为人员加分条件，与采购需求不相适应。财政部门认为，采购文件要求项目经理和团队同时具备前述计算机技术与软件类等证书，违反了《政府采购货物和服务招标投标管理办法》（财政部令第87号）第五十五条"评审因素的设定应当与投标人所提供货物服务的质量相关"的规定，构成《政府采购法实施条例》第二十条第一款第（二）项"设定的资格、技术、商务条件与采购项目的具体特点和实际需要不相适应或者

---

[1] 参见江西省财政厅：《投诉处理结果公告》（赣财购投诉〔2024〕10号），2024年2月5日，https://jxf.jiangxi.gov.cn/jxsczt/zfcg812/content/content_1850100374476632064.html。

与合同履行无关"的不合理情形。故认定投诉人的投诉事项二成立。

四、否决异常低价投标：规则与判例

采购人如采用最低价评审法决定合同授予，为避免供应商低价抢标，影响采购质量，采购人可以规定低于一定的价格即有权否决这一投标。《政府采购货物和服务招标投标管理办法》第六十条也规定："评标委员会认为投标人的报价明显低于其他通过符合性审查投标人的报价，有可能影响产品质量或者不能诚信履约的，应当要求其在评标现场合理的时间内提供书面说明，必要时提交相关证明材料；投标人不能证明其报价合理性的，评标委员会应当将其作为无效投标处理。"

在当前的经济环境下，市场经营者之间竞争激烈，为保住工作、维持就业以及保持其在市场上的地位，在投标中往往会提交有竞争力的低价投标。低价可能会给采购人带来巨大的经济利益，但也可能性价比很低，甚至根本无法完成交付。为此，许多公共采购法规中都包含处理涉嫌异常低价投标的规则。这些规则使采购人能够避免接受看似非常有利但实际上不可行的投标的负面后果。除了保护公众利益免受合同不履行或履行不力的风险外，这些规定还旨在支持市场经营者之间的真正竞争，减少不公平竞争的优势。这些规定允许采购人拒绝低价投标，因为低价可能是获得了公共资金的非法支持或违反特定劳动、社会或环境相关法律规定的结果。

有些国家和地区规定了识别异常低价投标的具体方法。我国财政部在2024年底印发了《关于在相关自由贸易试验区和自由贸易港开展推动解决政府采购异常低价问题试点工作的通知》（财办库〔2024〕265号），决定自2025年2月1日起，在北京市、天津市、上海市、福建省、广东自由贸易试验区和海南自由贸易港开展推动解决政府采购异常低价问题试点工作。对于政府采购评审中出现下列情形之一的，评审委员会应当启动异常低价投标（响应）审查程序：（1）投标（响应）报价低于全部通过符合性审查供应商投标（响应）报价平均值50%的；（2）投标（响应）报价低于通过符合性审查且报价次低供应商投标（响应）报价50%的；（3）投标（响应）报价低于采购项目最高限价45%的；（4）其他评审委员会认为供应商报价过低，有可能影响产品质量或者不能诚信履约的情形。审查中应要求相关供应商在评审现场合理的时间内提供书面说明及必要的证明材料，对投标（响应）价格作出解释。如果投标（响应）供应商不提供书面说明、证明材料，或者提供的书面说明、证明材料不能证明其报价合理性的，应当将其作为无效投标（响应）处理。

我国地方省市政府颁发的评标方法操作指引中规定的评标基准价计算方法，在实际上也发挥着否决异常报价的作用。例如，《天津市房屋建筑和市政基础设施工程施工招标评标办法》（津住建发〔2024〕4号）的附件1《评标方法指引》，列出了"二次平均方式""价格剔除的方式"等评标基准价计算方法，在计算得出评标基准价后，仅对评标基准价以上的有效投标报价由低到高进行排序，评标基准价以下的报价将不再被考虑。我国台湾地区的政府采购条例规定，当供应商的报价低于采购底价的80%，采购人认为属于显然不合理的情形时，应限期通知该供应商提出说明后，再视其说明情形决定是否将合同授予给该供应商。至于最低报价的供应商的说明是否合理，由采购人依个案情形判断，如认为供应商的说明合理，就可以继续进行合同授予；如果采购人不认可供应商对其报价合理性的说明，采购人可以决定不授予其合同。此时，最低报价供应商如果不认可，可能会主动提出缴纳最低报价与底价之间的差额保证金以作为履约担保。但从立法规定来看，仍然并非报价偏低的供应商只要提交了差额保证金担保，采购人即应当将合同授予该供应商，即采购人对是否授予最低价供应商仍有自由裁量权，以避免造成后续采购合同履约管理及验收上的困难。当然，如果在采购时能够公开采购底价，可使有关采购低价的采购信息更为公开透明，以便供应商在底价所允许的范围内进行报价，便于开标时快速评审。

在意大利，规定了五种不同的方法可用于计算认定异常低价投标的异常阈值的方法。为了避免投标人操纵价格，异常阈值的计算方法不会提前披露，采购人通过抽签确定在具体项目中应采用的方法。例如，采购人应要求等于或高于将所有投标书高于或低于合同基准价格平均计算所得的偏离平均值的投标人，对其投标合理性作出解释。但在计算时不将10%部分的最高和最低折扣计算在内，并进一步计算所有高于该平均折扣的折扣平均值，作为异常阈值。例如，有11个符合要求的投标书，相较于采购人公布的合同基准价，折扣分别如下：8%、9%、11%、13%、14%、16%、17%、18%、20%、21%和25%。为了计算平均折扣，将两个最低折扣（8%和9%）和两个最高折扣（21%和25%）留出（11的10%=1.1；四舍五入为整数，变为2）后计算7个折扣的平均折扣为15.57%。有4份标书显示折扣大于15.57%：16%、17%、18%和20%。这4项折扣与平均折扣的平均偏差为2.18%。则可确定异常阈值为17.75%（15.57%+2.18%）。在这种情况下，按照异常报价强制调查的要求，采购人不得不要求提出18%、20%、21%和25%折扣的投标人作出解释，因为他们的投标书的折扣超过了异常阈值。在葡萄牙，如果投标价格低于采购人设定的预算价格一定幅度，则被视为异常低价，具体为公共工程合同40%或以上，其他类型的合同为50%或以上。采购人也可以设定不同的"异常阈值"，但应在招标文件中提前向潜在投标人提供这一信息。[①]

欧洲法院第六分庭于2001年11月27日作出判决（案件编号：C-285/99），对1993年6月14日《关于协调公共工程合同授予程序的指令》（93/37/EEC）第三十条第四款有关否决异常低价投标规则的具体适用作出了解释。

（一）异常低价投标被否决的情况

1997年，隆巴帝尼公司参与了一项公共工程项目的投标，该项目涉及将一段高速公路拓宽为三车道，由意大利国家公路局适用限制性招标程序进行招标，基本合同价值为122250216000里拉。招标文件规定采取最低价中标法进行评审，即以基本合同价值为基数，确定折扣最大的投标报价中

[①] Karen Hill, Public Procurement Policy Brief 35: Abnormally Low Tenders, published under the responsibility of the Secretary-General of the OECD, September 2016. https：//www.sigmaweb.org/publications/Public-Procurement-Policy-Brief-35-200117.pdf，浏览于2025年1月15日。

标。招标文件还规定将按照1997年4月28日意大利部长令规定的标准,来确定哪些将被视为异常低价的投标。按照该规定,公共工程部长要求,在1997年和1998年,由采购人按照"二次平均法"确定对异常报价进行审查的阈值,即先计算所有被接受的投标报价的折扣率的算术平均值,然后进一步计算超出平均值的折扣的平均差异后确定最终阈值,对高于该最终阈值的报价进行审查。招标文件还要求,投标人应在投标书中对低于招标公告公示的基本合同价值75%的报价给出价格构成合理性的解释,该投标价格合理性的解释文件应置于单独密封的信封中,该信封将被打开并仅用于审查高于价格异常阈值的价格审查。

在投标评审时,采购人将合同报价的异常阈值确定为28.004%,并打开了投标折扣高于该阈值的价格说明文件信封,这其中包括隆巴帝尼公司的投标。在审查了该文件后,采购人宣布所有提供高于该阈值的折扣的投标均不予受理,但在投标书被判定为异常低价后,在最终授予合同之前,没有给有关企业提交其他解释的机会。隆巴帝尼公司的投标提供了29.88%的折扣,因此被排除在外。最终报价折扣为27.70%的另一家公司中标,该报价是未被视为异常低价的投标报价中最低的。

(二) 法院审理认定情况

隆巴帝尼公司随后向意大利拉齐奥地区行政法院提起诉讼,认为意大利立法不符合欧盟《关于协调公共工程合同授予程序的指令》(93/37/EEC)的要求,因为为了消除任何投标报价异常的嫌疑,仅评审在提交标书时提供的解释是不够的,因为这些解释只是涉及报价低于基本合同价格75%的合理性问题。而欧盟指令要求采购人必须在真诚地交换信息和论据的情况下向相关企业询问细节和获取澄清。

当地行政法院于1998年7月1日作出裁决驳回了隆巴帝尼公司的诉讼请求后,隆巴帝尼公司将争议提交给意大利最高行政法院。在同一时期,另有一起曼托瓦尼公司不认可其被认定为异常低价投标的案件也被提交到法院。在国家公路管理局的一项乡村道路建设项目的限制性招标程序中,异常阈值被确定为40.865%,曼托瓦尼公司因其投标折扣为41.460%被排除在外。最高行政法院认为，这两个案件的争议焦点均在于，欧盟指令是否要求采购人在提交投标后通过与投标人讨论进行单独审查来交换信息和观点，即对投标人提供能够证实其投标书可信度证据的时间没有限制。考虑到案件的解决需要对欧盟法律进行解释，意大利最高行政法院决定暂停诉讼，将问题提交欧洲法院进行裁决：在公共工程合同招标中，意大利法规要求报价低于基本合同价值75%的投标人，需要在投标时即提交报价合理性说明文件，否则将不允许参与投标。按照这种事先交换意见的规定，在价格合理性文件信封打开后和形成排除该投标的决定之前，提交了异常投标的投标没有机会进一步陈述其理由。这些条款的规定是否与欧盟《关于协调公共工程合同授予程序的指令》（93/37/EEC）第34条的规定相抵触？

法院认为，在其他案件中，法院已经裁定不应将异常低价的阈值简单地确定为低于基本合同价值的一定百分比。例如，投标书比已接受的投标书的平均百分比低10个百分点以上，则被视为异常并因此被淘汰。这种做法剥夺了提交特别低价投标书的投标人证明这些投标书是具有可行性的投标机会，不利于促进公共合同领域的有效竞争。欧盟指令要求采购人适用审查异常低价投标的程序，使采购人有义务在检查完所有标书后以及作出授予合同的决定以前，要先以书面形式询问投标书中涉嫌价格异常要素的详细信息，然后再用投标人所提供的解释来审核该份投标书。按照意大利的相关法律规定，投标人在提交投标书时仅需就其报价突破了基本合同价值75%的问题提供解释，以证明构成其投标价格的真实性，但这一事先解释并不符合欧盟指令要求欧盟成员遵循的异常低价审查程序的要求。法院认为，每名涉嫌提交异常低价投标书的投标人，都应该在打开所有信封之后还有一次机会陈述其报价真实可行方面的观点，对其投标书的各个要素作出解释。因为在此之前投标人并不知道该采购合同所适用的异常低价阈值，也不知道其报价被认定为异常低价，同时也不知道采购人质疑其报价的确切要点。

欧洲法院对本案的裁定，肯定了采购人为了简化采购流程提前要求供应商进行低报价投标解释的做法。在这种情况下，采购人必须在采购文件中提前披露合同的估值，可必须设定一个报价水平，低于这个水平，提出更低价格的供应商应该提供解释。这样，采购人在未首先分析所作解释并允许供应商提供额外澄清或解释的情况下，不得自动否决低价投标。直至2014 年，欧盟《公用事业指令》（2014/25/EU）第 84 条对异常低价投标的认定和处理问题也作出了类似规定。

第五章
采购实施阶段争议类型与内容

在采购准备完成后，从开始发布采购公告开始，政府采购活动进入实施阶段，直至根据采购结果订立合同。采购实施阶段是政府采购活动的核心流程，采购实施阶段的工作目标是确定成交、中标供应商并作出合同授予决定，但在不同的采购方式和采购组织形式下，采购实施阶段需要完成的程序性工作差异较大，容易产生争议的环节也较多。

第一节　采购实施程序上的争议

政府采购法的规定，更大意义上是程序法，通过规范整个政府采购行为的步骤、方法、流程，得出最符合采购人利益的采购成交结果。采购实施程序是由采购法规和采购文件共同在采购活动开始前就提前规定的，但在组织实施采购的工作流程中也会因供应商的响应情况、评审专家的评审工作能力等情况，出现预定采购流程以外的意外情况，加之评审方法未必能够完全准确反映采购需求，评审方法的理解与执行落实未必能够完全到位，因此在采购实施过程中容易出现一些程序理解与适用上的争议。

一、采购实施程序影响成交结果的情况分析

采购实施程序在不同的采购程序中有所区别。以公开性、竞争程度最高的公开招标方式为例，公开招标有以下实施程序。

（1）招标公告发布。选择发布平台：通常在政府指定的采购网站、行业媒体、企业官网等渠道发布。发布内容包括项目概况、投标人资格要求、招标文件获取方式、投标截止时间、开标时间及地点等。

（2）投标申请与文件递交。投标人获取招标文件：按公告要求获取招标文件。投标人准备投标文件：根据招标文件要求准备投标文件，包括商务部分、技术部分、报价单等。递交投标文件：在截止时间前，按指定方式递交密封的投标文件。

（3）开标与评审。开标需要在公告指定时间和地点公开进行，宣布投标人名称、投标价格等基本信息。组建评标委员会：由专家和行业代表等组成，负责评标工作。评标：根据招标文件中规定的评标标准和方法，对投标文件进行评审。编写评标报告：记录评标过程、结果及推荐的中标候选人。

（4）中标通知与合同签订。中标公示：将中标结果在一定范围内公示，接受社会监督。发出中标通知书：向中标人发出中标通知书。签订合同：

中标人与招标人按照招标文件和中标人的投标文件内容签订合同。

在公开招标中，如果发生错误，这些错误可能会直接影响到中标结果。

（1）招标公告发布错误，例如，招标公告中的项目信息、投标截止时间、开标时间等关键信息出现错误或遗漏。招标公告中的信息错误例如项目名称、预算金额等关键信息错误，可能导致投标人误解项目需求。投标截止时间、开标时间等时间节点设置错误或遗漏，可能导致投标人无法按时提交投标文件或参加开标会议。

（2）投标文件递交与接收错误。例如，投标文件未按时递交、递交的投标文件不符合格式要求、接收人员未按规定处理投标文件等。具体包括递交时间延误：投标人因自身原因或外部因素（如交通拥堵）导致投标文件未能在截止时间前递交。格式不符合要求：投标人未按照招标文件规定的格式和要求准备投标文件，导致投标文件被认定为无效。接收处理不当：接收人员未按照规定的程序处理投标文件，如未做好登记、保管、保密等工作，可能导致投标文件丢失或泄露。

（3）评标过程错误。评标过程中评标委员会成员未按规定回避、评标过程不透明、评分标准执行不严格等。评标委员会成员与投标人存在利害关系而未按规定回避，可能影响评标结果的公正性。评标过程未公开进行或记录不完整，可能导致外界对评标结果的质疑。评标委员会成员在评分过程中未严格按照评分标准执行，可能导致评分结果偏离实际情况。

（4）中标结果公示与通知错误。中标结果公示不及时、公示内容不完整、中标通知书发送错误等。招标人未在规定时间内公示中标结果，可能延误后续合同的签订和执行。中标结果公示内容不全面或存在错误，可能导致投标人对中标结果产生质疑。中标通知书发送对象错误或未按时发送，可能导致中标人无法及时收到通知并影响后续合同的签订。这些程序错误，大部分均可能对成交结果产生影响。

二、加拿大：提交投标即成立单边合同

在加拿大最高法院审理的安大略省诉罗恩工程公司投标保证金返还纠

纷一案中，[①] 法院对采购实施过程中招标人与投标人的关系进行了分析，认为一旦提交投标文件，双方即成立单边合同关系。这一合同关系被称为合同A，与中标后签订的采购合同B不同。合同A的相关权利义务内容的条款体现在招标文件中，投标人一旦投标，即认可招标文件中的相关条款。这一合同关系的主要约束性内容包括投标文件被接受后，双方均有义务签署中标合同。对于招标文件规定的没收保证金的条款，如果条件达成也应当准予执行。

（一）工程采购项目的实施过程

加拿大安大略省水资源委员会作为业主进行污水处理厂的工程采购，招标文件在投标保证金一节规定：除非本文件另有规定，投标人保证，如果其投标文件在被采购人水资源委员会评审之前撤回，或投标人在收到其投标文件已被推荐给采购人作为中标候选的通知之前或之后撤回投标，或者采购人因任何原因未在规定的七天时限内收到投标人签署的中标合同、投标人和担保公司签署的履约保函和付款保函以及其他文件，采购人可以扣留投标保证金自行使用，同时可以自行决定接受任何投标、重新发布招标公告、进行合同谈判或不接受任何投标。招标文件同时还规定，在合同签订以及采购收到履约保证金和付款保证金后，中标投标人的投标保证金将被退还。

承包商罗恩工程建设有限公司根据招标文件要求提交了报价为2748000元的投标文件，并附上一张150000元的保付支票作为投标保证金。罗恩公司有一名员工海奇斯留下来参加在1972年7月4日下午3点的开标，当她得知罗恩公司的投标是8家投标报价中最低的，且比第二低的投标人报价低约632000元后，她意识到报价可能出错了并立即向承包商总裁报告。但总裁告诉她不要做任何事，她就离开了采购人的办公室。当天下午4点12分左右，罗恩公司向采购人发了一份电报，声称投标报价中漏列了一项金额为750058.00元的项目，总投标报价应当为3498058.00元，并请求撤回投标

[①] R. (Ont.) v. Ron Engineering, [1981] 1 S. C. R. 111.

以及获得谅解不予处罚。这被认为是一个撤回投标而不受到处罚的请求。采购人在收到罗恩公司关于投标文件错误的通知后，仍然按照罗恩公司没有撤回投标处理，将其确定为中标人要求其签署施工合同。承包商拒绝签订合同，理由是他错误地提交了一份比承包商预期的投标价格低750058元的投标书。然后，采购人根据上述投标保证金条款扣留了罗恩公司的投标保证金并继续接受报价第二低的投标人的投标。

（二）案件诉讼及判决情况

罗恩公司随后展开诉讼，主张其虽然没有撤回投标，但由于在投标被接受之前向采购人发出了错误通知，因此，该报价在法律上应被认定为无法被接受，故主张承包商有权收回150000元的投标保证金。采购人反诉因承包商拒绝"执行其招标条款"，以及因此必须接受第二低报价投标人的投标而造成的损害赔偿。

一审法官就本案的事实进一步确认，投标文件在形式上来看没有错误，采购人委托造价咨询工程师编制的污水处理厂采购项目预算总额2744700.00元是准确的，包括了项目的利润。这个预算比罗恩公司的投标报价低3300美元。一审法官认为采购人有权扣留投标保证金，并驳回了采购人的反诉。安大略省上诉法院认为，"受要约人不能接受他知道是错误地提出并影响合同基本条款的要约"，推翻了一审法官的裁决，要求被告采购人将投标保证金退还给罗恩公司。采购人上诉到加拿大最高法院，最高法院对本案作出判决撤销了上诉法院的判决，支持一审判决，即认为采购人有权扣留投标保证金。

（三）合同A/B理论在本案中的适用

最高法院认为，一项要约是否可以撤回，必须根据递交投标文件所依据的"一般条款""投标人须知"以及其他相关文件来确定。当承包商审查了招标文件的条款并提交了投标文件，在承包商和业主之间就产生了合同关系，基于这一合同关系，投标人自开标之日起60天内不能撤回投标。这份合同被称为"合同A"，以区别于在投标被接受后产生的建筑合同本身，

第五章　采购实施阶段争议类型与内容

建筑合同可以称之为"合同 B"。响应投标后进行投标而产生的单边合同中的其他的条款还包括如果投标未被接受,在开标 60 天后投标保证金应予以返还。合同 A 在法律上被描述为单边合同,是由于对要约的回应而产生的合同。例如,"如果你愿意修剪我的草坪,我会付给你一美元"。这一表述在法律上不存在修剪草坪的义务,支付美元的义务也是在被邀请的行为执行时才产生的。在招标投标形成的合同 A 中,招标对于响应招标的人或从事建筑行业的任何其他人来说都没有义务。当建筑行业的成员响应招标时,该响应采取提交投标文件的形式进行,即称之为投标。投标在法律上的重要性在于,如果是按照招标所依据的条款和条件提交投标,并且这些条款规定了投标不可撤销,则投标立即成为不可撤销的。

在本案中,各方对于承包商提交标书的形式和程序以及其符合招标文件条款和条件没有分歧。因此,合同 A 应运而生。合同 A 的主条款是投标不可撤销,在投标文件被接受时双方均有签订合同(即合同 B)的义务。其他条款还包括采购人有接受最低价投标的限定义务,而该义务的程度由招标文件的条款和条件控制。在本项目中,合同 A 在提交投标文件时自动生效,招标文件中规定的条款和条件成为业主与承包商之间合同 A 条款的一部分,其中包括以下条款:"已经提交投标文件的投标者可以在正式截止日期之前的任何时间再次提交投标。最后收到的投标文件将取代该投标人先前为本项目提交的所有投标文件,并使之无效。投标人可在正式截标时间之前的任何时间撤回投标书或确认其投标,但须向采购人的负责人或其授权代表提交一封印有其在投标文件上所使用的签名和印章的信件,采购人将在信函上注明接收时间和日期,并将信件放入投标箱中。不考虑电报或电话形式的通知。"招标文件还明确,"除非本文件另有规定,否则投标人保证,如果其投标被撤回,或者如果采购人因任何原因在 7 天内没有收到投标者签署的中标合同,采购人可扣留投标保证金"。在合同 A 下,投标保证金的作用是明确而简单的。需要支付保证金是为了确保承包商暨投标人履行其在合同 A 下的义务。承包商在某些条件下可以收回保证金,但这些条件都没有得到满足。但对照合同中保证金可以被没收的条款,该条款的规定已经得到满足。

三、爱尔兰：PPP项目采购接收迟到标书案

政府采购文件通常会载明，投标截止后投标文件将不会被接受。投标截止的时点往往会精确到具体时间，且往往投标截止的时间就是开标时间。2012年7月17日在爱尔兰财政部和教育部共同为都柏林理工学院建设中央大楼和东大楼的政府和社会资本合作（PPP）采购项目中，一家投标人的投标文件递交延迟，引发了争议。

（一）采购项目情况

本案的原告是世界知名的土木工程公司荷兰皇家BAM集团下属的一家从事基础设施PPP项目建设的公司，涉及的采购项目是都柏林理工学院在原圣布伦丹医院建设中央大楼和东大楼，招标采购内容是包括设计、融资、建造和维护在内的PPP方式采购，项目投资额为1.8亿欧元至2亿欧元，通过谈判程序实施。在采购项目中通过资格预审的投标人有3家，经过采购人发送投标邀请文件、召开正式会议讨论采购项目问题，对投标人的投标文件草案进行咨询和实地考察等程序，采购人在正式发布的采购文件中要求在截止日期的17时前收到投标文件。并要求投标人须通过"Asite"以电子方式递交投标文件。这也是第三方经营的Asite门户网站首次处理以电子方式大规模递交标书的业务。由于要求递交的投标文件中包含建筑信息模型（BIM），因此需要上传的文件体量较大。

在投标草案阶段已经出现了BIM文件难以上传到Asite上的问题。在要求投标人提交标书的截止日期确定为2014年11月28日17时的情况下，3家投标人中只有原告BAM按时提交了投标文件。另外一家公司Eriugena虽然在2014年11月26日18时1分完成了第一份文件上传，但到2014年11月28日下午出现大量BIM文件上传失败，最终有8份文件是在截止时间的17时以后提交直到18时24分完成上传。但这8份文件都是在17时之前创建和完成最后一次修改的。

2015年2月27日,采购人将Eriugena为最具经济优势的投标人并拟将合同授予给Eriugena公司,在函件中也披露了Eriugena有少数文件在17时截止时间后才完成上传的情况,并表示采购人愿意行使自由裁量权接受Eriugena的标书。原告BAM随即启动了诉讼程序,认为根据招标文件的规定或相关法律,采购人无权接受投标截止时间后收到的全部或部分标书。

(二)法院判决情况

爱尔兰高等法院对双方争议问题进行了审理。法院认为,本采购项目招标文件中有关"收到标书后的当局自由裁量权"部分规定了:"标书不得仅因包含以下任何一项而被视为不合规,例如,采购人合理地认为是文书或行政错误导致的错误。"结合投标文件中采购人保留绝对自由裁量权的表述,采购可以认为投标文件上传延迟是一项行政错误导致的,采购人可以适用一般原则对此加以裁量,以确保在投标过程的所有阶段都保持健康有序的竞争。法院还指出,在某些"特殊情况"下,例如,因停电或不可抗力原因,采购人可能还有义务延长投标截止日期。采购人在对这一问题的处置上亦未违反平等、透明原则。故法院驳回了原告的起诉,维持了采购人的决定。[①]

四、美国:基于迟到的标书授予合同被确认违法

对迟到的投标书如何处理,政府采购的相关法规和采购文件中都会作出规定,采购人也有一定的自由裁量权,但是在遇有投诉的情况下,争议解决机构总有职权作出独立的审查结论。美国联邦索赔法院对一桩美国军事采购争议案件的处理,就与前述爱尔兰法院的做法不同。

(一)争议采购案件的实施

2005年5月20日,美军的海上运输司令部发布招标公告,采购军舰与海岸基地间的直升机运输补给服务,合同涉及A、B、C三个分遣队的内容,

---

[①] 焦洪宝、孙金磊:《能否随意放弃迟到的投标》,载于《中国政府采购报》2022年10月21日。

合同为三年期的固定总价合同，专门针对小型企业。招标文件列明的评审因素主要为技术质量、投标报价和过去的表现，且这三个评审因素的重要性依次递减。

采购人收到了5家小型企业的投标，但均不满意。在进一步修改招标文件并确定2006年3月22日下午2点为接收修订的投标文件的时限后，采购人仅准时收到了4家投标人的文件，统领公司的文件延迟至当天下午2：30才由联邦快递送达。但在3月22日下午12：36统领公司给采购人发送过一封电子邮件，提示称其修订投标文件可能由于天气原因而迟交。采购人的负责人员制订了招标文件修订方案，将递交投标文件的时机延期至3月23日上午11：00，但是该修订方案文件是3月22日下午2：36分才发布。经过评估，采购人再次修改招标文件并要求投标人在2006年8月15日下午2点前提交投标文件，统领公司的标书送达时间又一次延迟送达，且统领公司也再次提前通知了采购人由于天气原因投标文件可能会迟到。采购人在当天下午3：00左右向投标人电子邮件发送了招标文件修订案，将投标截止时间延长到当天下午4点。

经最终评审，采购人确定统领公司的投标对本项目采购具有最佳价值，并在2006年11月2日将该采购合同授予统领公司。落选的一家投标人智傲公司向联邦政府问责局提出异议，认为采购人两次接受统领公司迟到的标书的做法，违反了《联邦采购条例》有关标书"迟到"的规则，要求否决合同授予决定。该异议被政府问责局驳回。智傲公司进一步向美国联邦索赔法院起诉，要求法院禁止采购人履行与统领公司的采购合同，统领公司作为案件第三人参加审理。

（二）迟到标书中标无效的处理

本案被告主张，《联邦采购条例》"迟到"规则的条款为："采购人在收取投标文件的时限后收到的任何投标文件、修改或修订文本，都是迟到的，都不应被纳入评审。除非这一迟到的投标文件是在合同授予之前收到，且采购合同官员决定接收迟到的要约不会过度地延误采购。"被告采购人及第三人均认为，这一"迟到"的规则下采购人有权修改招标文件中对于投标文件递交截止时间的要求,且这一"迟到"规则只对要约人有效,不约束政府。政府问责局处理标书迟到案件方面也有过许多案例,认可了采购人在投标截止期限后又发布修改的招标文件推迟标书截止时间,其出发点是认为这样可以允许投标人有足够的时间准备投标从而加强采购项目的竞争。

法院认为,"迟到"就是"迟到",在本案中采购人将迟到的投标文件纳入评审是违法的。但鉴于合同授予决定已经作出,如果按照原告请求发布禁令要求禁止履行已经签订的采购合同,将使采购人陷入困境;但不发布禁令仅按照此前的一些案例给予原告有关投标费用的赔偿,可能无法弥补原告受到的损害。经权衡法院决定,采购人还可以继续履行与统领公司之间已经开始履行的 A、B 分遣队的合同,但对于尚未部署的 C 分遣队部分的合同,政府不得再与统领公司履行,政府可就该 C 分遣队内容通过重新评审按时限收到的投标文件得出结论或者重新招标。同时,政府需要对原告智傲公司投标准备和进行投标的费用给予损害赔偿。[①]

第二节 采购文件合规性的争议

政府采购文件是具体采购项目实施采购的依据文件。采购文件通过采购准备阶段的工作已经形成,在实施采购并面向供应商提供后,会被供应商认真研读,发现问题会及时提出。由于对于采购活动提出质疑投诉是有时限要求的,在采购文件发布后,供应商会及时对采购文件可能存在的不利于其自身赢得采购合同的内容寻求法律法规的支撑以进行质疑,要求采购人进行修改。一旦采购文件被质疑,往往会因担心质疑被最后认定为成立从而影响采购结果,采购进程往往会受到影响。因此,采购文件合规性的争议会持续至采购结果形成以后。

---

① 焦洪宝:《一起因标书"迟到"而引发的政采诉讼》,载于《中国政府采购报》2018 年 10 月 26 日。

一、采购文件对采购合规的基础作用及重点问题

采购文件合规性是整个采购活动合规的重要基础,对确保采购活动合法、透明、公正发挥着重要作用。采购文件对采购合规的基础作用主要体现在以下方面。

(1) 采购文件明确了采购要求与标准。采购文件详细规定了采购项目的具体要求、标准、技术参数等,为供应商提供了明确的指引,确保了采购活动的针对性和有效性。

(2) 采购文件规范采购流程。采购文件明确了采购活动的各个环节、步骤和程序,包括招标、投标、评标、定标、合同签订等,为采购人员提供了操作指南,避免了流程上的随意性和混乱。

(3) 保障公平竞争。采购文件通过公开透明的信息发布、公正的评审标准和程序,保障了所有潜在供应商在同等条件下的公平竞争机会,避免串通投标、歧视性待遇等不合规行为。

(4) 明确法律责任。采购文件作为采购活动的法律文件之一,明确了采购人、采购代理机构、供应商等各方的权利、义务和法律责任,为后续确定合同内容、合同履行、争议解决等提供了法律依据。

采购文件的合规,要以采购领域的法律法规、行业标准以及政策文件等多个层面的外部法律法规体系为依据,保障采购文件的内容不违反相关规定。采购文件的合规性,主要涉及采购需求的合规性、评审标准的公正性及采购信息的透明度等方面。除了在采购准备阶段拟定采购文件过程中要注重的采购方式选择的合法性与适用性、采购评审方法与评审因素的合规性等方面问题,采购文件引发的政府采购争议主要涉及以下方面。

(一) 是否构成差别待遇的争议

在采购文件中明确采购需求的基础上,规定能够参加采购竞争的供应商的资格条件、采购产品的实质性要求以及与采购合同订立相关的合同条款等内容,经过采购程序确定成交供应商、产品及价格等内容后,即可构

成完整的合同内容。在这些采购文件内容的设置上，对于大部分竞争性采购方式，在采购文件中对这些采购条件的设置是否构成对供应商及采购产品的差别待遇，是采购程序能否实现公平竞争的重要前提。有关是否构成差别待遇的争议，主要围绕采购文件对供应商之间是否形成差别待遇或歧视待遇的问题形成争执。

从我国《政府采购法》的规定来看，相关采购合规性监管主要关注以下方面的问题：（1）采购文件对于采购标的需执行的标准、规范及采购标的的技术参数要求是否指向或有利于特定供应商、特定产品从而构成差别待遇的争议。（2）设定的资格、技术、商务条件与采购项目的具体特点和实际需要是否构成不相适应，或者与合同履行是否无关的争议。（3）是否限定或者指定特定的专利、商标、品牌或者供应商的争议。（4）是否非法限定供应商的所有制形式、组织形式或者所在地、规模条件等方面的争议。（5）是否以其他不合理条件限制或者排斥潜在供应商的争议。

（二）对采购文件提供、修改的争议

对招标文件的发布、提供、澄清、修改等过程的争议。例如，对招标文件发布与提供的时间不足法定时间，使供应商不能够充分准备投标而产生的争议；对于采购文件发布后又修改推迟提交响应文件的截止时间是否合法引发的争议。

（三）对评审因素的争议

在评审中，涉及综合评价法的需要参照的评审因素较多，对于评审因素是否设置的正当，对不同的供应商形成的评审结论可能有差别，因此，围绕评审因素的设置会有较大的争议。例如，对是否以特定行政区域或者特定行业的业绩、奖项作为加分条件或者中标、成交条件的争议，有关评标方法、评标标准、评审因素的争议等。这些争议在采购准备阶段已有所论述。

从对供应商的资格要求，到确定供应商是否构成实质性响应的认定因素以及在详细评审中对供应商的打分因素等，都可能出现评审因素的设置是否合法的争议。为避免评审因素争议的频繁发生，政府采购监督管理部

门以负面清单的方式对采购文件评审因素的设置进行指导。例如，对于供应商的资格要求，如果要求供应商必须是项目所在地注册的企业，则可认定为构成排斥外地企业参与政府采购活动，违背了政府采购公开、公平竞争的原则性规定。采购人也不得将投标人的注册资本、资产总额、营业收入、从业人员、利润、纳税额等规模条件作为资格要求或者评审因素，除非法律法规规定了满足采购需求应当具备一定的资质要求。评审因素的设定还应当与供应商所提供货物或服务的质量相关，例如，报价、技术或服务水平、履约能力、售后服务等。对于与履约无关的因素，不宜设定为评审因素。

二、中国：采购文件对采购需求描述不完整投诉案

采购人委托代理机构通过公开招标方式采购实战指挥平台建设项目。在开标评标后，两参与竞争的供应商甲公司和供应商乙公司分别质疑，在代理机构答复质疑后，两供应商向财政部门投诉。甲公司投诉主张，其已经按照招标文件的要求在投标时出具了正版软件承诺函，内容为本公司承诺投报的计算机产品预装正版操作系统，投报的硬件产品内的预装软件为正版软件。但评标委员会认定此承诺函未实质性响应招标要求，未予通过符合性审理。这一认定缺乏理由和根据。乙公司投诉的事项为，招标文件未明确在报价中需列明不可预见费用内容，乙公司投标时对建设内容做了逐项报价，列出了不可预见费科目填报为0，但其总价已经包括了本项目所需的所有费用，但评标委员会却以其"不可预见费"报价为0为由未予通过符合性审查。

采购人答复认为，招标文件要求甲公司应承诺"服务器"与"座席客户端"均预装正版软件，但甲公司在作出承诺时仅复制了招标文件的格式承诺函，被评标委员会制定未作出完全的实质性响应。乙公司不可预见费为0的报价应视为对采购人的赠与，违反了《政府采购货物和服务招标投标管理办法》有关采购人不得接受供应商赠品的规定，因此，不予通过符合性审查。

经财政部门审查认为，招标文件在商务、技术要求提出投标应提供正

第五章 采购实施阶段争议类型与内容

版软件承诺,同时给出的投标文件内容要求及格式也对出具承诺函的格式作了要求,在两者不完全一致的情况下,甲公司提供格式文件的承诺函,意思表示真实、明确,不应认定为违背相关实质性要求。招标文件将不可预见费描述为"实战指挥建设项目暂估金",乙公司根据自身理解报价0元并无不妥,不予通过其符合性审查不当。故认为两项投诉均成立。

在政府采购中,招标文件应当完整、明确地列明采购需求,从而便于供应商有针对性地响应招标。招标文件对采购需求描述不完整、分项报价要求不明确的,供应商自行根据一般理解进行投标,不应承担不利后果。政府采购应当认真落实优化营商环境政策,不得因非实质性的格式要求、形式问题限制供应商响应参与竞争。[①]

三、美国:对军队采购提供优惠豁免反垄断监管

(一)采购案件实施情况

美国陆军和空军下属的军人服务社,对图书杂志供货商进行了采购招标,康明斯公司中标,其报价比另一家参加投标的供应商香槟城公司低5%。但是康明斯对军人服务社的供货价格优惠,并没有提供给康明斯的其他客户。这家军营服务社的图书杂志业务的原供货商是香槟城公司,其为军人服务社连续供货已达二十多年。香槟城公司认为康明斯公司在此次采购中的报价优惠,实际上构成了对康明斯其他客户的价格歧视,应依照垄断的法律规定禁止康明斯公司继续实施价格歧视。如果康明斯公司不再实施价格歧视,大概率的情况是撤回对军人服务社的这次偏低的报价,这样采购合同就会被取消,香槟城公司才有机会继续参与这个采购合同。

香槟城公司依据《罗宾逊—帕特曼法案》向法院对康明斯公司和美国陆军和空军的两个部长提起反垄断诉讼,要求法院认定康明斯公司向军人服务社低价销售图书杂志构成价格歧视,要求赔偿香槟城公司3万美元实际损失和三倍惩罚性赔偿,并禁止康明斯公司继续实施价格歧视。

---

① 参见财政部发布指导性案例33号:S单位实战指挥平台建设项目投诉案。

（二）法院审理情况

美国联邦第七巡回上诉法院分析认为，原告起诉所依据的《罗宾逊—帕特曼法案》并没有明确规定参加政府采购提供的价格优惠可以被豁免认定为价格歧视。但是在一份该法案的修正案起草过程中，一位主要起草人曾经明确提出该法案不会阻止商业主体在政府采购中报出低于一般商业交易价格水平的价格来参加竞争。司法部长在给军队的一封信中也曾表示，修正后的法案不适用于联邦政府采购。美国国会和联邦行政部门在实践中一直认为陆空和海军所属的这家军人服务社不受该国反垄断法约束。法院认为，本案中的采购人是一个政府机构，有权从《罗宾逊—帕特曼法案》中豁免。既然采购人能够获得该法案管辖，康明斯公司也可获得豁免。故驳回了原告起诉。[1]

政府采购人作为消费者在一些政府采购领域也会遇到价格方面差别待遇问题。例如，电信服务给予政府机关优惠等。有些政府购买公共服务领域，也会出现较一般市场服务相对更低的采购价格。如果在政府采购中可以豁免反垄断监管而可实施差别待遇，则应认为主要是基于政府采购目标的公共性考虑。

四、指定品牌构成差别待遇案

（一）基本案情

2012年6月1日，某采购中心受妇幼保健所委托采购对高频X线摄片机设备。四家企业参与报名。采购文件中规定产品为"欧美一线品牌"等具体要求。经竞争性谈判采购程序确定成交供应商后，落选的一家公司以成交的设备为国产品牌，不属于采购文件所要求的"欧美一线品牌"为由进行质疑。政府采购中心经组织专家复评，认为质疑成立，认定成交的供应商对采购未作出实质性响应，作废标处置，并拟重新采购。成交供应商向财政部门投诉。该财政部门认定采购文件中设定产品为欧美品牌，且作

---

[1] 632F.2d680（7th Cir.1981）.

为实质性条款，具有明显歧视性。故决定责令采购人重新开展采购活动。该案继续起诉至法院要求财政部门撤销投诉处理决定。

（二）案件审理情况

法院认为，被告财政部门对投诉的政府采购活动作了全面审查，认定有关指定欧美品牌的实质性条款要求违反了《政府采购法》第二十二条第二款规定，所作出的处理决定事实清楚，程序合法，适用法律正确，判决驳回原告诉讼请求。经上诉二审后，维持原判。在本案中，将所采购的医疗器械要求为"欧美一线品牌"，排斥了非欧美品牌产品供应商，剥夺其他潜在供应商和产品的公平竞争机会，带有明显的倾向性，构成了差别待遇，应当予以纠正。[①]

第三节 供应商行为引发的争议

在以满足采购需求为目标的政府采购活动中，供应商始终是竞争活动的主体。供应商在响应投标活动中的不当行为，既可能导致自身在采购评审中被降低评价，还可能影响整个采购活动的竞争秩序导致采购活动结果无效。因此，供应商行为是采购人规范自身采购活动的重点内容，也容易引发采购人处置供应商行为的措施是否得当以及供应商之间相互指摘而造成的争议。

一、供应商参加采购活动引发争议

供应商参与采购活动涉及多个环节，其主要行为是参加采购活动，包括编制采购响应文件、递交采购响应文件，参加开标活动，参加评审活动等。对于供应商参加采购活动可能引发的争议，主要涉及以下方面。

[①] 上海辉慈医疗器械有限公司诉崇明区财政局行政决定案，上海市第二中级人民法院（2013）沪二中行终字第188号判决书。参见 https://www.chinacourt.org/article/detail/2015/10/id/1730832.shtml。

(一) 供应商身份与授权代理方面的争议

投标人身份及投标代表身份的争议。例如，投标人公章使用是否适当，投标人法定代表人签字是否真实，投标代表是否获得了委托授权等。在供应商代表的身份方面，如果系有特殊关系的不同人代表不同供应商参与同一采购项目的采购活动，有可能存在串通嫌疑。另外，在代理的产品上，如果同一品牌产品委托的不同代理销售商共同参加同一项目采购活动，也可能引发围标等争议。

(二) 未按要求编制响应文件的争议

供应商未按招标文件要求提交身份材料与授权材料或未按招标文件填写表格、提供表中证明文件是否影响参与采购竞争可能引发争议，投标文件封装错误而产生的争议，等等。出现这类问题投标人可能因自身疏忽或故意行为而承担责任；另外，招标人也可能因招标文件编制不清或要求不明确而承担一定责任。未按要求编制响应文件可能导致投标无效、废标或不予采纳等后果。这些后果不仅会影响投标人的利益，还可能影响招标项目的顺利进行。

(三) 串通投标争议

串通投标是指投标人之间通过协商、约定等方式，相互串通，控制投标价格或排斥其他投标人，从而损害招标人或其他投标人的合法权益的行为。判断是否构成串通投标，应依据相关法律法规的明文规定，如《政府采购法实施条例》和《政府采购货物和服务招标投标管理办法》等。是否构成串通投标不能仅凭主观臆断，而应依据具体事实和证据来认定。由于串通投标危害性较大，有些情况下需仅以部分证据或表现而加以认定。例如，投标文件编制、投标事宜办理、管理或联系人员同一的争议情形就包括：不同投标人的投标文件由同一单位或者个人编制，不同投标人委托同一单位或者个人办理投标事宜，不同投标人的投标文件载明的项目管理成员或者联系人员为同一人。另外，由于投标文件异常一致或者投标报价呈规律性差异被认定串通投标也容易引发争议。我国《招标投标法》第五十三条明确规定串通投标订立的合同无效，若行为人违反《刑法》构成串通投标罪，中标合同更应归于无效。但是如果合同已经订立并已经履行，虽然对合同进行了无效评价，但对于已经履行的内容如何处理，是要求返还恢复原状，还是直接予以民事没收，仍需要综合衡量。①

串通投标还表现为投标人和采购人串通。在采购过程中，为实现与采购人订立合同的目的，供应商向采购人或采购代理机构、评审专家等参与政府采购成交决策的各环节的相关人员进行商业贿赂的案例时有发生。这些商业贿赂的目的是谋求获得合同。通过贿赂影响决策，所达成的合同是否有效，目前在实践中仍有不同的意见。例如，江苏省高级人民法院（2019）苏民再385号案件中，久腾公司与大千公司在订立采购合同过程中，久腾公司的法定代表人为大千公司的采购人员支付消费费用。法院认为该做法虽违反《反不正当竞争法》第七条规定，但该规定并非影响民事法律行为效力的强制性规范，故认为不能据此认定采购合同无效。《联合国反腐败公约》第34条第1款规定，在适当顾及第三人的善意取得时，应将腐败视为废止或者撤销合同的相关因素。英美法通常认为这种合同无效，即使公务人员受贿后，一方才取得缔约资格的合同也无效。在 United States v. Kahn 案中，② 1966年，欧文·卡恩（Irving B. Kahn）代表提词器公司（Teleprompter Corporation）向宾夕法尼亚州约翰斯敦的三名官员支付了15000美元，以确保保留当地的有线电视特许经营权。这一阴谋后来被揭露，随后被起诉。在纽约南区的陪审团审判后，卡恩和提词器公司被判处共谋犯罪。在辩护中，他们声称这笔款项是敲诈勒索的结果，当地政客威胁要摧毁提词器公司的宝贵特许经营权。法院认为如果其受到敲诈，被害人应投诉而不是行贿。基于反渎职法政策考量，倾向于认定这类合同无效。

（四）供应商提供虚假材料

《政府采购法》对供应商提供虚假材料谋取中标、成交的情况规定了行

---

① 谢鸿飞：《违反刑法的合同的类型与效力》，载于《法律适用》2024年第1期。
② United States of America, Appellee, v. Irving B. Kahn and Teleprompter Corporation, Appellants, 472 F. 2d 272（2d Cir. 1973）.

政处罚，《招标投标法》中也对弄虚作假骗取中标作出规定。认定供应商构成提供虚假材料谋取成交，在构成要件上，应包括有提供虚假材料或者弄虚作假的行为，且主观上有谋取成交或者骗取中标的故意。虚假材料通常是通过伪造、变造等手段形成。当投标文件的材料与真实材料不符时，能够证明该材料构成"虚假"。如果对提供虚假材料进行要求，只要是提供虚假材料，都一律可以予以废标。但如果依照法律规定认定需要进行行政处罚，则虚假材料需达到导致响应文件的要约内容虚假的程度。

在某项医疗设备单一来源采购中，采购代理公司派人联系了一家外国设备厂商，由于采购本国产品的要求，外国设备商不能直接参与采购，因此推荐了其国内的合作公司 A 公司，因 A 公司缺少某项资质，A 公司转托资质齐全的 B 公司参与谈判。各方工作人员为工作方便建立了微信群，外国厂商将设备资料文件发到微信群，由 B 公司制作了响应文件并持一份外国厂商授权委托书的复印件参与采购并最终成交。在成交结果公告后，外国厂商质疑，称其未授权 B 公司谈判，也未向 B 公司出具过授权委托书，采购代理机构遂废标，并就 B 公司提供的授权委托书系虚假材料事宜上报监管部门。监管部门对 B 公司以提供虚假材料谋取中标行为作出了行政处罚。B 公司不服该处罚决定提起了复议。复议期间，B 公司称该授权委托书复印件是 A 公司员工提供的，但 A 公司称该委托书是外国厂商人员交给 B 公司后又转交 A 公司的，外国厂商对此问题不予回应。

复议机关认为：认定 B 公司存在"投标文件提供虚假材料"行为的需证明 B 公司参加采购谈判时提供的授权委托书是虚假材料，且 B 公司明知该材料虚假而提供。但在本案中监管部门做处罚时因复印件缺乏鉴定条件无法对委托书上的公章进行真伪鉴定，也不能排除外国厂商为 B 公司出具委托书后又否认的情况存在。外国厂商将谈判资料都发到了有 B 公司人员所在的微信群，可以认为外国厂商同意 B 公司代理其产品参加本项目采购。故复议撤销了本案的处罚决定。[①]

[①] 张雷锋：《微信群惹来的虚假材料争议案》，载于《中国政府采购报》2021 年 12 月 24 日第 4 版。

二、中国：政府采购违规行为受禁入处罚案

2022年11月15日，某地财政部门对甲公司分别作出302号和303号两个行政处罚决定，甲公司均不服该两项行政处罚提出行政诉讼，当地中级人民法院于2023年7月10日作出两个行政判决，均驳回甲公司诉讼请求。甲公司上诉后被二审法院驳回上诉。2022年11月24日，该财政部门在中国政府采购网对上述两个处罚信息，以甲公司两条"失信记录"予以公布，即对提供虚假材料谋取中标处以罚款7999元，列入不良行为记录名单，一年内禁止参加政府采购活动；对第二项提供虚假材料谋取中标行为处以罚款16883元，列入不良行为记录名单，一年内禁止参加政府采购活动。

甲公司向法院起诉称，其仅受到一年禁入的行政处罚，不属于重大违法记录，将甲公司纳入"失信记录"名单的行为违法。诉讼请求为：确认该部门将甲公司列入"失信记录"名单、在信用中国"严重失信主体名单"栏目公示行政处罚信息的行为违法，撤销在信用中国"严重失信主体名单"，将甲公司移出"失信记录"名单，并停止在中国政府采购网公示。法院经二审均驳回了甲公司的起诉。①

三、意大利：供应商被刑事定罪被排除投标案

2013年7月27日，利博尔扎诺市政府就建造监狱进行了招标。曼托瓦尼公司提交了一份投标书，包括声明称M. B.（曼托瓦尼的前理事会行政主席兼法定代表人）于2013年3月6日停止行使其职能，并且据曼托瓦尼公司所知，根据意大利第163/2006号法令第38条（1）款（c）项，M. B. 从未被判犯有刑事罪名。然而，事实证明，M. B. 已被起诉并被送进监狱。市政府拒绝了曼托瓦尼公司的投标，理由是其没有及时提供关于对M. B. 指控的充分信息。曼托瓦尼公司对此案提出上诉。

总检察长建议欧洲法院（ECJ）对所提出的问题作出答复，支持意大利

---

① 杭正亚：《对一件政府采购失信记录案件的思考》，载于《中国政府采购报》2024年4月30日。

国务委员会提出的初步裁决请求，即允许采购人将投标人排除在采购程序之外，因为其前任行政长官之一（在投标书提交后）被判处刑事定罪。法院在2017年6月21日作出裁决（案件编号C－178/16），认定第2004/18号《关于协调公共工程合同、公共供应合同和公共服务合同授予程序的指令》第45条第（2）款（c）项和（g）项以及第45条第（3）款并不反对允许采购人考虑以前为投标人工作的管理人的刑事定罪（在招标前一年）的国家立法。即使在参加采购项目出价时尚未确定定罪的情况下，情况也是如此。此外，如果投标人没有完全脱离受刑事定罪影响的有关人员，则允许采购人将投标人排除在采购程序之外。[1]

四、肯尼亚：铁路采购合同违法案

2011年，肯尼亚铁路公司签署了一份谅解备忘录，随后将肯尼亚标准轨距铁路（SGR）项目的采购合同授予了中国路桥公司。在2014年2月5日，肯尼亚活动人士奥基亚·奥姆塔塔和肯尼亚法律协会向肯尼亚高等法院提起诉讼申请法院干预并停止第四被告与实施蒙巴萨—内罗毕—马拉巴/基苏木标准轨距铁路的合同，理由是中国路桥公司在没有经过公开竞争的情况下赢得了一个公共项目，这公然违反了法规和2010年肯尼亚宪法。在向法院提交请愿书时，铁路的建设尚未开始。同时，原告还申请临时保护令，暂停肯尼亚铁路公司与中国路桥公司之间签订的关于铁路设施、机车和机车车辆供应和安装的合同。在起诉中，原告表示他们赞赏铁路线对于实现肯尼亚发展的重要性和必要性，但反对"在项目采购和实施方式上违反宪法和法规的可耻行为"。为了使项目高效、透明、负责任和具有成本效益地实施，则必须根据既定法律和规定的程序进行采购。他们认为，政府在寻求承包商实施项目之前，没有对项目进行独立的可行性研究和设计；政府与中国路桥公司签约以实施该项目存在利益冲突；中国路桥公司没有

---

[1] Impresa di Construzioni INg. E. Mantovani et Guerrato S. p. A. v Municipality of Bolzano (AG's Opinion).

资格获得合同的授予，因为其因在菲律宾的一个道路项目中参与腐败而被世界银行列入黑名单。

在 2014 年 11 月 21 日作出的判决中，肯尼亚高等法院拒绝了原告提出的停止标准轨距铁路项目建设的提议，驳回了原告的起诉。在同一判决中，法官还认为，原告所提交的支持其诉请的证据文件是非法获得的，因此不可受理。因此下令从记录中删除这些文件。原告继续上诉。

2020 年，肯尼亚上诉法院法官作出判决，认为蒙巴萨至内罗毕新标准轨距铁路采购程序违反了《肯尼亚宪法》第 227 条，因为该程序未进行公开招标，所以没有"公平、公正、透明，竞争和成本效益"。法院还发现，该合同违反了肯尼亚 2005 年的《公共采购和处置法》，该法律旨在保证由公营企业进行公开招标。该项目约 90% 的成本由中国进出口银行提供，以两项 16 亿美元的贷款形式提供。据《非洲商业日报》报道，中国进出口银行的贷款条件是，必须指定一家中国承包商来建设和运营这条线路，这意味着这条线路不能进行公开招标。该铁路建设项目的第一段全长 485 公里的蒙巴萨至内罗毕第一阶段的新标准轨距铁路已于 2017 年建成并向公众开放。第二段乌干达边界内罗毕和马拉巴之间的工程中的第一部分是内罗毕至奈瓦沙之间的 190 公里连接线已于 2019 年 10 月完成。尽管肯尼亚标准轨距铁路（SGR）项目的很大一部分已经完成并投入运营，但采购该项目的方式持续引起人们的关注，这可能是由于对该项目的投资规模。例如，在 2020 年 5 月 27 日《国家日报》上发表的一篇文章中，罗伯特·肖写道："上诉法院宣布已完成的 SGR 项目违宪和违法的决定中没有任何内容。但是日后一旦中国路桥公司就此工程向肯尼亚提出赔偿，则肯尼亚政府可能会以法院裁定工程非法为由推卸一切合约上的责任。"[1]

五、世界银行：对供应商不当行为的制裁

世界银行自 1999 年起施行制裁机制，以在世界银行贷款项目中推行合

---

[1] Okiya Omtatah Okoiti & 2 others v Attorney General & 4 others〔2020〕eKLR.

规文化，有效使用贷款资金。世界银行对于项目参与方的腐败、欺诈、胁迫、串通和妨碍等不当行为可施加的制裁措施有：除名；附解除条件除名；附条件不除名；谴责信；经济赔偿。除名或称取消资格，是指被制裁人在世界银行规定的期限内不得以任何形式直接或间接参与世界银行项目。附解除条件除名，指被制裁人在规定时间内被取消资格，其后若满足采取改进措施、建立全面的合规体系、实施合规计划或进行损害赔偿等特定条件，则能解除制裁。附条件不除名，指被制裁人若在规定时间内遵守一定的条件，如采取改进措施、建立全面的合规体系、实施合规计划或赔偿损失，则能免予制裁。

在世界银行制裁机制内，世界银行廉政局（Integrity Vice Presidency，INT）是世界银行制裁体系中的调查机构。资格暂停和除名办公室（The Office of Suspension and Debarment，OSD）是世界银行制裁体系中的第一级审查机构，负责审核世界银行廉政局的调查结果，决定是否采取制裁措施。世界银行集团制裁委员会（WBG Sanctions Board，以下简称"制裁委员会"）是世界银行的第二级制裁机构。由7名外部法官组成，是一个独立的行政法庭，是世界银行集团项目中发生的所有有争议的应制裁不当行为案件的最终决策者。如果调查对象对资格暂停和除名办公室的制裁通知有异议，可以向制裁委员会上诉。制裁委员会的决定具有终局性且立即生效。

2023年6月，制裁委员会发布了第140号裁决，对被制裁人上诉的资格暂停和除名办公室第762号制裁案件作出决定。该案件涉及世界银行在越南胡志明市的污水处理厂建设运营贷款项目。制裁委员会认为，由于被调查对象未披露母公司2.13%股东相关利益冲突情形和向第三方支付费用的信息，构成欺诈行为，最终决定，对被调查人以及任何被申请人直接或间接控制的关联方实体自本决定之日起两年内附条件不除名的制裁。[①]

制裁委员会认定，被调查人为世界银行贷款项目提供咨询服务，负责审查项目可行性研究、协助进行资格预审、完善招标文件、协助项目招标、

---

① https://www.worldbank.org/en/about/unit/sanctions-system/sanctions-board/decisions.

评标、授标和谈判。但被调查人没有披露持有其 2.13% 股份的股东在参与该项目投标的信息，存在放任后果的过错（recklessly），其行为可能影响评标的公正性，构成欺诈行为。被调查主体主张，相关主体持股 2.13% 不构成对其控制和实质影响，不存在利益冲突；要求核查作为公众公司小股东的情况不合理，项目组成员不知道也不可能知道持股情况。但是，被调查人的该等答辩未能推翻构成欺诈的认定。同时，制裁委员会认定，被调查人没有披露已经或将要向两名顾问支付与项目合同履行相关的费用，构成欺诈。被调查人主张，顾问费用并非佣金或感谢费，也不是与项目合同中标或完成挂钩的费用，因此无须披露。制裁委员会对该答辩意见不予采纳，认为世界银行在先案例已经明确世界银行披露要求并非如此限缩，被调查人如有疑问应当要求澄清，但是被调查人未要求澄清即决定不披露，存在放任后果的过错。

按照附条件不除名的制裁要求，第一被调查人作为母公司，应在 2 年内证明其已经：(1) 制定并实施了合规措施，旨在预防、发现、调查和补救其受到制裁的可制裁行为，特别是在识别和披露利益冲突方面；(2) 以世界银行集团满意的方式通过并实施了一项机制，就其合规措施向其企业集团，包括其员工、顾问和其他商业伙伴提供指导。作为全资子公司的第二被调查人应在规定的 2 年非禁止期内证明其已经 (1) 采取适当的补救措施来解决其受到制裁的可制裁行为；以及 (2) 以世界银行集团满意的方式通过和实施有效的合规措施。如果被申请人未能在规定的非禁止期内遵守这些条件，则被申请人及其关联方将自动被宣布没有资格：(1) 获得银行资助的合同或以其他方式从中受益，无论是财务上还是以任何其他方式；(2) 成为被授予银行融资合同的合格公司的指定分包商、顾问、制造商或供应商或服务提供商；以及 (3) 接收银行发放的任何贷款的收益，或以其他方式进一步参与任何银行融资项目的准备或实施。自被除名期满之日起至少两年后，被申请人可申请解除除名制裁。除名制裁适用于世界银行集团的所有业务。世界银行还将向作为《相互执行制裁决定协议》缔约方的其他多边开发银行发出相应的无资格声明通知，以便这些多边开发银行决定是否根据《相互执行制裁决定协议》及其自身的政策和程序，对其自身业务执行无资格声明。

第四节 评审过程与结果的争议

评审活动由采购人或采购人委托的采购代理机构组织，由依法组建的评审委员会（包含评标委员会、竞争性谈判小组、询价小组和竞争性磋商小组等）实施评审。评审结果需经评审过程形成，尽管有采购文件的要求或规定相对照，评审过程对于评审结果仍然具有直接影响。评审过程中的违法、不公情况，大多数情况下也会直接造成评审结果不当。对于评审过程与评审结果，参与采购活动的供应商从维护自身合法权益的角度出发，有权提出各种质疑与投诉或诉讼，从而形成争议。

一、评审活动争议

以公开招标中的评审活动为例，一般而言，评审可以分为初步评审和详细评审，其中，初步评审包括形式评审、资格评审、符合性评审，主要目标是从所有的投标文件中筛选出符合最低规定的合格投标文件，剔除所有无效投标文件和严重违背规定的投标文件。详细评审是指评标委员会根据招标文件确定的评标标准和方法，对经过初步评审合格的投标文件的技术部分、商务部分作进一步的评审和比较，形成评审结论，推荐给采购人定标。在整个评审过程中，均有可能因评审不当而产生争议。

（一）初步评审中的争议

在初步评审环节，形式评审主要是对投标人所提交的投标文件格式是否符合要求、内容构成是否齐全、签字盖章在形式上是否符合规定、投标人的名称与营业执照及相关资质许可文件是否具有一致性等方面进行评审。形式评审主要在形式上对投标文件是否包括招标文件的内容以及形式上是否符合招标文件的要求进行检查，例如，投标文件是否包括投标报价、是否缴纳了投标保证金、是否提供了法定代表人授权书、有关资格证明文件是否齐备、投标文件签署和封装是否符合要求等。如果未能通过形式评审，该投标文件将被认定为无效投标而无法参加下一阶段的评审工作。

资格评审主要审查投标人的经营范围、资质要求、财务要求、业绩要求、信誉要求等方面是否具备参与投标的基本资格和条件。按照我国《政府采购货物和服务招标投标管理办法》第四十四条的规定，由采购人或者采购代理机构对投标人的资格进行审查。资格审查主要是对照招标文件中的"投标人资格条件"要求进行审查。例如，对于专门面向中小企业采购的项目，采购人或采购代理机构对投标人提供的《中小企业声明函》要进行资格审查以确定供应商是否属于中小企业，资格审查不通过的，投标将不再进入下一阶段的评审。

符合性评审又称响应性评审，是指依据招标文件的规定，从投标文件的有效性、完整性和对招标文件的响应程度进行审查，以确定是否对招标文件的实质性要求作出响应。实质性要求也就是招标文件中不允许偏离的要求和条件，投标人的投标文件如果不满足这些要求，会导致被认定为该投标无效，不能参加下一阶段的详细评审。我国《政府采购货物和服务招标投标管理办法》第六十九条规定，对于未通过符合性审查的投标人，应当告知本人的评审得分与排序。采购人、采购代理机构可以告知其未通过符合性审查的原因，以提高政府采购活动的参与度和透明度。符合性审查要求投标文件必须对招标文件进行"实质性响应"，响应的内容主要围绕技术性要求和商务性要求条款，《政府采购需求管理办法》第六条规定：技术要求是指对采购标的的功能和质量要求，包括性能、材料、结构、外观、安全，或者服务内容和标准等。商务要求是指取得采购标的的时间、地点、财务和服务要求，包括交付（实施）的时间（期限）和地点（范围），付款条件（进度和方式），包装和运输，售后服务，保险等。投标文件应对招标文件所提出特定的"技术性"要求，例如，产品的技术参数、规格型号、性能或者技术服务标准等进行实质性响应，做到能够满足其最低要求。另外，对于招标文件提出的特定商务性要求，例如，报价方式、交货期限等合同条款的重要内容等也要作出应答。由于实质性响应条款是对投标人进行符合性审查的重要对照，相关法规要求采购人应对采购项目不可偏离的实质性响应条款进行醒目标注，并对具体所要求的响应方式，例如，提供何材料作为证明或者作出何形式的承诺作出明确要求，以便于投标人准确应答。

投标人对于初步评审环节中在形式评审、资格评审或符合性审查任一环节得出的排除其投标的结论不满意，均可能会引发对评审过程的争议。

（二）详细评审的争议

评标委员会只对通过资格性审查和符合性审查的投标文件进行详细评审。比如，价格评审属于在详细评审阶段进行的评审工作。在详细评审中常见的争议包括：（1）评审标准的解释不一致：参与者对于评审标准的理解和解释存在分歧，导致评分或评价结果的不同。（2）评审专家的打分错误：评审专家在打分过程中出现错误，例如，评分汇总计算有误、分项评分超出评分标准范围、客观评分不一致等。在评标过程中，有一些评审专家可能会认为评审标准设置的评分规则不规范，因此进行主观修正，按照自己的意志进行"自由裁量"。特别有时出现对招标文件规定的客观分，评委凭主观进行评分得出不一致的客观分数，从而导致出现违反评分标准的情况。（3）评审过程的公平性争议：参与者对评审过程的公平性进行质疑，认为评审过程中存在不公正行为。评审的主体是评标委员会，而不是采购人或者采购代理机构，使评标委员会与采购人之间存在委托代理关系。我国《招标投标法》对评审委员会组建要求为采购人委任的代表作为委员的比例不能超过三分之一，即实际上主体构成是外部专家，因此评标委员会相对更具有客观中立的地位。但由于只能根据投标文件进行评审，所有评审委员会外部专家对供应商的信息把握及采购需求的理解可能不如采购人深入。尽管如此，评审委员会也只能根据既定的评标方法和标准进行评审。

如果不能严格按照投标文件规定评审，可能会构成评审程序违规。例如，在重庆某采购人采购市政道路保洁服务项目中，共设6个采购包。经评审前，三个采购包均有中标候选人，但后三个采购包符合实质响应要求的投标人不足三家，故废标。一家落选的绿化公司质疑，并进一步投诉到财政局。财政局以投诉事项与质疑事项明显不一致为由未予处理。但在处理投诉过程中，财政局对项目进行了监督检查，发现评审过程的视频资料显示，采购人代表与评标专家的对话可能影响中标结果，且认为在商务部分的评审过程中，评审专家已查验了投标人提供的《企业自有机械设备验收表》，而在之后的暗标评审时，投标人的技术方案中又出现了相同的机械设备，因此，评审专家可以由此判断出该技术方案可能是对应的投标人。因此以采购的个别环节存在评审程序的瑕疵，可能影响招标程序的公正及招标结果为由，责成取消该项目的中标结果，对该项目重新组织公开招标。后被公布的中标候选人中另有一家重庆某公司不服该决定，起诉至法院。法院经两审审理判决驳回了该公司的诉讼请求。①

尽管评审程序不存在违规事项，但仍有可能在汇总评审结果后发现评审错误的情况。如果是存在分值汇总计算错误、分项评分超出评分标准范围、评标委员会成员对客观评审因素评分不一致、经评标委员会认定评分畸高、畸低的情况，《政府采购货物和服务招标投标管理办法》第六十四条规定，采购人或采购代理机构应当组织原评标委员会进行重新评审，如果重新评审改变了评标结果，需要向本级财政部门进行书面报告。如果出现评审错误，受错误评审影响而丧失获得采购合同机会的投标人有权利寻求采购人给予赔偿。例如，在 2015 年 10 月 7 日，欧盟普通法院第四法庭支持了欧洲动力公司（European Dynamics）对欧盟内部市场协调办公室（OHIM）关于授予一份信息技术外部服务框架合同的决定的上诉，要求采购人对评审投标时的错误给予受害方赔偿。欧洲动力公司在三个中标者中排名第三。普通法院认为，欧盟内部市场协调办公室在评审投标时犯了实质性错误，违反了平等待遇和透明度原则，对某些未披露的授标次级标准

---

① 参见（2015）渝一中法行终字第 00114 号行政判决书，重庆左岸园林景观工程有限公司与重庆北部新区管理委员会行政处罚二审案件。

进行加权。此外，其还未尽到说明其决定理由的义务。普通法院认为，欧洲动力公司有权获得赔偿。虽然未能说明原因与所称的损害之间没有因果关系，但作为其对投标书的单独和比较评估的一部分，欧盟内部市场协调办公室的实质性非法行为很可能影响了欧洲动力公司获得框架合同的机会。普通法院认为法院无法量化赔偿，并命令当事方在三个月内就此达成协议，并强调了需要考虑的各种问题。①

二、评审结果的争议

在详细评审完成后，评审委员会汇总评审结果形成评审报告，向采购人推荐成交候选人，采购人应依法根据评审结果确定成交供应商。但是采购人或采购代理机构可能对评审结果不满意，或者发现评审有错误，而希望改变评审结果。在成交结果公示后，其他落选供应商也可能会提出质疑和投诉，指出成交产品存在不符合采购文件要求的问题，从而产生评审结果的争议。

（一）改变成交结果的争议

在完成评审推荐成交候选人后，采购人应当在评审报告推荐的成交候选人中按顺序确定成交供应商。如果采购人或采购代理机构认为排名第一的成交候选人不符合采购文件要求，希望改变评审结果，应提供充分的理由并履行相应的报告程序。② 如果有供应商对采购过程、中标或者成交结果质疑，且质疑成立应当取消成交结果，在合格供应商符合法定数量的情况下，采购人可以继续按照排序从合格的成交候选人中另行确定成交供应商；如果合格供应商数量不足致使没有形成充分的竞争，或者因为原成交供应商被取消成交结果致使评审打分排名会发生较大的变化，则采购人也可以

---

① European Dynamics v. Office for Harmonisation in the Internal Market，https：//eur-lex.europa.eu/legal-content/en/TXT/PDF/?uri=uriserv%3AOJ.C_.2015.398.01.0026.01.ENG，浏览于2024年10月14日。

② 参见财政部指导案例3号：××注册与备案管理系统项目投诉案，http：//ccgp-beijing.gov.cn/jdgl/zdal/t20171201_862814.html，浏览于2024年10月14日。

决定重新开展采购活动。

在评审完成后,如果采购人为确保成交结果满足采购需求,再次组织对样品进行检测或对供应商进行考察,并进而基于样品检测不符或考察后不满意的情况改变评审结果,也容易引发争议。原则上,应当先进行样品检测并将检测结果作为评审因素。另外,在评审完成后改变成交结果的争议,还有可能是被宣布为成交者的供应商基于自身原因提出的撤销投标、放弃成交所导致的。在这种情况下,如果属于供应商违约不履行竞争承诺,可能面临着被采购人要求扣留保证金并追究其由此而造成的经济损失的情况。

(二)成交产品不符的争议

在评审结果作出后,对于成交的产品,其他落选的竞争供应商可能并不认可,认为其在技术指标等方面不符合采购要求或者劣于自身的产品,因此会以成交产品不符为由对评审结果提出异议。未成交的供应商会通过各种途径收集与成交产品相关的信息,对成交产品的技术参数进行全面审视,对其不符合或者不完全符合采购文件要求的情况向采购人指出。由于技术参数具有较强的专业性,在处理成交产品不符的争议时,采购人或采购代理机构往往还需要借助于评审专家的专业判断,由评审专家参加论证并听取投诉人与成交供应商的质证意见,再行得出审查结论。由于具有竞争关系的供应商对于产品差异有较强的洞察力,在采购合同的验收环节,采购人也会邀请参与采购但未能成交的供应商参加验收,在保障成交产品能够符合采购需求的同时,也有利于落实采购程序的公开透明原则。

三、美国:最低价投标缺乏实质性响应案

1998年10月9日,美国宇航局路易斯研究中心对其高压电力系统改造项目进行招标,招标文件对授予合同的评审标准主要强调了费用、初步计划及主要设备三个因素,要求投标人除以固定价格报价外,要在投标时提供一份能够说明其准备如何完成合同要求的工作任务的初步计划,并提供其拟制作的符合规格与样本要求的主要设备制造商的能够表明产品显著特

征的产品目录选页。

有 7 家承包商对采购项目进行投标报价。瑞安公司报价 6871900 美元为最低价，查匹公司的 7047400 美元和伊利湖电公司的 7804785 美元分别成为次低价和第三低价。在价格评审的基础上，评审人员继续对照其他两个评审要素进行评审，但在初步计划进行评审的环节，两位评审人员发现他们无法对报价最低的瑞安公司进行评审，因为该公司未提交初步计划。经过审阅，这两位评审人员认为查匹公司和伊利湖电公司的初步计划均可接受。在对主要设备的可接受性评审中，评审人员一致认为查匹公司的材料满足招标文件的所有要求，伊利湖电公司的设备情况也可接受，但瑞安公司因未提交任何制造商产品目录选页而无法进行评审。采购合同官员得到评审结果后认为，递交最低报价的瑞安公司未提交初步计划和制造商产品目录选页，构成未实质性响应招标。但瑞安公司认为，初步计划和产品目录选页是供应商履约能力的问题，而非实质响应的内容，不能据此认定瑞安公司不响应招标。此后，瑞安公司向美国联邦政府问责局提出抗议，经审理联邦政府问责局给出咨询意见认为原告的投标是非响应的，采购人美国宇航局遂以瑞安公司未提交制造商主要设备产品目录选页为由，将其投标作为未响应的投标予以拒绝，从而将合同授予给次低报价的查匹公司。

后瑞安公司起诉至美国联邦索赔法院，法院经审理认为，投标响应性（responsiveness）要求投标需在所有实质方面符合招标文件的要求，而履约能力（responsibility）是指投标人完成所招标合同任务的能力，采购人对投标人履约能力的考虑主要在于投标人是否有足够的资金来源，良好的履约、诚信和遵守商业道德的记录及必要的组织机构、技能和生产设备。本案招标文件已明确要求投标人应提交主要设备制造商的产品目录选页，且明确未提交该材料的投标将被拒绝，这已使产品目录选页成为本次招标的实质响应内容。故法院作出判决驳回了原告的诉讼请求。[①]

---

① 焦洪宝：《看美国如何认定最低价投标缺乏实质性响应》，载于《中国政府采购报》2016 年 5 月 24 日。

四、欧盟：创新伙伴关系采购中否决异常低价投标案

欧洲农业咨询公司（Agriconsulting Europe SA）对欧盟委员会的一项采购提交了投标书。该采购项目是创新伙伴关系采购，目的是建立一个有关欧洲农业生产力和可持续性发展的网络设施。2013年3月25日，采购人欧盟委员会通知欧洲农业咨询公司，其投标没有成功，因为其没有达到合同授予标准所要求的最低分数，也因为其投标文件中在涉及执行一些额外任务方面的投标报价异常低。欧洲农业咨询公司向欧盟普通法院提出起诉，被欧盟普通法院驳回后，又上诉到欧洲法院。

欧洲法院也完全驳回了上诉，认为部分不予受理，部分没有根据。欧洲法院特别指出，由于没有对异常低价投标的概念作出定义，相关条例也没有明确规定这种投标的处理规则，因此，采购人有责任确定用于识别异常低价投标的方法，但前提是该识别方法是客观的和非歧视性的。在本案中，普通法院指出，评审委员会通过将投标金额与规格中规定的最高预算总额（250万欧元）进行比较，确定了欧洲农业咨询公司投标书的报价1320112.63欧元处于异常低价的水平。虽然最终中标者的投标价2316124.83欧元也略低于该采购预算，但欧洲农业咨询公司的投标本身却低了近100万欧元。欧洲法院指出，没有什么能阻止采购人将投标书与招标文件中的概算进行比较，并确定其中一项大大低于采购预算的投标价为异常低价。[①]

五、美国：评标时如何考虑业绩经验

（一）采购项目的争议情况

美国农业部通过征集密封投标的方式采购其南方大厦的建筑整修项目。招标文件以投标人的竞争性为题，列出了采购人对潜在承包商必须满足4项标准：（1）投标人必须在过去6年内完成了3个与本采购项目相当的建筑

[①] Agriconsulting Europe SA v European Commission, Judgment of the General Court (Sixth Chamber) of 28 January 2016. 浏览于 https://eur-lex.europa.eu/legal-content/en/TXT/?uri=CELEX：62013TJ0570.

规模和复杂程度的历史遗产项目修复或整修工程。（2）投标人必须展示出其在此前项目中具有足够的项目管理技能和经验。（3）投标人在本项目上投入的项目经理应具有五年以上整个项目管理经验。（4）投标人的工作计划必须满足项目工期要求。本项目预算超过 1 千万美元，涉及整修的建筑约 13 万平方英尺。

格林贝里公司递交了报价为 14326170 美元的投标书，由于其报价最低，采购人要求该公司递交资信投标文件以表明其有履约能力。在这份材料中格林贝里公司给出了 14 个项目业绩，并对其中 4 个项目进行了详细描述。采购人对这 4 个项目与此次采购项目的规模和复杂性进行了比较，对比的内容涉及 11 项要素。经评审，评审委员会认为格林贝里公司只有 1 个项目的难度与采购项目相当，因此，认为格林贝里公司未能满足第 1 项标准，也未能满足第 3、4 项标准，故认为格林贝里不具备履约能力。

格林贝里公司向联邦索赔法院提起了授标前的异议诉讼，被法院驳回后，继续上诉至联邦巡回上诉法院，格林贝里主张，就项目相当性的对比，采购人给出的解释是考虑了 11 项要素，这些对照因素应当在招标文件中列出。在采购人对业绩项目规模和复杂性核查时，未从投标人处继续寻求获取额外信息，使投标人丧失修正缺陷的机会，这都显示其评审过程是任性的和非法的。

（二）法院审理认定

法院分析认为，有关于供应商履约能力的认定标准，可以分为一般标准和特殊标准两类。一般标准是由采购法规规定的适用于所有供应商的主体资格能力，主要解决供应商的一般合同能力问题，考虑因素包括供应商的资金来源、满足交货时间的能力、过去的履约记录、诚信记录等。特殊标准是与本采购项目相关的决定性的履约能力，供应商完成本采购项目仅具有一般标准并不充分，且需另外一些专门的知识和设施。采购人应对具体采购项目所要求的履行能力上的特殊标准进行更为详尽的描述，以引导不具有相应履约能力的供应商不要浪费资源来投标。本案原告格林贝里公司认为在本项目评审过程中，采购人自行制定了 11 个对照因素，将其给出的 4 个项目经验进行对照后推翻了其中的 3 个，这种做法实际上是为投标设置了特殊标准，而这种特殊标准并没有在招标文件中列出。

法院认为，采购人在评审中使用的 11 个标准，就其中任何 1 个标准来看都不单独成为测试与采购项目相当性的标准，而只是作为一个整体来评审投标人的业绩项目的工具。原告主张这 11 个标准分别提出了多个具体要求是不正确的，从事实上来看，格林贝里公司的业绩项目中被认定为相当的 1 个项目，在多项标准上与南方大厦侧楼项目并不相当，然而采购人仍将该项目作了认定。在评审过程中，评审委员会列出更为明确的因素来规范自身裁量权的行使，是值得鼓励的，但这些因素并不因之成为特殊标准。二审法院经审理认为，美国农业部有关格林贝里公司不具有履约能力的决定应当被维持，除非这一决定是"武断的、任性的、滥用自由裁量权或有其他不合法之处"，故作出了有利于采购人的维持原判的结论。[1]

---

[1] 焦洪宝：《美国在评标时如何考虑业绩经验》，载于《中国政府采购报》2016 年 7 月 8 日。

第六章
合同履行阶段争议类型与内容

政府采购活动的采购环节，在采购成交通知书发出后，就确定了合同缔约的主体，相关采购文件和响应文件作为补充，整个采购所需订立的合同内容已经具备，采购人与成交供应商可以签订合同，进入合同履行阶段。合同的履行总与合同内容的理解、解释分不开，如果对合同约定的权利义务内容有不同的认识，往往还需要结合合同订立的背景及目标宗旨等进行解释，因此，合同履行阶段能否顺利，也与采购阶段的工作是否扎实有关。且在合同履行阶段，仍有大量的有关合同是否成立、是否有效以及可否履行和相关履约中的违约争议。

第六章　合同履行阶段争议类型与内容

第一节　合同成立与有效性、可履行性

一、采购人与成交供应商签订合同的争议

采购人与成交供应商签订合同的阶段，特指采购的中标或者成交结果公告发布、中标或者成交通知书发出后，采购人与成交供应商正式订立书面合同前的一段时期。这一阶段对其他落选供应商可能会因为不满意成交结果而提出质疑、投诉或诉讼，如果能够推翻成交结果，则无从签订合同。不考虑其他当事方的因素，在采购人与成交供应商之间，围绕签订采购合同出现的争议主要可以分为以下三种。

1. 成交供应商拒绝与采购人签订合同

根据我国《政府采购法》第四十六条及《政府采购法实施条例》第四十九条的规定，成交供应商拒绝与采购人签订政府采购合同的，采购人可以直接按照成交候选人排序确定下一位次的候选人为成交供应商，也可以重新开展政府采购活动。这种情况下如何选择，由采购人根据项目情况酌定。但如果同时发现采购活动存在违法违规情形的，则可能需要重新采购。如果并无违法违规问题，综合考虑递补供应商报价的经济性及采购工作的整体效率等因素，可以直接与下一候选人签订合同。

2. 采购人拒绝与成交供应商签订合同

原则上，采购人不得拒绝与成交供应商签订合同。但是实践中仍存在以下特殊情形：（1）不可抗力；（2）采购人发现成交供应商的响应文件或者在采购实施过程中存在影响采购结果公平公正性的重大问题，签订合同、履行合同将损害国家利益和社会公共利益的，应当及时向监管部门提起监督检查，并提请监督检查期间暂停政府采购活动。经监管部门受理、批准，采购人可以暂时不与中标、成交供应商签订采购合同，待监督检查处理结果明确后，根据处理结果进行下一步工作。

· 175 ·

3. 可否谈判变更采购文件和响应文件内容的争议

由于采购合同的订立是采购工作流程的结果，特别是在竞争性强的公开招标程序中，为保护供应商的公平竞争利益，原则上在中标后已经确定了双方合同条件的情况下，双方不得再行谈判修改已经达成的合同条件。为此，《招标投标法》也明确规定了中标通知书发出后在双方签署合同时不得订立与招标投标的实质性内容相违背的合同。但是双方在签署合同时总要对合同内容进行谈判，解决此前工作中一些疏漏问题，也可能希望进一步修改合同的相关内容。在哪些方面属于采购程序确定的实质性内容？这些实质性内容不得进行修改的法理基础是什么？双方围绕这些具体的可变更的内容可能会发生争议。

合同实质性内容是指影响或者决定当事人基本权利义务的条款，涉及经过采购程序确定的采购与供应双方的基本权利义务。至于什么是实质性内容，有一些司法解释和规范性文件进行了规定，但尚未形成普遍共识。有观点认为，只有涉及工程结算的核心条款，包括工程质量、工程期限和工程价款这三个方面内容，才属于实质性内容。也就是说只有在建设工期、施工质量、计价付款等方面发生变化，才属于实质性内容的变化。有观点认为，实质性内容是影响中标结果的内容，涉及工期、工程价款、工程项目性质等，如果发生较大的变化，可以作为实质性内容的变更予以认定。[1] 这两种观点为都认为对实质性内容的认定范围不宜过宽。也有观点对合同实质性内容进行了较为扩大性的解释，将合同实质性内容与民法典有关合同一般应包括的内容相比较，认为合同实质性内容是"合同标的、数量、质量、价款或者报酬、履行期限、履行地点和方式、违约责任和解决争议方法等内容"[2]。

招标投标订立的合同，不得进行背离实质性内容的变更，使合同双方不能否定中标结果，是民事法律行为应遵循诚信原则的体现，未经任何一

---

[1] 最高人民法院《第八次全国民事商事审判工作会议（民事部分）纪要》第三十一条。
[2] 中国招标投标协会制定的行业推荐性标准《招标采购代理规范》（ZBTB/T A01—2016）。

方同意，均不得变更。但是更多的含义是即便双方都同意改变，也不能进行实质性条款上的变更，因为这些通过公开透明程序达成的合同条件同样也是其他竞争供应商考虑其报价的因素，如果在中标后又改变则意味着其他竞争供应商丧失了随之调整投标内容并享有同等条件下获得合同的机会，从而损害了公平竞争利益。例如，在工程付款进度方面，如果是招标人提前了付款进度，对于投标人来说是减少了资金压力，将有更大的可能会帮助投标人降低成本和投标报价。如果招标人在中标后又提高付款进度，则对其他落选的供应商而言，实际上是损害了其以更低报价获得合同成交的机会，是不公平的。

二、合同成立与内容构成的争议

（一）合同是否成立的争议

在作出合同授予决定后即告成立。但是在具体成立的时间上，特别是出现了采购人与成交供应商一方反悔的情况下，可能有一方主张合同未成立，这样在认定相关责任时，会不按照违约责任来认定而仅就合同未成立的过错进行分析并仅承担相关的过错责任。有关合同是否已经成立的争议会出现。以招标为例，一般认为，在中标通知书形成后，采购环节即结束，但是在招标人与中标人未签署采购合同之前，是否已经成立了合同？从中标通知书的内容来看，其内容一般简明扼要，告知招标项目已经由其中标，并确定签订合同的时间、地点即可。尽管中标通知书的内容十分简单，但是由于中标通知书是在招标文件、投标文件已经对双方拟订立的合同内容均已全面明确的基础上最终由招标采购人选定合同方的结果，在合同方确定后，招标项目的情况、中标人投标并被选定为中标价格的合同额等合同的全部内容均已确定，因此由中标通知书、投标文件、招标文件整体构成的合同文件已经成为可以付诸履行的合同内容，产生了相当于合同的法律约束力。这也符合《最高人民法院关于适用〈中华人民共和国民法典〉合同编通则若干问题的解释》（法释〔2023〕13号）第四条规定，"采取招标方式订立合同，当事人请求确认合同自中标通知书到达中标人时成立的，人民法院应予支持。合同成立后,当事人拒绝签订书面合同的,人民法院应当依据招标文件、投标文件和中标通知书等确定合同内容"。若招标人、投标人违反中标通知书确定的成交结果,另一方有权要求对方继续履行合同;如不宜强制要求履行合同的,则须承担因不履行投标承诺、违约单方解除合同而被没收投标保证金的合同违约责任,投标保证金不足以赔偿守约方损失的,应继续承担损害赔偿的法律责任。

(二) 合同具体内容的争议

合同即便已经成立,具体合同的内容有哪些条款构成,双方仍可能有不同的理解和主张。例如,在工程采购中,经常会出现有关工程范围的争议,常见的是有关工程部分内容漏项的争议。在工程采购项目中标后,承包商需按照图纸与施工规范标准进行施工,但在工程量计价清单中,可能出现与施工图纸或规范要求不能对应的未被列明的项目,在实践中一般被称为工程漏项。对于工程漏项,承包商已经按图施工却不能被计量为工程价款,多半会以采购人的招标文件存在疏漏,应以实际施工情况为准而要求采购人增加工程款。在这种工程项目漏列的情况下,采购人一般应当按照签署补充合同的程序将未列的项目及金额加上,并增加工程款。但如果是采取固定总价的价格形式的合同,采购人已事先声明工程量计价只是估算,以承包商实际需要完成的工程量为准,则承包人就无权再请求增加工程款。且此时设计单位一般也会声明在设计阶段已将全部的施工项目和费用考虑在内,没有漏列的情况。因此,在实务中如果承包商主张存在漏项而要求增加价款,实际操作还是有一定困难的,往往需要通过诉讼或仲裁主张。

(三) 合同内容解释的争议

对于采购合同的内容,如何加以解释也容易产生争议。采购合同经过采购程序订立,涉及的合同内容不仅是最终签署的采购合同文本,经常是由多个合同文件构成。例如,一份建设工程施工合同,其内容一般会包括协议书、合同通用条款、合同专用条款、招标文件、投标文件、中标通知书、工程图纸、技术标准与规范、工程量清单等。各合同构成的文件在约定内容上可能存在矛盾或冲突时，依据合同约定的顺序进行解释，以梳理出双方应当遵守的规则。一般认为，形成在后的、代表双方真实意思表示的、具有合同约束力的文件，应具有更高的约束力。但以招标文件与投标文件的效力优先性为例，有时投标文件的评审工作不仔细，对招标文件中的一些内容没有进行正面响应时，如果以投标文件为优先，则可能损害招标人的利益。但如果一律以招标文件为优先要求投标人必须落实招标文件的要求，也可能在投标文件中存在投标人做了优于招标文件要求的承诺事项，需要以投标文件优先的情况。因此，有时会约定投标文件与招标文件之间如有歧义和矛盾之处，以发包人的选择为准。

三、中国：黑白合同效力的认定案

采购人因建设住院综合楼依法公开招标，经评标委员会对9家供应商的投标进行评审，确定华晟公司、南通公司、苏中公司分别为第一、二、三名推荐中标候选人，被公示为中标候选人的华晟公司报价比第二名苏中公司低6878800元。公示期间，前两名公司被排名第五的公司投诉，有关部门作出投诉处理决定，宣布第一名公司中标结果无效，第二名投标文件为无效标不予参加评标，第三名投标报价为234021691.9元的苏中公司成为唯一中标候选人。随后，苏中公司向采购人出具承诺书承诺自愿降低工程款6878800元，并达成住院综合楼建设工程施工合同的补充协议书（以下简称"补充协议"），约定供应商在备案合同总价的基础上让利6878800元，并表示让利后仍有利润空间愿意按照备案合同的规定履行并保证工程质量。在签署补充协议后，采购人向苏中公司发出中标通知书并签订了建设工程施工合同，办理了中标合同备案。2020年11月20日工程竣工验收合格后，苏中公司起诉双方签署的补充协议有关降低工程款的内容背离了中标合同的实质性内容，要求法院认定该条款无效。[1]

---

[1] 江苏省苏中建设集团股份有限公司诉东台市中医院建设工程施工合同纠纷案，江苏省东台市人民法院（2021）苏0981民初443号民事判决书。

法院经审理认为,涉案工程招标后,推荐为中标候选人的前两名的公司均因自身原因被取消中标资格,这两家公司丧失中标资格的事宜与原告苏中公司是否与采购人签订补充协议无关。苏中公司作为报价较高的投标人,如采购人不接受其投标报价,则本工程只能重新招标。苏中公司与采购人签订补充协议,进行部分减价后再确认的价款也是原公示的第一位的中标候选人的投标价,改变金额比例仅占备案合同价的3%,且没有改变工程质量标准,未使双方的权利义务发生较大变化,亦未影响到其他投标人能否中标和以何种条件中标。在工程已竣工且采购人已经支付78%工程款的情况下,允许苏中公司反悔,违背了民事法律行为诚实信用原则,故法院驳回了苏中公司的诉讼请求。

在本案中,备案合同与双方签订的补充合同构成了"黑白合同",涉及两份合同的差异内容,是否构成实质性内容,需要具体合同的实际情况予以判定。如果变更足以影响当事人的基本合同权利义务,或者对其他竞争者是否能够中标的采购结果有影响,才可认定为实质性内容的差异;如果差别内容轻微或者较为轻微,不会导致采购活动参与各方利益的严重失衡,例如,工程价款稍有调整、工程期限略有变化、工程质量有点不同的,就不宜一概认定为实质性内容不一致。[①] 另外,在合同履行过程中,如因设计变更导致工程量变化等招投标时难以预见的变化,经协商一致做了相应变更,且这些变更涉及了工程价款、工程质量和工程期限方面的内容,甚至与原中标合同存在较大的差异,也应认定为在正常的合同变更的范围内。

第二节 合同变更与解除争议

合同变更与解除争议主要出现在合同履约阶段。通常情况下,在履约阶段发生争议,合同当事人各方可以先就争议问题进行协商,或者按照合

[①] 金磊:《背离中标合同实质性内容的判断》,载于《人民司法》2023年第14期,第68—71页。

同约定进行处理。如存在违约情况，违约方应当承担继续履行、采取补救措施或者赔偿损失等违约责任，也可以按照合同约定解除合同，或向人民法院或者仲裁机构寻求救济。

一、合同变更与解除的合同法原理

合同的变更与解除都是合同未能顺利履行而产生的较合同订立时的内容的变化。合同的变更是在合同成立以后发生的改变。合同变更分为合同主体的变更以及合同内容的变更。合同主体的变更又称为合同的转让，合同内容的变更是在合同主体不变的情况下就合同权利义务的内容发生变化。合同在顺利履行完毕后，合同的债权债务关系即终止。但在履行过程中，合同虽未履行完毕，但基于外部客观事件或合同方的法律行为而造成合同未履行完毕的内容不再继续履行，可宣告合同解除，该合同的权利义务亦会终止。政府采购合同往往涉及国家利益或社会公共利益，合同的变更与解除都应受到较一般民事合同更为严格的限制。

（一）政府采购合同变更的条件

合同当事方经协商一致可以变更合同，但是如果法律、行政法规对合同的变更有需经批准等手续的要求，应当在办理相应手续后生效。从合同内容的变更来看，在一般情况下，在仅涉及合同当事方一方的权益时，享有该合同权益的一方可以放弃该权益从而实现合同的变更。如果双方协商一致变更合同，不得出现损害国家利益和社会公共利益等违反法律、行政法规规定的情形。如果在合同履行过程中出现不可抗力或客观情势的变化，继续按照原约定内容履行已成为不可能或会造成显失公平的后果，双方可视情况进行合同内容的变更。而合同主体的变更是合同主体对在合同项下享有的债权的转让或债务负担的转让，本身是一种市场交易行为。除非合同当事人另有约定或依债权性质不得转让，从促成市场交易的角度，法律一般允许债权人转让其权利。对于债务负担的转让，涉及债权人权益能否继续实现，需要取得债权人的同意。

在一般的民事合同中，合同主体有自由选择是否进行合同变更的权利，当事人只要协商一致，就可以对合同主体或合同内容进行改变。但是政府采购合同一旦订立，双方当事人不得擅自变更。我国《政府采购法》第五十条也明确规定了政府采购合同的双方当事人不得擅自变更合同，还规定在继续履行合同将损害国家利益和社会公共利益的情况下，政府采购合同当事人应当变更、中止或者终止合同。除此之外，政府采购合同在履行过程中可能因外部法律法规改变、出现不可抗力因素、发生突发事件等紧急情况、达到合同自身约定的变更条件等因素，影响了合同的履行，出于保障继续履行合同的合法性、防止损失扩大等目标，经协商一致进行合同内容的变更，也应当是被允许的。

（二）政府采购合同的解除

合同的解除意味着合同的权利义务关系终止。合同的解除是合同终止的一种情形，如果合同顺利履行，合同因履行完毕而终止。合同解除通常是在合同权利义务内容并未完全履行完毕、合同目标尚未实现的情况下提前解除合同对合同当事人的约束力。合同可因双方协商一致或达到约定的条件而解除，也可因合同一方严重违约导致守约方提出单方解除合同。合同解除的法律效果是使合同关系消灭，但其消灭是溯及既往还是仅向将来发生，各国的立法不尽相同。有些国家的法律允许合同关系自始消灭，即溯及合同成立之时消灭；有些国家的法律则仅使合同关系自解除时消灭，解除以前的债权债务关系依然存在。我国相关的法律规定较为灵活，在合同解除后，未履行的内容不再履行；已经履行的内容，当事人可以根据履行情况和合同性质，要求恢复原状、采取其他补救措施，并有权要求赔偿损失。如果合同解除前双方权利义务履行的内容相互均衡，且合同解除对双方原在合同项下预期的利益不造成影响，双方亦无须再就已履行的内容采取措施追究相应的法律责任。

《联合国国际货物销售合同公约》规定，以下情况可能导致合同解除：一方严重违约、情势变更、双方协商一致、法律规定等。当一方违反合同导致另一方不能实现合同目的时，另一方有权解除合同。此外，因不可抗力导致合同无法履行时,双方也可协商解除合同。我国《民法典》规定合同当事人可以单方解除合同的条件包括:在履行期限届满之前,当事人一方明确表示或者以自己的行为表明不履行主要债务;当事人一方迟延履行主要债务,经催告后在合理期限内仍未履行;当事人一方迟延履行债务或者有其他违约行为致使不能实现合同目的;法律规定的其他达到特别法定解除条件的情形。

在政府采购合同中,由于合同的订立需严格遵循法定的采购程序,因此如果出现供应商严重违约等情况,出于维护采购人合法权益的考虑,采购人亦有权按照法律的规定单方宣告解除采购合同,并追究违约方的违约责任。例如,我国典型的政府采购合同解除的情形之一是政府采购合同履约验收不合格,对于供应商履约验收不合格、双方解除合同的情况,应当按照《民法典》有关规定或者合同约定执行。但在与该违约供应商解除合同后,原则上不得顺延确定成交供应商。对于需要重新选定供应商的,应当重新开展采购活动。如果违约供应商对合同解除有异议,双方协商不成还需要就合同解除争议事项寻求法律救济。在法律救济的途径上,还需要结合政府采购合同的内容确定是按照民事合同的救济途径还是按照行政协议的救济途径来解决争议。

二、典型政府采购合同变更事项的处理

在政府采购履约阶段出现的较为典型的问题主要包括:因工程项目延期而产生的合同变更、采购人追加采购而变更合同、特许经营等长期履约的政府采购合同出现情势变更而需要变更履行等。

(一)工程延期导致合同变更的处理

在工程合同采购中,由于工程建设、维修等施工工作需要一定的周期,且在施工周期内总有一些不确定因素,因此,工期延期是较为常见的工作变更内容。这种延期的做法一般可分为两种,一种是把合同原约定的工期延长增加,另一种是把本应计入工期的期间中发生无法施工的不可抗力等

因素不计入工期。其最终结果都是预定的竣工时间延后。不论是采购人还是承包人，都希望能够实现计划工期，但出现因气候、疫情、变更设计、地质勘察报告与实际地下状况不一致妨碍施工的情况等，就会造成竣工时间延后，并且会牵涉延期竣工的逾期违约金问题。为避免产生违约金，承包商在出现不能正常施工的外部障碍后，依采购合同需要提供相关证明以便申请延期。如果提供的证据材料不充分，将不能被采购人认可，双方常因此发生争议。

当有工程延期情况出现时，承包商仍应继续施工直至工程完成，如果是不可归责于承包商的事由所导致的，承包商可就因工程延期产生的额外费用要求采购人支付。如果承包人不认可支付这些投标报价内未包含的工程费，则双方也会产生争议。为妥善处理这些争议，有的地方的标准合同模板会提前约定处理办法，例如，明确约定展延期间增加费用的计算方法，同时设定增加费用的上限不超过合同总价的10%；或者直接要求承包商全部承担工期延长的风险，不因工程延长而增加报酬或赔偿损失。

（二）追加采购的处理

在合同履行中，采购人需要追加与合同标的相同的货物、工程或者服务的，在不改变合同其他条款的前提下，可以与供应商协商签订补充合同。但为避免采购人规避重新采购的程序管理要求，我国《政府采购法》规定所有补充合同的采购金额不得超过原合同采购金额的10%。在一些工程采购项目中，因合同履行中出现超出原设计或预算范围的工程量增加，可能会使整个工程合同的工程量有较大幅度的增加，导致概算严重超支。如果经估算结算增加的合同额会超过原合同金额的10%，则应当及时变更合同内容控制预算。对于通过追加采购仍难以涵盖的内容，视情况应当考虑重新以单项工程为合同内容重新采购，在采购过程中可根据需要与既有工程做配套建设等理由申请采取单一来源采购的方式执行采购程序。

（三）情势变更引发的合同变更

情势变更是指合同成立后，合同的基础条件发生的当事人在订立合同时无法预见的、不属于商业风险的重大变化。情势变更在履行期限较长的政府采购合同中容易出现。从广义上来说,情势变更可能是国家经济贸易政策、监管要求等外部法律环境发生变化,可能是采购人基于公共利益原因而发生预算等变化,也可能是由于金融危机等原因引发的物价飞涨、汇率大幅度变化等。在出现情势变更的情况下,如果继续履行合同对于当事人一方明显不公平的,可能会出现需要变更合同或解除合同的情况。

为应对合同履行期间的不稳定因素、防止情势变更后合同不能顺利履行,在履行期限较长的政府采购合同有时会预先约定重新协商条款。在出现约定的变故情形的情况下,受不利影响的当事人可以与对方重新协商。如协商处理方式不成的,可以寻求第三方根据公平原则依法作出变更或者解除合同的裁决。在有些市政公用基础设施建设运营等特许经营类的政府采购合同中,还会规定稳定条款,以应对未来发生法律变化情况下由政府承诺不会使供应商因法律变更受到不利影响。这种承诺包括约定排除新法对采购合同的适用、在新法必须适用的情况下由采购人给对方予以由此遭受的损失的补偿等。

三、美国:概算超支的风险分配案

(一)采购项目实施情况

2006年4月,美国联邦监狱局以"设计—建造"合同模式采购承包商建设一处惩戒所。贝尔和海里组成的联合体承包商获得了这个总价为238175000美元的项目,合同要求在2010年6月10日完工,每逾期一天须支付8000美元的违约金。项目中的重要工作内容是施工现场土地通过"移挖填补"进行平整工作。根据工程所在地新罕布什尔州的规定,对这一工程涉及的地形巨大改变须办理政府的"地形变更"许可。承包商通过其分包商向新罕布什尔州的州环境科学部门递交了"地形变更"申请,并为工程的实施制定了分阶段工作计划,拟通过该计划实现对填挖材料的有效利用。环境科学部发布了对工程现场40英亩土地的"地形变更"许可后,承包商开始施工。

在环境科学部的官员到现场检查时,指出现场施工的区域应当缩减,要求将现场分为工作区域和道路入口。但这样做将使从一个区域削减的材料不能被直接用于填充另一低洼区域,会大大增加施工成本。承包商认为环境科学部的这一要求不符合行业标准,妨碍了高效的施工。承包商向采购人呈报,但采购人未采取任何措施,承包商及现场分包商不得不按照环境部的这一不合理的要求继续施工。对于由此增加的工程费用,承包商向采购人提出了"公平调整"的请求,要求将工程总价上调 8210734 美元,但被采购人以合同中取得政府许可和遵守州法律的义务应由承包商承担,采购人无须支付任何额外的费用的条款拒绝。承包商向采购人补充了证明材料并调低要求增加费用的金额,但仍未获准。承包商不得不向美国联邦索赔法院起诉。

(二)法院审理情况

本案争议焦点问题是承包商能否要求对工程价款进行公平调整。原告承包商认为基于情势变更原则、诚信原则和公平交易的默示合同内容,其有权获得工程量增加的索赔。法院认为,采购合同中有关技术指导条款的约定,并未对被告采购人施加任何指导工程施工技术方案的责任。采购合同仅提到被告有义务"在设计的准备阶段"与相关政府官员磋商,在建造阶段环境科学部门发现问题,原告要求被告与州环境科学部进行磋商,并无合同依据。原告主张在建造阶段采购人应配合磋商构成一项合同默示义务,法院认为,默示合同义务不能用来扩大合同方的合同义务或制造与合同明示内容相反的内容,采购合同的"许可和责任"条款已经明确要求原告负责获得政府许可,将遵守州政府法律的义务赋予原告,故不应再为增加与之相背离的默示合同义务。对于情势变更原则的适用,法院认为这一原则仅适用于采购人提出了合同范围之外的工作要求的情况,而原告所主张的情况发生变化是由于第三方环境科学部调整"地形变更"许可所造成的,因此不能适用该原则。故法院驳回了原告要求增加费用的诉请,经联邦巡回上诉法院二审也维持了原判。

以设计—建造(Design - Build)合同模式实施工程项目采购,对承包商而言存在成本控制方面的较大风险。本案原告在采购项目中的成本超支本属于外在客观因素，但由于合同明确约定了原告自行负责政府许可事项，由政府许可事项而带来的成本超支风险也由原告自行负责，这充分尊重了合同对成本超支风险分配的约定。这也提醒承包商，在合同订立时要充分估量可能影响合同履行的各种因素，对于不可控制的外在因素造成的风险提前商定可接受的分配方案。①

四、美国：合同续约引发纠纷案

（一）采购法律服务项目情况

美国住房和城市发展部的工作职责中，有一项为美国家庭购买唯一住房提供贷款担保的业务，当贷款违约后，贷款银行会基于抵押权收回违约的住房转让给住宅和城市发展部。住房和城市发展部需要长年雇佣律师来管理和销售其代为还贷后每年获得的数千套住房。在2003年的法律服务采购中，美国查普曼律师事务所对俄亥俄州和密歇根州的住房管理法律服务项目的中标结果提出异议，经过诉讼，美国住房和城市发展部改变了采购决定，将2007年度的服务合同授予查普曼律师所，该合同也规定了政府有权对该一年期的服务合同进行不超过四次的延期。

2007年12月28日，采购人书面通知查普曼律师事务所不会对2007年12月31日到期的法律服务合同进行延期。在2008年5月14日之前的过渡期内，查普曼律师所可将正在处理的资产管理业务转出。对于如何确定转出业务的承接服务商，住房和城市发展部的负责人根据业绩得分和履约能力将现任适格的供应商列了一份短名单，与四家被挑选出来的供应商商量，问他们是否愿意扩大业务。这样，住房和发展部采取了直接向既有服务商提供业务的方法消化了查普曼律师所转出的业务，没有启动新的采购程序，查普曼律师事务所无法参加竞争继续获得服务合同。2008年1月17日，查

---

① 焦洪宝、石晶晶：《设计—建造合同成本超支风险的分配——以美国一起政府采购合同纠纷为例》，载于《中国政府采购报》2017年3月20日。

普曼律师事务所起诉要求法院禁止住房和城市发展部以修改合同的方式将其原承担的业务交给其他区域的服务商，认为该做法不适当地排除了他们继续参与竞争的机会。

（二）联邦索赔法院的审理情况

联邦索赔法院所管辖的政府采购纠纷，一般涉及合同授予前和合同授予后两种情况，而在本案中原告起诉的是政府机关违反了《合同竞争法》规定的以竞争方式确定供应商的要求，以希望法院能够判决政府强制实施公平竞争的采购程序，这类案件也可由法院管辖。

法院认为，政府采购人有义务根据《合同竞争法》在政府采购时实现充分和公开竞争，但这种充分竞争要求不应涉及对已达成合同的修改，除非这种修改是大幅度的实质性修改，导致供应商较以往的交易在合同义务上有实质性不同。在本案中，采购人对原服务的供应商增加提供俄亥俄州和密歇根州地区的服务，产生了服务区域的扩张和价格上的可能改变，这种改变情况在所有法律服务合同中都有专门的条款约定允许采购人可以通过合同修改方式单方面增加服务区域，所以，各服务商均能够预见到这种合同修改的可能性。在本案中，采购人编制了所有在任供应商的名单，并评价了他们的业绩和能力，确定了4家律师所进一步洽谈新增服务事项，这一修改内容仍应被认为落在原始合同范围内。对于查普曼律所是否被公平评价其履约表现以及结束2007年11月30日到期的合同问题，可按照合同争议程序另行解决。最终法院驳回了原告的诉讼请求。

这一案件中，采购人与律师事务所的合同条款中涉及了采购人有权续期和有权调整增加服务内容的条款。这种合同条款的设计能够赋予采购人较大的自由选择继续订约的权利，但的确也带来了排除全面竞争的负面效果，但这种允许一定期限内续约的考虑，也有从采购交易成本和采购效率角度的考虑。[1]

---

[1] 焦洪宝：《一则美国律师服务政府采购争议案的启示》，载于《中国政府采购报》2019年11月11日。

五、美国：工期延误如何向政府索赔

（一）案件项目实施情况

美国退伍军人事务部向承包商迪克公司授予一份固定价格的政府采购合同，为密歇根州安娜堡的退役军人事务部医疗中心建造一个临床医疗设施扩建项目。根据合同，迪克公司应在1998年1月12日之前完成工作。在合同签订期间，政府发布了400多项更改合同的命令，导致项目的不同方面出现各种延误。这些修改使合同价格提高了5%以上，并导致退役军人事务部同意延长了107天的额外合同履行时间。在接受额外的天数以完成合同时，迪克公司保留寻求额外影响和暂停费用的权利。迪克公司于1998年9月29日完成合同，即在原始合同完成日期后的260天、修订日期后的153天。

为了完成合同项下的工作，迪克公司与肯特电力服务公司签订了一份分包合同，根据该合同，肯特公司同意为该项目执行所有电气工作，包括提供劳动力和材料以及每月10000美元的管理费。在施工中，根据采购人下达的工程变更单，肯特公司预算需要约27000工时来完成该项目的分支电路工作。由于电气图纸的缺陷和加速电气工作的要求，肯特公司实际花费了70000多个工时安装和完成分支电路。根据分包合同，迪克公司按照70000多个小时向肯特公司支付了费用。

（二）承包商向采购人索赔及向合同上诉委员会上诉情况

肯特公司向政府采购合同官员提交了因合同延误而获得额外救济的索赔，但均被拒绝。肯特公司向退役军人事务部合同上诉委员会提交了有关五次延期的上诉、一项合同余额上诉以及对其电气分包商肯特公司造成的劳动效率低下的上诉。迪克公司认为其有权延长所有260天的延迟履行的时间，并要求大多数延误造成的现场和总部的管理费用损失进行赔偿。其中涉及电气分包商肯特公司的赔偿，主要要求赔偿因以下原因造成的劳动力效率低下和生产力损失：（1）采购人在安装分支电路期间反复修改电气图纸；（2）采购人拒绝延长工期而不得不加快项目进度的支出。迪克公司主张，在安装过程中不断发布修订后的图纸使肯特公司无法提前安排工作，导致"零碎"安装，并使肯特公司无法有节奏地开展工作。此外，由于采购人急切地要求加快项目进度，肯特公司不得不让几个工作人员同时工作。这导致了效率更加低下，因为肯特公司的监督人员分散在整个项目中，肯特公司的劳动人员从未享受到在本项目中累积经验提高生产效率的好处。然而退役军人事务部认为，肯特公司的劳动力问题主要源于工头太少和冬季天气的影响。

退役军人事务部合同上诉委员会于2001年9月27日作出决定支持迪克公司，并认为退役军人事务部应对分支电路安装造成的劳动力效率低下负有责任，判给迪克公司1918262美元的合同延误赔偿金。对于电气分包商损失的计算，上诉委员会采用了差异化对比的方法对施工降效进行了量化，但由于分支电路安装工作全部受到政府指示的影响，上诉委员会不得不将分支电路安装的劳动力效率与馈电线路安装的施工效率相比较，其理由是这两项工作所需要的劳动力及工作技能类似。

两方均不服合同上诉委员会的决定，向美国联邦巡回上诉法院提起了诉讼。迪克公司对上诉委员会未支持其对现场和总部管理费用损害赔偿的索赔提出上诉。退役军人事务部部长对委员会的结论提出上诉，认为在计算由此导致的合同完成延迟的程度时，应将六次单独的合同变更视为在同一日期发生。

（三）法院审理情况

承包商能否对因延误而增加的成本进行索赔，取决于延误的原因、延误对承包商的影响性质以及处理延误赔偿的合同条款。从广义上讲，有两种类型的可补偿延误：（1）政府命令的停工；（2）推定停工。当合同官员发布停止或暂停工作的指令时，就会出现政府命令的停工。美国《联邦采购条例》赋予了政府在90天内单方面停止合同项下任何或部分工作的权利，但给出了不同的补救措施，以供承包商寻求调整因政府指示而增加的成本。一旦收到停工令，承包商必须立即遵守其条款。这项义务包括"采取合理措施，尽量减少在停工期间可分配给命令所涵盖的工作的费用"。在

第六章 合同履行阶段争议类型与内容

这 90 天之后，合同官员可以在承包商同意的情况下延长合同期限、取消合同或主张为政府便利而终止合同或违约终止合同。对于停工导致的工期延长或成本增加，承包商应在停工期结束后 30 天内及时主张其调整权。

推定停工是指在没有签约官员明确命令的情况下停止工作，并且政府应对停工负责。当承包商的履约被有效暂停，但政府没有正式指示暂停履约时，依法可将停工定性为推定停工。推定停工索赔的要求与政府指示的停工要求相似。重要的是，承包商必须通知政府，政府的行为已经被推定为暂停了工作。推定暂停的常见情况包括政府未能及时批准明细单或联系单，不合理地延迟承包商进行相关工作。此外，当政府通知承包商打算发布变更时，可能会发生推定暂停，导致承包商"暂停该工作而不是继续履行，因为变更将使这项工作变得无用或浪费"。

法院支持了退役军人事务部有关重新核算变更造成的延迟天数的上诉请求。对于承包商的上诉请求，法院认可上诉委员会的结论，即迪克公司并没有完全处于待命状态，因为迪克公司能够在其声称暂停的时间段内推进其他部分的工作，因此承包商主张的索赔并不符合"艾其利公式"[1] 以支持赔偿总部管理费。尽管如此，法院认为按照《联邦采购条例》规定，停工条款对承包商的损失进行赔偿只需对政府导致的停工进行四个方面的测试：第一，必须有不合理地延迟完成合同的时间；第二，延误必须是由政府的作为或不作为所直接造成的；第三，延误导致了一些伤害；第四，在政府原因停工的同时没有承包商过错造成的延误。承包商应对延误程度以及政府行为与延误之间的因果关系承担举证责任。迪克公司在本案中已经证明了其有权根据停工条款获损害赔偿，即可确定其有权获得所有类型的损害赔偿，包括在上诉委员会决定中未被纳入的现场和总部的管理费用。最终，法院将本案发回重审，要求依据判决意见重新核算给承包商的延期损害赔偿金。[2]

---

[1] 高印立、石伟：《工期延误中的总部管理费及利润损失索赔在中国法下的适用研究》，载于《中国建设工程法律评论》2020 年 4 月第 11 辑。

[2] P. J. Dick Inc. v. Principi, 324 F. 3d 1364, 1370（Fed. Cir. 2003），https://casetext.com/case/pj-dick-inc-v-principi.

第三节　继续履行、损害赔偿与惩罚

政府采购合同订立后，可能会出现未能按照约定的期限和条件全面履行的情况，通常是由于一方违反合同约定所致。对于违约情形的处理，一般会考虑督促继续履行、要求损害赔偿或对违约方施以惩罚等方式。继续履行，也称为实际履行、强制履行，是指在一方违约后，另一方有权要求违约方按照合同约定继续完成其未履行的义务。这是合同法中一项重要的补救措施，旨在保护守约方的利益，确保合同的完整性和严肃性。损害赔偿是违约方因违反合同而需要向守约方支付的一种金钱补偿。这种补偿旨在弥补守约方因违约行为而遭受的损失，包括直接损失和间接损失。作为合同违约救济方式的惩罚，通常不是指对违约方的刑事或行政处罚，而是指通过一定的方式（如违约金、定金等）对违约行为进行的经济上的制裁。这种制裁旨在通过增加违约成本来遏制违约行为的发生，并维护合同的严肃性和市场秩序。这些违约救济方式具有不同的特点和适用条件，在合同履行中发挥着保护守约方利益、维护市场秩序和合同严肃性的重要作用，在政府采购管理实践中可根据具体情况选择适用。

一、合同继续履行与违约损害赔偿的适用选择

合同履行期间如果出现未能按照合同约定履行的情况，按照严格责任的归责原则均可认定为构成合同违约。对合同违约，受违约损害的另一方可供选择的重要的救济方式有二，一是要求违约方继续履行，二是单方提出解除合同并要求损害赔偿。对于不具备单方解除合同权的轻微违约，可就迟延履行等轻微违约要求逾期违约金或采取维修改进质量等其他补救措施。合同继续履行与解除合同要求违约损害赔偿，是两个不同的救济方向，这两种救济方法相互排斥。政府采购合同以满足自身政务活动需求等采购需求为目标，不是以转售营利为目的，因此，较一般的商事交易合同来看，

第六章　合同履行阶段争议类型与内容

应更着重于要求违约供应商继续履行合同而不会轻易解除合同。对于供应商一方而言，由于政府采购合同的采购人是购买方，使用财政性资金支付合同价款也较有资信保障，因此除非继续履行合同对供应商自身非常不利，供应商也轻易不会选择主动提出单方解除合同要求损害赔偿。因此，在政府采购合同领域，在出现违约后合同当事人会更倾向于选择继续履行合同，除非能够获得及时和足够的损害赔偿，以使守约方能够通过替代交易等方式完全达到处于如同合同已被适当履行的状态。

继续履行在英美法上曾被认为是特别的救济措施，本着自由市场上总会为违约的受害方安排一个替代性交易的认识，法院将金钱赔偿作为原则，以强制继续履行为例外。但到后来，考虑金钱赔偿的充分性总是存疑，强制履行救济方法的适用正在得到逐步扩张。大陆法系国家奉行回复原状主义，将继续履行作为回复到损害发生前原状的手段，《联合国国际货物销售合同公约》也明确规定"买方可以要求卖方履行其义务"。因此，在具备继续履行条件的情况下，判令继续履行合同约定的义务有利于将受损一方当事人置于如得到履行一样的地位，体现了合同严守原则。[①] 继续履行的救济方法的适用也受到限制，除金钱债务不存在不得强制继续履行的情况外，基于法律上或事实上的原因不能履行、债务的标的不适于强制履行或履行费用过高、债权人在合理期限内未请求履行时，也不得适用强制履行的方式。如果不能强制继续履行，则守约方只有寻求解除合同，并可同时要求损害赔偿。

在出现违约的情况下，无论是继续履行还是解除合同，都不排除违约方有义务赔偿因违约而产生的损害。认定合同损害赔偿，通常必须符合三个条件：一是该损害必须是双方在签订合同时可预见的；[②] 二是该损害必须是确定且可计算出的；三是该损害必须是未违约方无法避免的。对赔偿的范围，除造成的实际损失外，还应包括利益损失。因被告违约而未获得的

[①] 崔建远：《论强制履行》，载于《法治研究》2023 年第 4 期。
[②] 参见 1854 年 Hadley v. Baxendale 确定的损害赔偿原则，焦洪宝主编：《英美司法案例选读》，南开大学出版社 2017 年版。

未来利益或预期利益的损失应当是直接或几乎直接因违约而产生。[①] 合同违约的损害赔偿一般是补偿性的，但在原告没有遭受实际损失时，法院也有可能判决以金钱形式给付的名义赔偿，或者判决超出实际损失范围的惩罚性赔偿。在美国联邦政府采购制度中，对欺诈政府谋求骗取政府采购资金的行为，有较为严格的适用惩罚性赔偿金的法律规定。

在合同违约已经出现又需要继续履行时，双方往往不得不变更合同的履行期限或履行方式。此时经常出现的情况是在要求继续履行的同时向违约方主张逾期违约金。逾期违约金在法律性质上是预定的损害赔偿额，可明确规定每日支付一定金额或合同金额的一定比率。例如，规定逾期竣工的，在履约期限届满后的次日起每日依工程合同总额的千分之一计算支付逾期违约金。对于因承包商原因导致合同解除的，逾期违约金可持续计算至终止或解除合同之日止。对于合同有分阶段履行进度要求的，对于每一工作阶段的工作如有逾期，也可以规定逾期违约金。如果仅在前期工作进度中有逾期但最后总体完工未逾期，也可以约定对分段进度工作计取违约金，如果既有分段逾期，又在最后未完工约定违约金的，在计算最后期限逾期违约金时，应当扣除前期已分段计算支付的部分金额。

二、美国：研发费用可纳入合同成本索赔

（一）采购项目实施情况

本案原告 ATK 公司是一家固体火箭发动机制造商公司，多年来为美国航空航天局和军方的诸多导弹计划项目做研究开发和供应。原告在承接诸多政府采购业务期间，注意到研发费用是否可被认定为"间接成本"的规定并不明确。《联邦采购条例》规定间接成本可由采购人承担的同时，还允许供应商保留使用该些间接成本投入研发形成的知识产权。在 1990 年到 1999 年间，原告花费了 8149888 美元用于研究一款 Castor IVA—XL 型发动机，而该款发动机是面向商用市场的，并非供应政府采购。这些费用中的

---

① Florafax International, Inc. v. GTE Market Resources, Inc., 933 P. 2d 282 (1997).

3149888美元用于研发，还有约500万美元用于购买生产设备。这些费用均进入企业总的间接成本资金池。

1999年3月10日，国防部后勤保障局下属的合同管理部门，给原告致送书面通知，表示上述8149888美元不应作为政府采购项目的间接成本，而应作为企业商用Castor IVA—XL型发动机的直接成本。这些成本支出涉及多个合同。政府采购官员举出4个合同为例，试图推翻将这些合同费用纳入间接成本的认识。原告不认可政府采购管理部门的看法，最终向联邦法院起诉。

（二）法院判决情况

法院认为，按照《成本会计准则》，间接成本是指不能与单一的目标产品存在直接关联的成本，但可以与两个或两个以上目标产品关联或与至少一个中间产品关联。如果独立的研发成本、采购项目投标的成本并非履行合同所必要的，则这些成本都应被分摊为间接成本。从《联邦采购条例》规定来看，总成本包括可分摊到合同的直接成本和间接成本，包括已经发生的和将要发生的。原告所主张索赔的独立研发费并没有在Castor IVA—XL型发动机的研发合同项下专门列支和获得偿付，且这些研发费用能够给投入市场的多个产品带来合理的、可预见的收益，原告已经如实披露并持续一致地将这些研发成本在政府采购合同和商业合同中分摊，且作为间接成本核算，应当对原告的做法予以认可。

从法院的判决来看，对间接成本的认定主要由供应商举证其已经按照会计准则核算，而这种将研究开发费用列为间接成本的做法，也体现了政府采购支持供应商加大研发投入、鼓励技术创新的支持政策。[①]

三、美国：克里斯蒂安案的预期利润计算

（一）克里斯蒂安案的采购项目概况

美国陆军部采购了路易斯安那州的一个大型住宅项目，计划建设2000套

[①] 焦洪宝、阮小航：《美国如何将研发费用纳入政府采购合同成本》，载于《中国政府采购报》2018年3月30日。

住房，自 1957 年 8 月开工，工期 18 个月，工程总价 32893100 美元。这一项目是政府为军人提供应急住宅的项目，采取融资建造模式，采购供应商直接成立项目公司贷款实施建设，此后由军队陆续拨付住房津贴偿还贷款。原告克里斯蒂安公司以最低价格中标后，以 25 万美元将项目转让给另外两家建筑公司。这两家公司又成立了一家合资公司开展项目建设，但与政府的合同仍由克里斯蒂安公司签署。工程开始施工后，陆军部提出终止本项目合同，当时合同完成了约 2% 的工程量，工期进度较原定计划严重滞后。由于克里斯蒂安公司已将合同转让，由实际施工的建筑公司及相关分包商向政府提出了索赔，但关于建筑商提出的预期利润的赔偿请求，双方无法达成一致意见，由克里斯蒂安公司出面起诉了采购人，起诉涉及金额为 5156144.50 美元。

法院经审理认为，采购人在政府采购合同项下要承担相应的责任，如果无故终止合同即构成违约，应赔偿所有的损失，包括受损害方在已经部分履行的合同中的支出和损失，还应包括预期能够完全履行合同情况下可实现的利润。法律确定的全部损害赔偿的原则是尽可能弥补受违约损害一方的经济损失。但只有采购人终止合同的决定是错误的且构成违约的情况下，承包商才有权获得合同履行的预期利润赔偿。如果政府采购合同的采购人是为了政府利益而终止合同，不应被认为构成违约。尽管涉案的采购合同中没有明确约定政府可基于自身的利益而终止合同，但被告采购人认为此类条款是政府采购工程合同的默示条款。特别是在军事采购条例中，明确要求金额超过 1000 美元的固定价格施工合同应写明，在采购人认为终止合同符合政府最大利益的情况下，采购人可以全部或部分终止履行合同，并列出了包括预期利润在内的赔偿计算公式。

（二）法院判决意见

原告认为本案合同不适用军事采购条例，而本项目是由私人银行提供贷款实施的。但采购人认为最终会由陆军部拨款偿还贷款，故应作为政府承担付款责任的政府采购项目。法院认为，在本案中应适用军事服务采购条例，认为因政府利益需要而终止合同的条款构成本合同的默示条款。军事服务采购条例的终止条款将可赔偿的利润限制在实际已经完成的部分，不支持赔偿可预期但尚未获得的利润。这在以往的政府采购实践中向来如此。在第一次和第二次世界大战期间，还专门制订过法令不允许赔偿预期利润或在军队采购的合同条款中明确列出终止条款并禁止赔偿预期利润。原告应当了解这一政策。对于实际施工的项目公司已全额支付给克里斯蒂安公司的25万美元转让费中，法院认为只有78483美元是克里斯蒂安公司在转让合同之前的履约成本，其余171516.68美元是预期利润，法院还建议由实际施工的项目公司向克里斯蒂安公司追偿。

克里斯蒂安案的判决确立的免除政府对未完成工作的预期利润赔偿责任的原则，被称为克里斯蒂安原则，在政府采购争议领域被广泛遵循，到1993年，联邦巡回上诉法院还在一宗案件中对这一原则在实践中被扩大适用的做法予以纠正，指出这一原则只适用于公共采购。克里斯蒂安原则实际上剥夺了政府采购合同的供应商在一般商事合同中可以获赔预期利益的权利，降低了供应商在合同中的权益保护水平。[①]

四、美国：伯恩斯坦案中的"三倍赔偿"

（一）伯恩斯坦案的争议

1962年采购人与莫德尔公司达成采购合同，购买总价210万美元的无线电配件，主要是电子管。莫德尔公司以32美元的单价向第三方公司采购了电子管并向政府供货，最终发现这批货物中有397根电子管存在严重的质量问题。这些不合格的电子管是由第三方公司分3次向莫德尔公司开具发票并发货，莫德尔公司为索要货款向采购人开出了35张发票。

采购人发现供货欺诈问题后，与莫德尔公司和解，莫德尔公司以每根电子管40.72美元的价格向政府支付了共计16165.84美元赔偿。随后，政府起诉了第三方公司及其负责人，请求判令第三方公司承担每张发票2000

---

① 焦洪宝：《项目被迫终止供应商能否获赔预期利润》，载于《中国政府采购报》2023年8月22日。

美元（共有 35 张发票）的赔偿，并外加因产品质量不合格所遭受的经济损失的 2 倍赔偿金。另外，还对 397 根电子管按照单价 40.82 美元再次计算赔偿金额为 16205.54 美元和两倍于经济损失的赔偿金。

本案初审支持了采购人关于 35 张发票的赔偿请求，但认为在采购人索赔的 2 倍赔偿金计算时，应先减去莫德尔公司在和解中已向政府赔付的金额，即每根单价 40.82 美元减去 40.72 美元后差额为 0.1 美元，再按照 397 根电子管计算出双倍赔偿金共 79.40 美元。政府不服判决，最终上诉到美国最高法院，坚持要求以原始损失金额先乘以 2，再减去已赔偿的金额。

（二）美国最高法院的判决

本案争议的焦点涉及《防制不实请求法》的适用。美国 1863 年通过的《防制不实请求法》规定，政府可向提出不实请求的供应商处以 2000 美元的罚款，外加相当于其因不实请求而遭受经济损失的两倍赔偿。对于 35 张含有要求政府支付不合格产品的价款的发票，可以按照每张发票 2000 美元处以罚款。而在实际损失之外再支付双倍赔偿时如何计算的问题，最高法院同意政府的观点，认为应当先加倍，然后再减去已赔偿的部分。应先将政府的实际损害赔偿加倍计算，然后再减去之前已收到的赔偿金。因为如果先减去赔付的部分，政府采购的供应商就可以在案件判决之前的通过主动给付损害赔偿金来避免执行双倍损害赔偿的规定，将使双倍赔偿的规定被架空。故 1976 年法院对伯恩斯坦案作出判决，推翻了一、二审的判决结果。

伯恩斯坦案所确定的"三倍赔偿"的计算规则在很长时间内指导着美国政府采购案件的审理。直到 2013 年安科抵押贷款公司案件中，美国联邦法院的判决在一定程度上对伯恩斯坦案的计算规则做了进一步澄清，认为 3 倍计算的基数不应是总损失额，而应是减去采购人通过变卖所收回的抵押品所获得的资金后剩余的代为支付的担保金额，即以净损失额作为基数，再乘以 3 进行计算赔偿金额。①

---

① 焦洪宝：《供应商骗取政府采购资金应如何赔偿》，载于《中国政府采购报》2023 年 9 月 12 日。

五、美国：供应商不实付款请求的认定案

美国《防制不实请求法》为制裁政府采购合同供应商虚假向政府要求支付提供了依据。供应商一旦被认定通过政府采购合同的虚假索款谋取不当利益，政府方可以在查实情况下对供应商处以相当于因不实请求而给政府造成经济损失的三倍赔偿。对如何认定构成不实付款请求，有些判决给出了规则。

（一）采购合同情况及争议内容

拉姆公司承包了美国能源部西部电力管理局的亚利桑那州变电站项目，项目总价3467552.60美元。在合同履行不久后，拉姆公司收到采购人的一份整改通知，称由于项目施工进度滞后，要在10日内改正，否则采购人将因其违约而主张解除合同。但拉姆公司未予理会。到2000年3月31日，采购人再次致送通知要求拉姆公司在10日内解释此前未能完成整改的原因，并称采购人正在考虑引用违约责任条款解除合同。但拉姆公司仍未回复。2000年4月17日，采购人正式通知解除了拉姆公司的合同，理由是工程进度不符合施工方案。2001年4月13日，拉姆公司寻求将因违约终止合同转变为因便利终止合同，并向法院起诉。

在政府采购合同履行中，当基于公共利益的需求而由政府决定终止合同的情况，称为"政府便利的终止"。因便利而终止合同一般不按照违约处理，可以规避合同中的惩罚性违约责任条款的适用。拉姆公司的合同如果是基于便利而终止，会减少违约责任。但案件起诉后，采购人提出反诉，称除了拉姆公司工程进度逾期外，还存在虚假的工程进度结算要求，并根据《防制不实请求法》对拉姆公司处以20000美元罚金及相当于虚假请求支付款额的三倍赔偿金共258900.24美元。

（二）法院对供应商不实付款请求的认定

采购人认为，拉姆公司前后提交过5份账单。政府认为第2—5号账单项存在问题。在第2号账单中，拉姆公司声称涉及电缆供应商的货款并附上

发票，根据《准时付款法案》，在采购人向拉姆公司付款后应在 7 天内向该供应商付款，但实际上拉姆公司付款延迟了 27 天。在第 3—5 号账单下，拉姆公司每次都声明其已支付了该账单下应付给分包商的款项，但实际上均未按时足额支付。且拉姆公司最终也没有对其分包商支付 5 号账单项的款项，而迫使电力局直接向这些分包商支付了 86300.08 美元。这种一再弄虚作假以向政府提出付款要求的做法，已然构成虚假请款。

拉姆公司明知其对未对外支付 2—4 号工程账单下分包商的款项，却在要求政府付款时谎称已向分包商付款，符合以下条件：（1）承包商向政府机构提交或导致提交了一份付款请求；（2）该付款请求是虚假的或欺诈性的；（3）承包商知道付款请求是虚假的或欺诈性的；（4）美国政府因虚假或欺诈性付款请求遭受了损失。故拉姆公司已经明确违反了《防制不实请求法》。但由于对政府具体受损的数额问题双方仍存在争议，最终法院认为采购人的证据不足以表明其可以获得三倍损害赔偿。鉴于本案情节并非十分恶劣，故法院从轻处以拉姆公司每项不实请求 5000 美元的罚金。①

---

① 焦洪宝、田慧娟：《美国政府采购中对供应商不实付款请求的认定》，载于《中国政府采购报》2018 年 4 月 3 日。

第七章
政府采购争议解决的重要抉择

政府采购活动中的争议一旦出现，争议双方面临着以更好地解决争议为目标的多重抉择。争议双方会尽量自行解决争议，如果需要寻求第三方特别是行政监管部门或法院进入争议解决程序，具备什么样条件的当事人才有资格援引并进入该第三方解决程序成为当事人是各方需要先面对的问题。供应商在参与政府采购中竞争失败，按照采购文件要求自担参加采购的费用，损失的似乎不过是正常的营销支出。如果落选供应商认为采购程序存在公平竞争方面的问题，其与采购人之间存在何种法律关系以及所寻求第三方争议解决机构给予保护的是何种权益，也是需要在理论上澄清的问题。这需要对政府采购中的公平竞争权进行内涵和外延的准确界定。在政府采购争议解决程序过程中，特别是在合同授予之前的阶段，争议双方和争议解决机构同时面临着是继续推进项目采购程序以损害赔偿方式对受损方予以充分补救，还是暂停推进采购程序等待争议解决结论意见的问题，这就要求在争议解决法律制度上设置清晰的暂停措施适用标准。而当最终需要对政府采购中的受损方给予损害赔偿救济时，除需要按照一般合同损害赔偿的原则界定赔偿范围外，当遇到采购人出于维护国家利益或社会公共利益的需要而违约的情形，如何对损害赔偿的范围予以适当的调整也是需要专门考虑的问题。以上有关起诉资格的授予、公平竞争权的保护、暂停采购措施的适用、对行政优益权背景下变更解除政府采购合同的补偿标准等问题，是政府采购争议解决程序中的重大问题。

第七章　政府采购争议解决的重要抉择

第一节　起诉资格的授予

政府采购领域的争议主要由供应商发起，但供应商对政府采购活动提起争议处理程序，需与政府采购项目本身建立起足够的关联。在政府采购程序中，从政府采购需求调查环节，就对政府采购成交结果具有影响，因此，供应商开始关注政府采购项目工作进展，直到在采购文件发布后会提出质疑、投诉等程序。如果与采购人之间的争议未能得到较好的解决，供应商会再向采购活动的行政管理部门、司法机关提起争议解决程序。无论在哪个环节，采购人、采购代理机构、采购管理的行政部门以及司法机关都存在是否给予前来提出问题的供应商以争议解决程序当事人资格的问题。这一当事人资格的问题较为典型地体现在司法程序是否会受理供应商起诉的受案环节，并且在司法程序中对起诉资格的授予规则，也可以在行政管理程序中予以参照，因此，这里主要集中探讨起诉资格的授予问题。

一、政府采购争议案件当事人适格的认定逻辑

对供应商提出争议解决的资格认定，在我国《政府采购质疑和投诉办法》对质疑供应商适格主体定义为"应当是参与所质疑项目采购活动的供应商"。这实际上是将供应商参与政府采购活动某环节的活动设置了质疑的门槛。但是供应商对某个采购环节的参与，并不意味着可以对其他环节的政府采购活动质疑。例如，在某医疗设备采购案件中，供应商在采购文件发售后向采购代理机构提出了有关采购文件内容的质疑事项，采购代理机构依法在规定时间内作出答复。后来该项目如期开标，该供应商未参加投标，但在中标结果公告后又对质疑答复不满意，向财政部门提出投诉。供应商对财政局作出的行政处理决定书不满，向法院提起了行政诉讼。法院认为因供应商未参加投标，故其与本案不具有利害关系，以供应商不具有行政诉讼原告资格为由驳回了起诉。在另一起质疑案件中，供应商质疑认

· 203 ·

为采购文件评分标准不合理。采购代理机构发现，该公司经营范围并不包含中药饮片，且不具备采购文件所规定的特殊资格要求——取得《药品经营许可证》，故认为其不是具有质疑主体资格的潜在供应商。[①] 这意味着，在市场主体明显不具有履行合同所必需的设备和专业技术能力的情况下，其购买了采购文件，也不会被认定为属于可以进行质疑的潜在供应商。

在政府采购的行政诉讼案件中，对供应商的起诉资格，在不同国家和地区的政府采购司法实践中，主要有以下几种做法。

（1）以提起投诉的供应商作为当事人适格要件。供应商对于采购争议向法院提起行政诉讼，仅限于已依法提起投诉程序者，若其未提起任何投诉程序，则认为其自始未受任何行政处分的效力影响，因此不得提起行政诉讼。

（2）以次低价的落选供应商为当事人适格要件。这一观点主要适用于提出撤销中标成交结果之诉者的原告资格认定，也仅限于已在此前提出投诉程序受到行政处分效力影响的供应商。如果此前提出质疑投诉的供应商不是中标公告中的当事人，也不是排名第二的中标候选人，则其权益不受该中标公告被撤销的影响，因此可认为不具有起诉撤销中标公告的行政诉讼案件的原告资格。

（3）以被认定为合格投标的供应商为当事人适格要件。对招标人的中标公告提起撤销之诉的主体，局限于具有中标资格的供应商。如果投标人的投标未通过符合性审查，投标不符合资格，即便中标公告被撤销，亦无从实现该投标人的法律权益，因此不允许其对招标人的中标公告提起撤销之诉。

（4）以实际投标供应商作为当事人适格要件。具有起诉要求撤销中标公告的当事人，应当限于因中标公告被撤销而可恢复其法律上的利益的当事人。如果潜在供应商根本未实际参与投标，则也不会因中标公告被撤销

[①] 李莹、敖迪：《这类供应商为什么无权进行质疑和投诉》，载于《中国政府采购报》2024年8月6日。

而获得中标并订立采购合同的机会，因此不允许其起诉撤销中标公告。

（5）以潜在竞争供应商作为当事人适格要件。此观点认为，对招标投标结果的异议，是任何有参与投标之潜能的人所享有的主观权利，允许其起诉可借以塑造公平、合理的竞争环境，且通过充分的市场竞争，采购人能降低成本提高效益，且使最具竞争力的供应商不致因非正常竞争的因素而丧失市场机会，因此只要具有投标资格的供应商，不因其实际上未投标而影响应其有权起诉撤销中标公告。

从以上原告资格分析可见，从最外围的潜在供应商、参与投标的供应商、合格标供应商、评定为次优供应商到已经质疑投诉的供应商，涉及诉权范围则包含了利害关系人诉讼与受害者诉讼。从充分保供应商权益的角度来看，应采取最广泛的潜在供应商适格观点。从侧重保障政府采购案件中标公告稳定性的角度，应仅限于实际提出质疑投诉的供应商。而从公平竞争权保护的角度来看，又以实际参与投标供应商的当事人适格标准更为恰当。现行行政诉讼主要采取利害关系人诉讼的观点，并不以实际上具有法律上权益保护需求为判断标准。而从赔偿范围看，起诉者的索赔范围主要是限于准备投标的费用偿还，即投标、异议及申诉所支出等必要开支。对于潜在竞争供应商无这些费用发生，且纵使撤销中标结果，亦无递补成为合同方的机会，因此排除其在当事人适格范围之外，不会损害其权益，且也避免滥诉影响涉案政府采购项目的执行效率。

二、奥地利：未进入评审的投标人无权对中标结果提出异议

2012年，奥地利维也纳自然资源和生命科学大学适用谈判程序，进行建筑物和实验室设施的技术管理、维护、维修和服务的采购。有两家供应商在截止日期内提交了投标，由于投标人某建筑服务公司没有及时提交银行保函原件，该建筑服务公司被排除在采购评审程序之外，另一家奥美德公司被授予了一份公共服务框架合同。建筑服务公司提出异议。奥地利国内的行政法院先后驳回了其申请和上诉，理由是其作为投标人的权利已被适当排除。建筑服务公司坚持认为，尽管其确实被排除在外，但是奥美德

公司的投标也应该被拒绝，因为其投标文件中关键的管理项目业绩计算既不可解释也不可理解。奥地利法院将争议提交到欧洲法院，同时指出根据2006年奥地利《联邦公共采购法》第331条，为了使主张公共采购成交结果非法的诉讼申请被受理，提起诉讼的市场经营者必须与相关合同的签订有利害关系，并且该非法性必须已经损害或可能损害原告的利益。

2016年12月21日欧洲法院作出裁决，认为被明确排除的投标人不能对授予决定提出异议。法院认为欧盟第89/665/EEC号指令（经第2007/66/EC号指令修订）第1（3）条必须解释为不排除被采购人的最终决定排除在公共采购程序之外的投标人被拒绝参加对授予有关公共合同的决定和合同订立的审查。只有提交了投标书而未中标者在坚持认为中标者的投标也应被拒绝的情况下才能起诉。而本案投标书并没有成功递交进入评审。① 对于本案法院裁决结果，也有评述者认为，如果类似情况在英国出现，似乎也会限制投标人启动《2015年公共合同条例》第91（1）条和《2016年特许权合同条例》第52（1）条程序的能力范围，其中规定，"任何遭受或面临遭受损失或损害风险的市场经济者均有权对违约行为提起诉讼"。②

三、加拿大：分包商对采购决定没有诉权

（一）工程采购案件的基本事实

加拿大公共工程和政府服务部以"设计—建造"模式招标建设海军预备役大楼。采购适用两阶段招标方式，投标人先提交一份资质承诺函，提供履行本合同相关的能力、资质和经验等资信材料。经评审可进入第二阶段后再报价，并对第二阶段的投标方案进行综合评审后确定中标人。投标人可以单独投标，也可以与其他企业联合投标。奥林匹克公司在第一阶段

---

① Bietergemeinschaft Technische Gebäudebetreuung GesmbH und Caverion Österreich GmbH v Universität für Bodenkultur Wien and others，JUDGMENT OF THE COURT（Eighth Chamber），21 December 2016，https：//eur-lex.europa.eu/legal-content/EN/TXT/HTML/?uri=CELEX：62015CJ0355#t-ECR_62015CJ0355_EN_01-E0001，浏览于2024年10月15日。

② http：//publicsectorblog.practicallaw.com/public-procurement-case-digest-january-2017/.

资质标中将 5 家设计公司列为团队成员，还有一家公司的下属子公司也参与了投标前准备工作。

奥林匹克建筑公司在内的 4 家投标人经评审进入第二阶段。奥林匹克公司提交的投标方案只表明其是唯一的投标人。最终合同被授予韦斯坦德公司，奥林匹克公司和 6 家合作公司对成交结果不满意提起了诉讼。在诉讼过程中，奥林匹克公司与采购人达成了和解并退出诉讼，其余 6 家公司继续诉讼。本案需要解决的问题是，这 6 家公司是否有权继续索赔。

（二）未具名分包商无权索赔

法院认为，按照 AB 合同理论，投标人递交投标文件与招标人成立 A 合同，中标后采购人与中标人成立 B 合同。在本案中，奥林匹克公司与采购人之间有 A 合同关系，采购人有义务基于 A 合同关系公平、平等地对待投标人，且应只接受符合采购要求的投标。在本案中，原告实际上是在主张采购人违反了与奥林匹克公司之间的 A 合同，将 B 合同授予了一个不合规的投标人，且这一违约行为影响了与奥林匹克公司合作的 6 家设计公司的利益，因为他们丧失了收回投标准备的成本和参与建设项目获得利润的机会。但法院认为，由于本案中奥林匹克公司与 6 家设计公司没有成立合营企业来投标，原告按照侵权责任的案由向采购人索赔，触及的这方面法律规定是空白的。二审法院认为，采购人与这些分包商之间存在着的合作关系不足以证明采购人存在明显的注意义务，故不支持分包商索赔。分包商继续上诉到加拿大最高法院。

最高法院认为，这 6 家设计公司作为分包商本应与投标人奥林匹克公司建立联合体，从而与采购人建立起 A 合同法律关系，但由于他们没有这样做。如果支持他们以侵权法索赔，将意味着商业当事人有机会通过合同安排好其事务的情况下，再赋予其侵权诉权，使侵权法侵入合同领域，为合同事务提供事后的保险。故法院不支持分包商的上诉，认为他们对本案没有索赔资格。[1]

---

[1] Design Services Ltd. v. Canada, [2008] 1 S. C. R. 737, 2008 SCC 22.

四、法国：所有因合同而权益受损的第三人均可起诉

法国塔恩—加龙省在 2006 年 6 月 26 日采购为省议会提供服务的长期租赁合同。通过招标，选定了索特拉尔公司（Sotral）为中标者，随后省议会授权省议会主席经过审议后在 2006 年 11 月 20 日签署了采购合同。然而，一名议员以该合同授予构成权力滥用为由质疑该中标结果，并起诉到法院。

本案需要解决的主要争议问题是，不属于被排除在外的竞争者的第三方，是否可以就有争议的合同向行政法院提出诉讼。法院最终推翻了以往的判例法，对这个问题给出了肯定回答：如果第三方的利益可能受到行政合同的损害，即使其不是败诉的候选人，也可以对该合同行使充分的诉讼补救办法，以滥用权力的诉由来质疑挑战这一合同授予决定。根据这一判决，对政府采购合同的直接起诉权扩大到所有可能因合同的决定或条款而受到损害的第三方。[①]

五、加拿大：采购人内部决策程序不当应予公法补救

（一）加拿大航空运输安全局采购安检设备情况

加拿大航空运输安全局（CATSA）是 2002 年根据《加拿大航空运输安全局法案》成立的加拿大国有公司，其职责之一是出于安全目的监督加拿大各地机场的乘客和行李检查。为此，加拿大航空运输安全局会购买进行此类检查所需的设备，包括在必要时更换设备。安检设备的购买是通过采购流程进行的。2009 年 9 月，加拿大航空运输安全局宣布授予史密斯探测公司一份非竞争性的单一来源采购合同，以购买用于在加拿大各地机场安检处检查乘客行李的多视图 X 射线设备。加拿大航空运输安全局的管理层向该采购人董事会保证，这种非竞争性方法只是一个例外，未来的采购将使用公开采购流程进行。

[①] Conseil d'État, Assemblée, 04/04/2014, 358994, https://www.legifrance.gouv.fr/ceta/id/CETATEXT000028823786/.

第七章　政府采购争议解决的重要抉择

自 2002 年成立以来，加拿大航空运输安全局一直仅从史密斯探测公司购买安检设备。尽管加拿大审计长曾在 2006 年 12 月的一份报告中批评了加拿大航空运输安全局的独家采购行为，但在 2009 年，在对史密斯公司和快速扫描系统公司的安全检查设备进行了非正式的内部比较后，加拿大航空运输安全局宣布授予史密斯探测公司一份非竞争性的单一来源采购合同，以购买用于在加拿大各地机场安检处检查乘客行李的多视图 X 射线设备。加拿大航空运输安全局官员认为，史密斯公司的设备能够从四个不同的有利位置生成行李图像或"视图"，这种多视图捕获功能有助于加快安检人员的筛查过程。快速扫描系统公司的设备虽然便宜得多，但只能从两个不同的角度捕捉视图。基于这些技术考虑，CATSA 管理层依靠这些技术考虑，董事会批准向史密斯公司授予了一份 3000 万加元的单一来源合同。加拿大航空运输安全局的管理层向负责最终决策的董事会保证，这种非竞争性方法只是一个例外，未来的采购将使用公开采购流程进行。

（二）争议采购项目实施情况

2010 年 8 月 16 日，加拿大航空运输安全局采取征求建议书的竞争性采购方式启动了另一个采购多视角 X 射线机场安检设备的采购程序，估计成本为 4050 万加元。征求建议书的采购信息被发布在一个电子招标服务平台上，以邀请潜在供应商提交其各自产品的信息，包括产品报价。这个征求建议书的采购被设计为一个多阶段流程，第一步是获取产品信息，在这一阶段可能会直接与一个或多个供应商签订长期采购合同，也可能只是筛选能够进入下一采购阶段以展示其设备的供应商，还可能直接取消采购。快速扫描系统公司与史密斯探测公司是在商用探测设备领域的竞争对手。在发现快速扫描系统公司未从招标服务平台下载采购文件后，加拿大航空运输安全局直接联系了快速扫描系统公司鼓励其参与投标。最终包括史密斯公司和快速扫描公司在内的 4 家供应商提交了响应文件。

2010 年 10 月，加拿大航空运输安全局管理层的官员寻求董事会的批准，将新合同授予史密斯公司。根据提供给董事会的简报，史密斯公司是根据旨在"实现竞争性、开放性、公平性、透明度和物有所值"的流程选出的，史密斯设备在评估中"在每个类别中都获得了最高评级"。简报还指出，快速扫描公司的设备没有满足能够生成至少三个扫描行李视图的要求。管理层首席执行官还称，史密斯的设备"满足现在的需求"，并且是"当今存在的性能最高、最具改进潜力的技术"。2010年10月4日，加拿大航空运输安全局董事会决定将五年期长期采购合同独家授予史密斯公司，并可选择再延长至最多五年。

快速扫描公司对该合同授予决定提出法律挑战，寻求法院宣布该授予决定非法和不公平，并要求法院判决加拿大航空运输安全局执行符合其法定义务和合同程序的新采购流程。

（三）法院可以审查具有公共元素的采购合同

一审法院对争议事实进行了详细审查，包括对史密斯公司的任务、其合同政策和程序的描述、导致2010年采购流程的背景以及董事会的决定。法院需要解决的重要法律问题在于，考虑此次采购合同具有商业性质，是否可以对该采购合同提供公法补救措施。

一审法院指出，虽然加拿大航空运输安全局不受财政委员会合同政策或联邦政府合同法规的约束，但加拿大航空运输安全局的管理法规即《加拿大航空运输安全局法》规定，加拿大航空运输安全局由董事会管理，该董事会由一名主席、十名其他董事和一名首席执行官组成，他们负责财务监督、公司监督和良好治理。加拿大航空运输安全内部的合同管理政策也要求公开竞争性招标，以实现物有所值，并促进订立合同过程的公开性、透明度和公平性。该政策还要求在合同授予决定中使用透明的评估标准。联邦法院承认，对政府商业决定的司法审查有着悠久而复杂的历史，法院传统上在审查这些合同决定时犹豫不决，因为公共合同位于公法和私法的交汇处。对于这类合同是否允许司法审查的界限，一般规则是采购过程与法定权力的行使之间的联系越紧密，该活动受到司法审查的可能性就越大。相反，如果采购不属于法定权力的范围，且仅在政府所残留的行政权力行使范围内，则采购受到司法审查的可能性就越小。公共权力机构行使合同权力需要接受司法审查通常需要"额外的公共元素"，即使这一权力本来就是法定的。该公共元素一般包括：合同是有关私人商业事务的还是涉及公众更广泛利益的事务；相关决策者是否履行公共责任；合同授予决定是否基于法律而不是私人自由裁量权；签约机构是否在政府网络内运作并作为该网络的一部分行使权力；决策者在多大程度上是公共实体的代理人或受其控制或影响。法院认为这些公共元素符合案涉加拿大航空运输安全局合同，并认为在这种情况下需要司法干预以保护公共采购过程的完整性，法院决定该事项应接受司法审查。

（四）法院认定采购程序缺乏公平竞争性

法院发现，在征求建议书的采购流程中，加拿大航空运输安全局没有履行任何公平竞争义务，没有说明其要求，也没有向潜在投标人披露其评估标准，其采购程序的运行不具有公平性和公开性。法院指出：管理层的整体失败在于没有告知董事会，其在采购过程中严重缩减了合同程序。首先，征求建议书的程序是不公平或不具有竞争性的；其次，采购实施中隐瞒了最低要求和绩效标准，结果不公平地偏袒史密斯公司。法院认为，征求建议书中包含着一项未被披露的要求，即其寻求的 X 射线设备具有三个视图生成器。在 2009 年加拿大航空运输安全局批准向史密斯公司购买 X 射线筛查设备时，"三视图发生器"是一项要求，快速扫描公司被淘汰的原因主要是其设备未能满足这一要求。到 2010 年案涉征求建议书采购信息发布时，尽管加拿大航空运输安全局已经知道这一要求，但采购要求中未明确包含任何视图生成器的最低数量要求，基于此，快速扫描公司提交了一份包含两台视图生成器设备的申请文件而被淘汰，因为加拿大航空运输安全局需要三个或更多视图生成器。

一审法院认为，加拿大航空运输安全局在采购过程中的行为构成恶意，因为加拿大航空运输安全局鼓励快速扫描公司参与了一个由于技术偏好被隐藏而没有成功机会的采购过程，以便管理层能够向董事会提供本次采购是公平和公开竞争的表象。另外，管理层将史密斯设备描述为"当今性能最高的技术"没有明确依据，并且管理层未能告知董事会快速扫描公司的设备成本要低得多，因此更具有竞争力。在董事会不知道管理层以这种方式进行采购流程的情况下，董事会无法行使其监督职能。在确定 CATSA 的合同授予决定不公平、不合理、任意、恶意作出且因未考虑相关因素而在程序上非法后，联邦法院裁定宣布合同授予非法并撤销。加拿大航空运输安全局对一审判决提出上诉，但上诉失败。虽然联邦上诉法院推翻了联邦法院的一些调查结果，包括认定加拿大航空运输安全局存在恶意，但其在 2015 年 4 月的裁决最终维持了初审法院撤销合同授予的决定。

（五）政府采购内部决策程序不当的公法补救措施

在本案审理中，法院面临着重要的法律问题是法院是否有权审查涉案的合同授权决定。如果这项采购只是一份普通的商业合同，法院不会对其提供公法上的补救。而本案的采购人加拿大航空运输安全局只是一家承担机场安全工作的国有公司，在加拿大所加入的世界贸易组织《政府采购协定》中，加拿大航空运输安全局并不在加拿大提出的适用《政府采购协定》的政府采购主体清单中，这也意味着本案采购合同的性质不是十分确定具有政府采购合同性质，且涉及的争议问题主要是采购人作出合同授予的内部决策问题。法院一方面分析了本案采购合同中的公共元素，另一方面对供应商与采购人的关系加以分析，论证了将本案争议纳入公法救济措施的必要性。

一审法院认为，在征求建议书的采购过程中，投标供应商与采购人之间没有建立起"合同 A"的法律关系。合同 A、合同 B 的法律关系分析是加拿大对采购流程中供应商与采购人之间关系的分析理论，通常在投标人响应采购人的投标递交投标书时即创建了合同 A，合同 A 将为采购人与投标供应商双方创设默示的权利和义务，例如，公平义务等，这不同于在合同授予后形成的合同 B。加拿大航空运输安全局在安检设备的征求建议书采购文件中，明确规定排除与投标供应商建立合同 A 的关系，加拿大最高法院也有判例明确在提交投标书时，不一定会出现"合同 A"，即"合同 A"的创建将取决于各方的意图。一审法院认为在未创建"合同 A"的情况下，原则上双方受传统合同法管辖，"合同 A"中隐含的权利和义务不会产生。但是征求建议书文件排除建立合同 A 否认了"对投标方负有的任何公平和平等待遇的义务",即使原告快速扫描公司在传统合同法中有令人满意的补救措施,但鉴于本案件的情况,仍有必要为采购人违反程序公平性寻找公法补救措施。二审法院也认为,即使没有合同 A,也没有投标人可获得的商业利润损失补救措施,公共机构仍应根据行政法承担程序公平的义务。鉴于本案合同授予的问题主要与政府采购流程的完整性有关,采购人的做法不符合《加拿大航空运输安全局法》中有关合同订立政策和程序的规定,故法院认为其应当提供公法补救。

在快速扫描系统公司诉加拿大航空运输安全局采购程序案以前,在对合同授予决定进行司法审查时,法院一般适用合理性的标准进行审查,即考虑采购人的行为是否不公平、不合理或武断地基于不相关的考虑因素作出决定,或恶意行事。但合理性的标准主要是实质性审理,不同于程序正当性的审查,本案确立了对程序正当性进行单独审查的规则,与其他大多数案例中更多地适用合理性标准审查政府采购活动的做法分道扬镳。这使得本案判决成为加拿大政府采购进入了广泛关注政府采购决策程序正当性的新时代的分水岭。①

第二节 公平竞争权的保护

公平竞争是政府采购的核心原则之一。维护政府采购公平竞争市场秩序、优化政府采购营商环境是全面贯彻习近平新时代中国特色社会主义思想、建立适应高质量发展要求的现代政府采购制度的重要工作内容。尽管我国有关市场公平竞争法律制度的建设日益完善,但在政府采购实践中,不当设置门槛、串通投标、行政干预市场等有碍公平竞争的现代化政府采购市场建设的事件仍时有发生。参与政府采购市场的经营者供应商,在政府采购市场竞争中拥有能够开展自由、公平竞争的美好期待。一旦未能实

---

① Canada (Attorney General) v. Rapiscan Systems, Inc., 2015 FCA 96 (CanLII).

现公平竞争，守法经营者将面临丧失政府采购项目的成交机会或正常竞争利益受到损害的不利后果。"无救济则无权利"，为保障各类市场经营者依法享有公平地参与市场竞争的权利，应对公平竞争权受侵害方提供充分的法律救济。

一、政府采购公平竞争权的界定

公平竞争权，是作为各类市场主体的经营者在经济竞争过程所享有的公平竞争的权利。由于我国当前法律没有对公平竞争权作出明确的内涵界定，也有学者认为经营者只享有较为模糊的公平竞争的合法权益，[①] 尚不能称之为公平竞争权。也有学者认为经营者享有公平竞争的实体权利，[②] 并认为公平竞争权包括自由参与权、自由竞争权、公平竞争请求权、获得救济权。[③] 公平竞争权应成为政府采购法律制度领域重要的基本法律范畴。

（一）有关公平竞争权的现行规定

《中华人民共和国反不正当竞争法》（以下简称《反不正当竞争法》）第二条第二款规定，"本法所称的不正当竞争行为，是指经营者在生产经营活动中，违反本法规定，扰乱市场竞争秩序，损害其他经营者或者消费者的合法权益的行为"。这从反面对经营者和消费者享有的不受不正当竞争行为损害的权利做出了规定，其中经营者所享有的与市场竞争秩序相关的权利可以理解为公平竞争权。

我国《最高人民法院关于执行〈中华人民共和国行政诉讼法〉若干问题的解释》（法释〔2000〕8号）规定法院可受理"被诉的具体行政行为涉及其相邻权或者公平竞争权的"行政诉讼。这是我国首次在正式的司法解

[①] 孔祥俊：《〈民法总则〉新视域下的反不正当竞争法》，载于《比较法研究》2018年第2期，第97页。

[②] 刘大洪、殷继国：《论公平竞争权——竞争法基石范畴研究》，载于《西北大学学报（哲学社会科学版）》2008年第6期，第141页。

[③] 郭壬癸：《论竞争者竞争利益权利化的证成》，载于《经济法论坛》2019年第1期。

释文件中使用"公平竞争权"的表述。① 这一表述后来被修订为"认为行政机关滥用行政权力排除或者限制竞争的"的措辞。《最高人民法院关于审理行政协议案件若干问题的规定》(法释〔2019〕17 号)第五条有关"其他认为行政协议的订立、履行、变更、终止等行为损害其合法权益的公民、法人或者其他组织"可提起行政诉讼的规定,实质上也是规定了公平竞争权人提起行政诉讼的原告资格。②

(二)公平竞争权所保护的法益

《反不正当竞争法》第二条第二款通过对不正当竞争的法律界定,明确了不正当竞争行为的违法性,不仅损害其他经营者的合法权益,也扰乱了社会经济秩序。经营者享有的与市场竞争秩序有关的公平竞争权,不同于物权、知识产权等独占性、排他性权利,其所期待的公平竞争秩序一旦实现,不但经营者能够因其受到公平竞争的待遇而获益,其他的市场竞争者也将整体受益,因此,公平竞争权所保护的法益即公平竞争权的客体包括经营者个体利益和社会整体利益两个方面的内容。同时,还应当认识到,经营者即便获得了公平竞争的待遇,其通过参与公平竞争能否实现市场收益也是不确定的,还需取决于能否在竞争中取胜。因此,对于经营者而言,保障实现公平竞争的相关法律制度所保护的竞争利益是一种机会利益。③

经营者对公平竞争利益的非独占性,并不能否定公平竞争权具有独特的权益内容及日趋完善的独有保护机制。特别是在政府采购这一较为独立的市场环境下以及在具体的政府采购项目中,经营者享有的政府采购公平竞争权利内容可以有清晰的界定,使政府采购公平竞争权成为政府采购法律制度框架内的基本法律范畴,并围绕政府采购公平竞争权形成一系列的保护与救济等相关法律制度。公平竞争状态的实现,与政府、竞争对手、

---

① 刘训峰:《公平竞争权之质疑》,载于《行政法学研究》2011 年第 3 期。
② 参见《最高人民法院关于审理行政协议案件若干问题的规定》新闻发布会实录,http://www.court.gov.cn/zixun-xiangqing-207571.html。
③ 刘赫喆:《行政合同中潜在缔约人公平竞争权的保护——以缔约行政主体优益权规制为切入点》,载于《北京行政学院学报》2019 年第 6 期。

市场基础设施建设情况等多种因素有关。公平竞争状态的受益者包括市场经营者和消费者,对于构建公平竞争市场享有权利并承担义务的经营者而言,赋予其公平竞争权将使其可对外提出自己的利益诉求。经营者公平竞争权的利益诉求至少包括三个方面,即经营者有权请求政府为市场竞争提供包括制度条件等在内的各类要素、经营者有权请求政府不得实施行政性垄断等排除和限制竞争的行为、经营者有权请求其他经营者不得实施经济性垄断和不正当竞争等妨碍竞争利益实现的行为。[①]

(三) 公平竞争权的法律保护方法

享有公平竞争权的经营者可对外提出利益诉求的指向,充分反映了公平竞争权受市场整体竞争环境制度状况限制、容易受行政行为的侵害以及与其他经营者存在竞争利益的冲突等特点。由于公平竞争权所指向的利益主体既包括提出利益诉求的经营者自身,也包括整个竞争市场的参与经营者,因此,依据《反不正当竞争法》第二条第二款建立公平竞争权的法律保护机制,应当充分考虑危害来源的多元性及权益内容的复合性等特点,为公平竞争权提供立体化的法律保护机制。

在公平竞争权保护的立法方面,主要是由《反垄断法》《反不正当竞争法》《政府采购法》《招标投标法》《行政诉讼法》以及《中华人民共和国知识产权法》(以下简称《知识产权法》)等提供多方面的法律保护制度。这些保护制度,有的是为经营者在具体竞争交易项目中所应享有的公平竞争待遇相关的权利提供保护与救济,有的是为经营者在整体的经营市场中所应享有公平竞争秩序的权利提供保护。前者例如,在招标等竞争性合同缔约过程中因他人串通投标致使经营者不能公平参与投标竞争,从而丧失合同机会以及由此带来的直接经济利益。后者例如,行政机关实施行政垄断不当地排除经营者进入某个市场,或者市场上的同业竞争者采取夸大广告等不正当竞争手段获得优势竞争地位和更多合同机会的情形。

---

① 杨尊源、薛克鹏:《竞争权的逻辑结构:基于霍菲尔德法律关系理论的分析》,载于《经济法论坛》2022年第1期。

第七章　政府采购争议解决的重要抉择

在保护方法上，政府通过实施反垄断、反不正当竞争、制度政策进行公平竞争审查、对侵犯知识产权行为进行执法等行政管理手段，以保障市场公平竞争秩序及具体竞争交易项目公平竞争的实现；在司法救济上，允许公平竞争权受到侵害的经营者提出行政诉讼或者民事诉讼（有些不正当竞争纠纷案由的案件在当前我国司法实践中按照知识产权类的案件进行审理），要求恢复竞争秩序或者赔偿因公平竞争权受侵害产生的经济损失，特别是针对公平竞争秩序所具有的社会公共利益的内容，允许由检察机关或私人提起公益诉讼。例如，我国《反垄断法》第六十条规定，"经营者实施垄断行为，给他人造成损失的，依法承担民事责任。经营者实施垄断行为，损害社会公共利益的，设区的市级以上人民检察院可以依法向人民法院提起民事公益诉讼"。而美国《谢尔曼法》第7条规定，"任何因违反反托拉斯法行为而受到财产或营业损害的人，可在被告居住的、被发现或有代理机构的区向美国区法院提起诉讼，不论损害大小，一律给予其损害额的三倍赔偿及诉讼费和合理的律师费"。[1] 即为鼓励受到反竞争行为损害的人起诉不法行为人，创造了"私人检察官"角色，并授予获胜的原告可以获得三倍损害赔偿和律师费。[2]

二、政府采购公平竞争权救济程序的不足

对经营者公平竞争权被侵权的情况进行法律救济的目标是恢复经营者的竞争利益。经营者公平竞争权所保护的对象，与能够直接支配某种利益的一般民事权利，例如物权，有所不同，但这不并妨碍公平竞争权是一种"法律规定的其他民事权利和利益"。将经营者的公平竞争权纳入法律保护的范围，就是要给经营者公平竞争权提供法律上的侵权救济，救济的目标是恢复经营者的竞争利益。在具体的竞争性缔约交易项目中，恢复经营者

---

[1] 张雅、黎善喆：《我国反垄断私人诉讼激励制度的建构——基于636起案件的实证分析》，载于《中国政法大学学报》2024年第2期。
[2] 李胜利：《美国联邦反托拉斯法百年：历史经验与世界性影响》，法律出版社2015年版，第166—167页。

竞争利益最高目标，就是要排除经营者所遭遇的不正当竞争因素，使经营者获得公平的订立合同的机会，为获得进一步的利益创造条件。我国当前法律制度为经营者提供公平竞争权侵权救济方面设置了相应的机制，但在救济程序的可得性、救济措施对公平竞争权的恢复力度等方面，尚有不足之处。

（一）公平竞争权行政救济程序衔接不畅问题

公平竞争权在具体交易项目中被侵权后可诉求的救济渠道，最能反映经营者公平竞争权救济程序的有效性。近年来，媒体多次报道过在政府采购项目中串通投标作弊的事件，[①] 也有投标书被抢、多家报价由同一造价软件制作等围标、串标事件见于报端。在政府采购等公共资源交易类项目受社会关注程度较高的竞争性缔约程序中，这些严重的公平竞争权益被侵害事件发生后，经营者会首选通过行政救济手段维护其合法权益，然后再寻求司法救济。但目前存在援引救济程序门槛较高、行政救济与司法救济衔接不畅的问题。

首先，经营者援引行政救济程序需以实际参与采购活动为门槛。根据《政府采购法》的规定，经营者参加政府采购活动遇到不公平待遇等问题，可以向采购方、代理机构质疑，并进一步向政府采购监督管理部门进行投诉，要求更正采购工作中的错误做法。按照《政府采购质疑和投诉办法》（财政部令第94号）规定，质疑的主体须为参加报名等实际参与采购活动的供应商，潜在供应商对采购文件也可质疑。但在向政府采购监督管理部门投诉时，需要由之前质疑的供应商提出，且进一步才可对监督管理部门对投诉的处理结果提出行政复议或行政诉讼。即质疑是投诉及后续行政复议或行政诉讼的前置程序。这种前置要求的程序限制，使经营者若因不公平竞争落选而维权，须先质疑，后投诉，再对投诉结果提起行政复议或行政诉讼的程序提出自己的主张。这一规定会导致错失质疑或投诉程序的时

[①] 例如，2015年2月10日，东南网报道《莆田：招标代理公司总经理 乒乓球涂固体胶招投标作弊被抓》；2018年8月2日，《北京青年报》报道《福建一乡政府项目招标现场被曝作弊》；2020年8月，四川政府采购网公布四川鼎鑫达工程项目管理有限公司因在南充市高坪区龙门街办的工程招标采购抽签摇号中粘贴乒乓球作弊被处罚等。

第七章　政府采购争议解决的重要抉择

限要求的供应商失去援用后续救济方式的机会。①

其次,行政救济与司法救济不能全面衔接,导致对关乎公平竞争的司法审查工作范围受限。在投诉后进行的行政诉讼程序中,法院往往仅对行政处理行为作出审查,不涉及对采购过程中执行竞争性缔约程序是否合法、是否依程序执行等问题直接进行审查,行政诉讼的处理结果一般仅涉及对所诉投诉处理决定或其复议结果的处理。例如,北京市第一中级人民法院(2006)一中行初字第10号案件中,法院以监督管理部门未对投诉事项全面审查和评述为由判决撤销了投诉处理决定,未直接对是否维持中标结果进行处理。在另外的一些案件中,例如,(2018)苏01行终767号案件中,法院虽已查明落选方在评标中未获资格审查为不当,但也只对不当的行政处理结论作出责令重新调查处理的判决,而无法对评标行为的合法性、中标结果的有效性、落选方的权益赔偿等问题作出认定。这一行政诉讼程序审理范围的问题,可能会有所改变。2022年7月财政部发布的《中华人民共和国政府采购法》(修订草案征求意见稿)中拟加以修改,明确规定投诉人可在行政诉讼中请求人民法院一并解决相关政府采购争议。

(二) 维护公平竞争权的司法诉讼救济渠道不畅

在政府采购项目中,除通过上述质疑——投诉——行政诉讼的路径进行有关公平竞争权的救济外,经营者也可以直接以不正当竞争纠纷为案由提起公平竞争权受侵害的诉讼。对于因串通投标等不正当竞争而落选的经营者提出的诉讼,法院通常以串通投标不正当竞争纠纷案由受理。② 如果经营者未能进入投标评审环节,而因受到不公平待遇根本无法报名参加竞争,经营者也可以不正当竞争纠纷为案由提起民事诉讼,但需证明与案件有直接利害关系。例如,证明其具备与采购项目相关的条件和能力、只不过因采购方不当地设置了报名条件等原因而丧失了竞争机会。如果经营者并未

---

① 肖北庚、刘平:《政府采购救济制度设计之理念偏差及其纠正》,载于《财经理论与实践》2014年第6期,第139页。

② 参见上海市知识产权法院(2015)沪知民终字第182号、江苏省无锡市中级人民法院(2015)锡知民终字第11号和(2016)苏02民终1838号民事判决。

在法国，政府采购合同是典型的行政合同，政府采购中的纠纷可由财政部所属的行政管理部门进行处理，也可以直接前往行政法院进行诉讼解决。参与竞争的供应商如落选，可以向行政法院提起诉讼。自 2007 年法国最高行政法院"托皮克工程信号设备公司"案开始，法院为行政合同竞争程序中的经营者直接争议合同本身的有效性提供了诉讼渠道，允许落选供应商对已达成的采购合同的合法性、有效性提出不同意见，要求解除合同关系。[1]

在德国，《反限制竞争法》规定了政府采购的审查程序和司法救济程序，在保护供应商权利的同时，发挥其监督作用。行政体系下对政府采购的审查主要由联邦和州政府设立的政府采购审查办公室执行，供应商对政府采购有争议的，可向审查办公室提出审查申请。投诉当事人对审查办公室的处理结果不满意的，可向联邦或州的经济部卡特尔局采购庭投诉，供应商也可不经过审查程序而直接寻求司法救济。采购审查办公室是只受理合同尚未签订前提出的投诉，对采购行为是否合法进行裁决，并提出需要采取的补救措施（如重新招标等），不涉及对投标人的赔偿。合同一经签订，供应商提起的诉讼将会被作为民事诉讼案件交由普通法院加以处理，有关纠纷由普通民事法院处理。这体现了德国立法者将政府采购争议整体作为私法问题加以处理的观点。[2]

虽然目前我国《政府采购法》将质疑投诉作为法院诉讼的前置程序，但应看到上述美国、法国、德国的救济机制中，行政救济与司法救济的渠道基本是可以平行适用的。在英国，供应商对采购结果向采购人提出异议未获满意答复，也可直接向法院诉讼。WTO《政府采购协定》和欧盟公共采购指令亦不要求将供应商质疑的审议程序作为法院诉讼的前置程序。[3] 尽管有的国家并非如此，例如，在希腊，供应商的质疑投诉必须先提交给一般或独立行政机构处理，向公共工程部或其他负责监督采购人的行政部门

---

[1] 梁凤云、金诚轩：《法国行政合同制度及诉讼实践》，载于《人民法院报》2016 年 12 月 9 日。
[2] 严益州：《德国行政法上的双阶理论》，载于《环球法律评论》2015 年第 1 期，第 99 页。
[3] 肖北庚：《政府采购国际规制之内在逻辑规律及我国的因应》，载于《环球法律评论》2005 年第 6 期，第 698 页。

第七章　政府采购争议解决的重要抉择

投诉，然后才能诉诸行政或民事法院寻求司法救济。① 但开放司法救济程序将之与行政救济程序同时交给供应商平行适用，显然是在救济渠道上给供应商设置了多元化的自由选择的机会，相应地更有利于公平竞争权的保护。

（二）将暂停采购规定为广泛适用的临时救济措施

暂停采购是在整体采购流程中都可以适用的临时措施，主要包括在采购成交前暂停采购程序、成交后暂停签订合同、已经签订合同的要求情况下中止履行合同。我国《政府采购法》第五十七条对采购监管部门暂停措施的期限作出了不超过30日的规定，相应地要求对投诉事项在30个工作日内作出答复，这说明暂停措施只是一项处理投诉期间的中间措施。从我国管理部门处理投诉的实践来看，胜诉率较高案件的投诉事由为招标文件相关要求不合理、评标不公正或不合法、招标过程不规范等，② 采购人违法的问题较多，及时暂停可避免采购人进一步形成违法损害的结果承担相应的赔偿责任，避免更大的损失发生。因此，有必要在未来的质疑投诉处理中更加重视暂停采购措施的运用。我国对暂停采购这一临时措施的适用条件规定不明确，欠缺强制性适用的规定，这与国外一些发达国家的做法不同。

在法国，政府采购中的落选方提起的诉讼作为行政诉讼案件进行处理，在基层法院受理供应商在合同签署前提起的诉讼后，直到法院作出判决以前，采购人不得签订同，即适用受理自动暂停制度。这一程序要求合同的签字程序暂停，但其他采购活动仍然可以继续。法国最高行政法院将合同签署前的诉讼作为紧急诉讼，其受理案件的标准较为严格，要求起诉者需证明其确实受到了伤害。③ 在德国，政府采购审查办公室受理投诉案件后即会停止合同签订。

因为暂停采购的临时措施大都适用在政府采购合同授予前，由于这个

---

① 张幸临：《政府采购质疑投诉处理机构研究——GPA的规定及成员方的选择》，载于《东北财经大学学报》2013年第4期，第89页。
② 陈怀东：《对政府采购投诉处理的分析——以北京市为例》，载于《中国政府采购》2018年第11期，第62页。
③ 陈天昊：《从〈招标投标法实施条例〉的颁布看政府采购救济制度的完善——以法国经验为借鉴》，载于《西部法学评论》2012年第6期，第79页。

阶段采购合同尚未开始执行，暂时停止授予合同除了拖延采购时间外，不会有其他利益损害，因此发达国家一般都规定合同授予争议一经受理，即通知采购人暂停采购合同的授予。只有采购人提出书面的合法理由时，例如，采取临时措施将导致公共利益的重大损失时，才会取消暂停采购的临时措施。我国《政府采购法》对临时采购措施的适用没有规定经济考量的标准，仅对投诉处理阶段暂停采购的工作时限作出了不应超过30日的规定，暂停采购临时措施的适用还带有较大的任意性。但在目前的政府采购实践中，当遇到询问、质疑或投诉的情况，采购人通常也会较为审慎地等待处理结果后再继续程序，以避免发生不可挽回的损失，因此有必要暂停采购规定为在争议处理程序过程中普遍性地强制适用的中间措施，以尽量为受不公平竞争侵害的经营者提供获得应有商业机会的保障。当然，由于暂停措施有期限的要求且较长时间停止采购活动的进行对采购人一方的利益损失相对更大，这就要求缩短质疑投诉处理工作的时间，相应地对质疑投诉工作的专业性和效率提出了更高要求。

（三）区分适用直接选定成交者与重新采购的救济措施

对于采购程序存在不公平竞争，采购成交结果应当予以取消的采购项目，在取消成交结果后如何确定新的成交供应商，我国《政府采购法》仅规定了从合格的中标、成交候选人中另行确定中标、成交供应商，未对重新启动采购程序作出规定。《政府采购法实施条例》进一步明确，对没有合格的中标或者成交候选人的，重新开展政府采购活动。我国《招标投标法实施条例》规定了可以按中标候选人排序确定其他投标人中标，也可以重新招标。

由于成交结果被取消的原因不同，取消成交结果后有三种处理方式，一是由采购人依候选次序另行确定成交供应商，二是重新评审，三是重新采购。《政府采购法实施条例》等相关规定对适用"重新评审"进行了限制，只在"资格性检查认定错误、分值汇总计算错误、分项评分超出评分标准范围、客观分评分不一致、经评审委员会一致认定评分畸高、畸低的情形"的情形下经书面报告财政部门后才可重新评审。而对于直接另行确

第七章 政府采购争议解决的重要抉择

定成交供应商和重新采购,并未给出明确的区分适用标准。这两种程序显然会对最终成交结果造成不同的影响。特别是当采购程序公开进行且通过唱标公开了各供应商的报价,重新采购中各供应商将有机会重新调整报价策略,从而使竞争态势发生变化。在这种情况下,排序第二位的供应商更希望直接确定成交供应商而不再重新采购,而其他供应商则更希望重新采购。采购人因重新采购需要重新按流程实施一遍,其对直接另行定标和重新采购也会有自己的考量。对于会产生如此重要影响的程序适用欠缺明确的区分标准,显然不利于经营者在公平竞争权受侵害造成落选情况下的权益维护。

如果经营者进行公平竞争权的维权,在成交结果被取消后,如果维权经营者位于成交候选人的第二位次,将会希望直接被选定为成交者;如果维权经营者在此前成交候选人中的排序不占优势,将更倾向于重新采购。在是否重新采购问题上,应至少区分两种情况:第一,采购中的不公平竞争是其他供应商所为,例如,提供虚假材料或两家供应商串通投标,且排除不法行为供应商后成交候选人的竞争态势较为明确,则宜直接从候选人中选定新的成交供应商;第二,采购中的不公平竞争可归责于采购人或采购代理机构,例如,供应商资格条件的设置不当、等标期过短等采购流程问题,或是供应商与采购人之间的串通投标,或出现较大规模的串通投标,则宜重新进行采购。

无论是直接选定成交者还是重新采购,都是此前采购工作的全面否定,无论是采购监督管理部门还是法院都应当采取审慎的态度。这一点美国联邦政府采购法律的实践具有借鉴意义。美国联邦索赔法院在多个判例中反复表明,联邦政府采购机构通常可以自由选择与谁签订合同,法院只在极端有限的情况下才会干预政府采购程序。[1] 其标准是评估作为采购人的行政机关的决定是否达到"武断的、任性的、滥用自由裁量权或有其他不合法

---

[1] The Ryan Company, Plaintiff, v. The United States, Defendant, v. The Chappy Corporation, Intervenor, 43. Fed. Cl. 646.

之处",只有认为成交决定的作出缺乏合理依据或采购程序涉及违反法律规定时,才可以推翻机构的决定。维权供应商方如果希望推翻成交结果而使自己成为成交供应商,往往还必须证明政府在采购过程中的行为实际上对自己有偏见,而如果不是因为这个错误,自己很可能会得到这个采购合同。如果经营者成功进行了这些举证,法院即可以给予适当的救济,包括宣告性救济和禁令性救济。如果政府采购成交决定确有错误,美国法院更倾向于以禁令的方式要求采购人不得再继续履行已经签署的合同,而由胜诉的经营者代替或要求采购人重新采购以使经营者重新获得赢得合同的机会。

本着恢复被救济者的法律地位作为补救措施首要选择的原则,在纠正了采购程序中的违法之处之后,我国法院在处理采购纠纷时亦不宜贸然参与合同授予的决策,而仍可交由采购人重新评审或重新采购,使落选经营者重新获得公平竞争的机会。只有当成交供应商违法而谋得成交结果的,才可以考虑根据具体情况由采购人在原评审确定的候选人名单中依次序确定成交供应商。如果恢复落选经营者竞争地位的同时经营者仍有经济损失,可以同时责令赔偿。

四、加拿大:投标截止后能否修改价格计算错误

安大略省纽马克特镇为建造一个新的娱乐设施项目进行邀请招标,向四家通过资格预审的承包商发送了邀请书。投标人包括文星公司和班菲尔德公司。在开标时,文星公司的投标价格被记录为最低价,在评标期间,评标委员会注意到班菲尔德公司的投标报价存在不一致之处。其投标文件的价格表构成见表7-1。

表7-1　　　　　　班菲尔德公司投标文件各项价格

价格构成	金额(元)
规定价格	33000528.00
增值税	2346960.00
总价	35874960.00

按照商品及服务税率7%核算，该增值税数字2346960.00元是33528000.00元的7%，而并非表中的规定价格33000528.00元的7%。该价格表中的两项合计值也并非35874960.00元。评标委员会认为班菲尔德公司在其投标报价表中犯了计算错误或文字笔误，然后根据规定价格重新计算了增值税以及合计总价。由于对班菲尔德公司价格的这些修改，评标委员会建议将班菲尔德公司视为最低价的投标人。基于此，评标委员会还建议采购人要求班菲尔德公司书面确定其价格表中的规定价格是正确的投标价格。班菲尔德公司发送了一份传真信函，表示是在投标文件制作的最后时刻更改了规定价格后发生了合并计算的错误，对规定价格的更改未结转到增值税中，造成了总价不正确，并要求采购人按照规定价格评标。

此后，采购人向全部投标人发送了非正式的中标结果通知，通知中指出，在采购人更正了班菲尔德公司的数据后，班菲尔德公司是价格最低的投标人。采购人决定，按照1999年安大略省上诉法院对布拉德斯科特案的判决意见，其有权更正班菲尔德公司所犯的错误。在布拉德斯科特案中，摘要价格信息与主要定价表不一致。在该案中，总投标报价从文件表面上来看是清晰的，摘要价格信息被确定为多余和从属的，而且很明显存在转录错误。在文星公司就此项数据更正提出投诉后，采购人仍然批准将合同授予班菲尔德公司。文星公司向法院提出诉讼。

法院经审理认定，班菲尔德公司的投标价格过于不确定。价格是投标的基本要素，价格不确定的报价不能成为具有约束力的合同关系的基础。法院认为，班菲尔德公司在其定价表中犯了两个错误。第一个是在增值税计算中，第二个是在总价计算中。这两个错误使得在审查投标报价表格时无法判断错误在哪里。与采购人所援引的布拉德斯科特案的裁决不同，法院认为班菲尔德公司犯下这两个错误的定价表既不是多余的信息，也不是从属信息。该错误不能通过简单的算术重新计算来纠正。法院进一步指出，招标条件规定，在投标截止后对投标文件的修改不予考虑或接受。法院认为采购人接受班菲尔德公司是错误的，支持了文星公司的起诉。该案二审亦维持了一审结果。本案判决意见突出强调了纠正笔误或算术上的错误与根本错误之间的区别,前者可能是被允许的,而后者使报价变得如此不确定以至于无法接受。采购人在评标过程中主动纠正投标报价,并在投标截止后接受班菲尔德公司澄清信函重新确定投标报价的做法,违反了招标条件,并构成了对采购人应当履行的公平义务的违反,侵害了其他投标人的公平竞争权。[1]

第三节 暂停程序的适用

政府采购活动的推进是一个持续的过程,在进行过程中往往都有较为固定的工作排期。在政府采购活动中出现争议,为等待争议处理结果,往往要考虑对正在进行的采购程序予以暂停。暂停主要是指暂停签订合同、暂停履行合同,而在尚未达到具备签署合同条件的采购前期阶段的暂停,往往可以通过延期来实现。例如,在采购文件发布后有供应商质疑,在处理供应商质疑事项的较短的工作期间内,如超过原采购程序设计的时间较短,可以按照延期处理,例如,顺延投标截止日期和开标、信息公告发布等程序。但如果处理争议需要较长的时间,是否予以较长时间的项目进展暂停,往往需要对暂停程序所造成的后果加以充分权衡后决定。

一、暂停采购程序的制度价值

(一)暂停采购程序的必要性

暂停采购程序可以在出现质疑或投诉时,为相关方提供足够的时间进行调查和核实,从而确保采购结果的公正性。通过暂停采购的临时措施,可以在暂停过程中充分交换信息,减少因信息不对称或违规行为导致的采购不公,保护供应商的合法权益,提高采购项目的质量和效率。通过暂停

---

[1] Maystar General Contractors Inc v Newmarket (Town), 2009, ONCA 675, https://www.canlii.org/en/on/onca/doc/2009/2009onca675/2009onca675.html.

第七章 政府采购争议解决的重要抉择

采购程序，可以及时发现并纠正采购文件、评审过程等中的错误和疏漏，提高采购项目的质量和准确性。暂停期间也可以给予采购人与采购代理机构、投标人更多时间准备文件，减少错误和遗漏，提高采购文件和响应文件的完整性和准确性。

在面对法律法规、政策调整或项目需求变更等外部风险时，暂停采购程序可以降低因仓促决策带来的潜在风险。在发现潜在的安全风险或采购文件存在问题时，暂停采购可以避免后续更大的损失。在涉及国家安全、社会公共利益等重大事项的采购项目中，暂停采购程序可以确保在充分调查和评估的基础上作出决策，维护国家和社会利益。

（二）暂停采购的适用条件

根据相关法律法规和政策文件，暂停采购程序的适用条件主要包括以下几个方面：（1）质疑和投诉成立且可能影响采购结果。当潜在投标人或其他利害关系人对采购文件、评审过程等提出质疑或投诉，且这些质疑或投诉成立并可能影响采购结果时，采购人应当暂停签订合同或采购活动。这一点在《政府采购法实施条例》第五十四条、《政府采购质疑和投诉办法》（财政部令第94号）等法规中均有明确规定。（2）法律法规或政策发生重大调整。当相关法律法规或政策发生重大调整时，为了确保采购活动符合新的法律和政策要求，需要暂停采购程序以进行必要的调整和更新。（3）项目需求发生变更。当项目需求发生变更时，需要重新评估和调整投标文件的内容和要求，此时也需要暂停采购程序以进行必要的修改和更新。（4）其他特殊情况。如灾害、安全风险、政府决策等特殊情况也可能导致采购程序的暂停。这些情况需要在相应的指示下对采购活动进行调整和暂停。

在实际操作中，如果决定暂停采购，采购人应当及时通知所有潜在投标人和相关利害关系人，并说明暂停的原因和期限。在暂停期间，采购人应当对质疑和投诉进行充分调查核实，以确保采购结果的公正性和准确性。暂停采购程序的时间应当合理控制，避免时间过长或过短给相关方带来不必要的损失或困扰。在财政部门处理投诉事项期间暂停采购活动的，暂停时间最长不得超过 30 日。

二、暂停采购措施适用条件问题

参与竞争性采购活动的经营者所面临的公平竞争权受侵害的情形，有的是采购人造成的，有的是其他竞争经营者造成的。无论是采购处于未成交状态还是处于成交状态，只要采购合同仍未实际履行，对受不公平竞争行为侵害的经营者提供救济的首选救济措施都是消除不正当竞争的影响，恢复经营者应有的公平竞争地位，以使经营者保持其成为缔约供应商的商业机会。在处理不公平竞争行为过程中，采购人、采购代理机构、采购行政监督管理部门都有权利实施暂停采购程序的临时措施，以避免采购程序在不公平竞争状态下继续进行造成更大损害。

我国《政府采购法》规定，对影响或可能影响中标、成交结果的询问、质疑，采购人、采购代理机构有权采取修改采购文件、暂停签订合同、中止履行合同等暂停措施。同时，在政府采购监督管理部门处理投诉的环节中，采购监督管理部门有依具体情况作出暂停采购活动决定的权力。但究竟在何种情况下应当暂停采购，无论是采购人和采购机构在适用时需考量的"可能影响中标、成交结果"的规定，还是以采购监督管理部门的适用为前提，法律规定均欠缺明确标准，造成是否暂停采购的权力完全由采购人或采购监督部门掌握，供应商无法依据明确标准提出暂停的主张。由于采购暂停措施对整个采购流程有重大影响，采购人或采购代理机构难以决断，采购监督部门和法院介入采购流程救济的程序又相对滞后，造成暂停采购这一重要的恢复落选方法律地位的救济措施在政府采购中的适用机会并不多。

相对于政府采购，我国对依法必须进行招标项目适用暂停招标措施有两处较为明确的规定，即《招标投标法实施条例》第二十二条规定了在对资格预审文件或招标文件的异议答复期间应当暂停招标投标活动，《招标投标法实施条例》第五十四条规定了在对依法必须进行招标项目的评标结果的异议答复期间应当暂停招标投标活动。但对行政监督部门暂停招标投标活动的条件，仍然只是在该条例第六十二条作出了"必要时，行政监督部门可以责令暂停招标投标活动"的规定。适用标准不清晰，造成主张公平竞争权受侵害的供应商要求暂停采购缺乏明确标准，不利于维护供应商合法权益。

三、英国：通过暂停采购保全中标声誉案

（一）采购项目情况

英国外交及联邦事务部和英国文化协会共同以"带谈判的竞争性程序"采购通信服务商订立框架协议以提供网络集成服务，两家知名的通信运营商沃达丰和富士通参与了投标。采购文件明确，将根据质量和价格确定最经济有利的投标直接签订框架协议，评估过程包括四个步骤：合规性、评价、审核和排名。在评审标准方面，采购文件要求每个投标的每个质量方面都要达到最低分才能入选，其中包括在3级标准中获得最低4分，并在2级标准中至少得9分。

经评审投标人的投标书，富士通公司得分95.56%位列第一，沃达丰得分65.78%位列第三名。2021年7月22日，经采购人决定不再进一步谈判，基于首次投标文件将合同授予给富士通公司。中标通知书给出10天的停顿期，在此期间落选供应商可以寻求权利救济。沃达丰不认可中标结果很快向法院起诉。

（二）诉争案件审理情况

沃达丰公司起诉认为，根据采购人公布的详细评分表，沃达丰和富士通均未达到最低入围分数。富士通在第3级第4项的评标中得了1分，并未达到最低要求的4分。沃达丰认为，采购人不再进一步谈判而直接决定中标结果是不当的，因为富士通投标文件中的技术方案在评估中被认定为有重大缺陷，需要进一步修改。采购人辩称采购人有权决定是否排除未达到最低质量标准要求的投标，因投标文件表达的是保留排除未达到最低质量标准要求的投标权利。在诉讼中，基于法规规定在未签署合同且有提出异议

的情况下应当暂停采购，采购人请求法院解除自动暂停程序。法院在 2021 年 10 月 20 日作出了判决，驳回了采购人要求解除暂停采购程序的申请。

法院认为，在政府采购异议案件中决定是否解除自动暂停采购程序，应考虑：（1）是否有一个严重的问题需要审理？（2）如果问题严重，在取消暂停后继续签订了合同但异议供应商胜诉，能够为受害供应商以损害赔偿的方式提供充分的救济吗？如果仅予以损害赔偿，给该供应商的救济是公正的吗？（3）如果没有严重的问题，持续暂停采购程序且采购人胜诉后，采购人因暂停受到的损害能否仅以损害赔偿的方式给予充分救济？（4）如果损害赔偿救济是否充分问题存疑，且最终证明暂停或不暂停的措施是错的，哪个措施带来的不公正的风险较小？

在本案中，法院认为，考虑到本采购合同在国际全球通信领域极具声望，本合同给中标供应商带来的声誉利好较大，仅在事后给予沃达丰损害赔偿并不能充分补偿沃达丰在获得合同方面的无法量化的损失。而此次采购的通信系统较原系统在安全性上更为优越，采购项目越早实施对国家安全越有利。如果持续暂停采购，因此给英国的安全和声誉造成的损失无法通过事后损害赔偿来充分救济。但是考虑到本案审判可能会在 4 个月内进行，在一个相对较短的时间内暂停采购程序，尚不会对国家安全造成任何具体威胁。最终，法院驳回了政府方要求解除暂停措施的申请，并明确要求暂停期间不得签署采购合同。

我国对于暂停采购措施的规定主要是采购人或监督管理部门视情况决定，没有自动暂停的程序设计。在确定是否暂停上，沃达丰案件带来的启示是要充分考虑有影响力的中标给供应商带来的声誉价值及其难以通过损害赔偿提供充分救济的情况，在充分衡量采购人与供应商双方的权益后审慎决定，避免造成无法弥补的损害。[①]

[①] Vodafone v Secretary of State for Foreign and Commonwealth and Development Affairs〔2021〕EWHC 2793（TCC），参见焦洪宝：《暂停采购对中标声誉保全的重要性分析——以沃达丰诉英国外交及联邦事务部和英国文化协会采购案为例》，载于《中国招标》2023 年第 9 期。

第四节 基于公益的补偿

行政主体因公共利益的需要而行使行政优益权单方变更、解除行政协议，给行政相对人造成损失的应予补偿。现行法律法规对基于行政优益权解除行政协议的补偿标准没有明确规定。基于行政优益权解除行政协议的补偿标准，应与政府违约产生的赔偿责任有所区分。

一、政府采购中行政优益权的行使

我国行政协议的概念是在 2015 年《行政诉讼法》修订时首次在实证法层面确立的，但对于行政优益权至今在立法上没有明确规定。2019 年 11 月 27 日，最高人民法院颁布的《关于审理行政协议案件若干问题的规定》（以下简称"行政协议司法解释"）对行政协议的概念与范围进行了界定，并在第十六条规定，"在履行行政协议过程中，可能出现严重损害国家利益、社会公共利益的情形，被告作出变更、解除协议的行政行为后，原告请求撤销该行为，人民法院经审理认为该行为合法的，判决驳回原告诉讼请求；给原告造成损失的，判决被告予以补偿"。一般认为，这是在司法解释中对行政优益权予以认可的规定。[①] 由于行政协议的类型及被告解除协议的具体情形复杂多样，有必要对基于行政优益权而解除行政协议进行区分分析。

（一）行政优益权的含义及适用条件

行政优益权理论肇始于法国，法国行政法将行政合同履行过程中政府享有的一系列"超越性"权力统称为优益权。这些优益权主要表现为监督指导权、单方修改权、单方终止权和制裁权。[②] 德国也是承认行政协议中行政优益权的国家，《德国联邦行政程序法》规定了行政机关在公法合同签订

[①] 张榆：《行政协议中行政优益权的启动规制》，载于《人民法院报》2020 年 9 月 24 日。
[②] 李颖轶：《论法国行政合同优益权的成因》，载于《复旦学报（社会科学版）》2015 年第 6 期。

后发生了情势变更或为了保护公共利益的需要，有权单方变更或解除合同。将法国与德国相比较，德国对行政优益权权能范围的界定要明显较窄。在我国，对于行政优益权的内容众说纷纭，将行政协议在行政协议以外行使法定职责的诸多行为剥离以后，行政机关在行政协议中基于"法定事由"单方提出变更或解除合同的权力，至少应是我国行政协议中的行政主体一方所享有行政优益权的核心内容。[1]

行政协议司法解释规定的对行政协议的概念和类型进行了规定，认为行政协议是行政机关为实现公共利益或者行政管理目标，在行使行政职责过程中，与公民、法人或者其他组织协商订立的具有行政法上权利义务内容的协议，具体包括政府特许经营协议、土地或房屋等征收征用补偿协议、矿业权等国有自然资源使用权出让协议、政府投资的保障性住房的租赁或买卖等协议、政府与社会资本合作协议及其他类型的行政协议。行政协议的签署和履行是行政机关履行行政职责的实施形式，这些行政职责往往都有法律或行政法规作为依据，有的法律法规中对政府一方因公共利益需要而解除合同的情况进行了原则性规定，可以视为是行政主体行使行政优益权的适用条件。

政府行使行政优益权应当以公共利益的需要为适用条件。例如，政府特许经营协议通常以《行政许可法》为依据，该法第八条规定了在行政许可所依据的客观情况发生重大变化的情况下，为了公共利益的需要，行政机关可以依法变更或者撤回已经生效的行政许可。《中华人民共和国土地管理法》也规定对于已经出让的国有土地使用权为实施城市规划等公共利益的需要可以经批准后予以收回。《优化营商环境条例》《外商投资法实施条例》也均规定，因国家利益、社会公共利益需要改变政策承诺、合同约定的，应当依照法定权限和程序进行，并同时规定了应依法对市场主体所受到损失予以补偿。

---

[1] 胡建淼：《对行政机关在行政协议中优益权的重新解读》，载于《法学》2022 年第 8 期，第 51 页。

（二）基于行政优益权变更、解除行政协议应予补偿的法律依据

行政优益权是法律所赋予行政主体基于公共利益的需要而享有的优先于行政相对人的特权，这一特权是对合同主体地位及权利平等原则的突破，也是行政协议区分于一般民事合同的重要特征。行政优益权集中体现为行政主体基于公共利益的需要而单方变更、解除协议的权力，这一权力行使的结果不是必要合法有效的，仍要接受司法审查。在行政优益权的行使具有合法性的情况下，除变更、解除协议的结果得到确认外，行使行政优益权的行政主体一方仍需要承担相应的法律后果。

《宪法》规定，国家为了公共利益的需要，可以依照法律规定对公民的私有财产实行征收或者征用并给予补偿。《民法典》也规定为了公共利益的需要而征收、征用不动产或动产的，应当给予公平、合理的补偿。基于行政优益权而变更、解除行政协议，打破了行政协议将会得到顺利履行的正常预期，是行政相对人在行政协议项下的履行利益因服从公共利益而作出的个别牺牲，应按照征收征用的一般法律规定将给予补偿作为必备的合法性要件。适用行政优益权变更、解除行政协议，必然存在要给予受影响的行政相对人补偿的问题。《行政诉讼法》第七十八条第二款规定，行政主体变更、解除行政协议合法，但未依法给予补偿的，人民法院判决给予补偿。只有行政协议仍处于正在履行的状态中，才存在基于行政优益权而变更或解除的问题；而行政主体基于公共利益变更、解除行政协议，必然是对行政协议原约定内容的违反，应当对行政相对人因此而遭受的损失予以补偿。相较于《行政诉讼法》第七十八条第一款规定的被告违法变更、解除行政协议可能需承担赔偿损失责任的规定相比，"补偿"的措辞与"赔偿"的措辞的区分，主要在于变更、解除行政协议行为是否具有合法性为前提。使用"补偿"的措辞，表明了法院确认维护了变更、解除行政协议行为的合法效力，不涉及违法或违约赔偿的问题。但是从给付的内容来看，"补偿"并不必然意味着比"赔偿"更多或更少。由于现行法律法规对补偿的标准规定不明确，一方面，为补偿的范围和标准的确定预留了灵活的裁量空间；另一方面，因为未明确区分补偿和赔偿的范围及标准，从而容易造成在实

践中因标准不一而无所适从。

二、基于行政优益权解除变更政府采购合同

《政府采购法》有关"因重大变故,采购任务取消的"情况下采购人应当予以废标的规定,以及《政府采购法》第五十条规定:"政府采购合同的双方当事人不得擅自变更、中止或者终止合同。政府采购合同继续履行将损害国家利益和社会公共利益的,双方当事人应当变更、中止或者终止合同。有过错的一方应当承担赔偿责任,双方都有过错的,各自承担相应的责任。"是基于"行政优益权"原则对防止国家利益和社会公共利益受损情况下,变更、中止或终止政府采购合同的规定,也均可以作为政府主张行政优益权而单方决定解除行政协议的法律依据。在此情况下,采购人作出放弃采购或变更、解除合同的决定,显然也应当是基于公共利益的需要。另外,在政府与社会资本合作协议的订立过程中,如涉及适用政府采购及招标投标的法规规定,也可适用《政府采购法》的上述规定。

行政协议司法解释对行政协议的具体类型进行了较为宽泛的规定。从这些类型的行政协议来看,有的行政协议的内容具有较明显的市场交易性因素和特征,有的行政协议的市场交易性特征相对较为不明显。对此,有学者认为应以非市场行为性作为识别行政协议的关键因素,不同意将矿业权等国有自然资源使用权出让协议,政府投资的保障性住房的租赁、买卖等协议划入行政协议的范围。[①]

从市场交易性因素的大小来对行政协议进一步做类型的区分有相当重要的意义。行政协议是行政主体履行行政职责而形成的与行政管理对象之间的双务合同,这其中典型的行政协议所涉及的行政管理目标,是可以在不需要行政相对人作出意思表示、仅凭行政主体的单方行政行为即可实现的。例如,国家对集体土地或国有土地上房屋的征收征用,其本身可由征

---

① 王利明:《论行政协议的范围——兼评〈关于审理行政协议案件若干问题的规定〉第一条、第二条》,载于《环球法律评论》2020年第1期,第18页。

第七章 政府采购争议解决的重要抉择

收部门直接依法定程序单方确定征收征用补偿的标准,因而属于几乎完全适用公法规则的行政协议。① 当然,征收征用补偿协议的签署本身,表明行政相对人作出了接受补偿标准的意思表示,行政协议仍然是经双方意思表示一致而达成的。而土地出让协议、保障性住房租售合同、政府特许经营协议、政府与社会资本合作合同以及大量的政府采购合同,既有行政主体作为行政协议一方履行行政职责的因素,又往往通过市场化的交易程序与作为行政协议另一方的行政相对人达成共同的意思表示的市场交易性因素,因此这些类型的行政协议属于具有较明显的市场交易因素的行政协议。但这类行政协议也不能等同于民事合同。以政府采购合同为例,因使用财政性资金进行购买,在采购对象选择上既要考虑经济因素,同时负有执行社会宏观经济调控政策、实现政府采购市场面向所有市场经营者提供公平参与机会的使命,因此,仍有必要将其作为行政协议适用不同于民事合同的特殊规则,也应在有必要的情况下允许采购人一方行使行政优益权以变更和解除政府采购合同。

基于市场交易性因素的差异,可以将行政协议区分为"几乎完全适用公法规则的行政协议"和"具有较明显的市场交易因素的行政协议"。这两类行政协议中的行政相对人一方,在参与订立及履行行政协议的目标上有明显差异,前者基本不具有市场经营考虑,更多体现为服从于公益目的而参与以行政协议形式实施的行政行为;而后者更多情况下是市场经营主体,在行政协议中享有作为市场经营者的商业利益。在涉及基于行政优益权变更、解除行政协议的补偿问题上,对这两类行政协议的行政相对人给予补偿标准的考虑因素上,必然会有所区分。前者往往只需考虑行使行政优益权给行政相对人造成的实际损失,后者还需要增加考虑行使行政优益权而给行政相对人造成的可得利益的损失。

行政协议的解除,除了行使行政优益的原因,还有行政协议的行政主

---

① 焦洪宝:《政府与社会资本合作项目争议的解决方式》,载于《政法论丛》2018年第4期,第117页。

体一方违约解除、行政主体一方因行政相对人一方违约而主张解除、行政协议因发生情势变更而主张解除、行政协议因发生不可抗力而需解除、行政协议具备约定的解除条件而解除等情况。以行政主体一方的视角来看，基于不同原因而提出的行政协议的变更、解除，在给出补偿或赔偿的标准上，应当予以不同的考虑，可能会得出不同或相同的补偿或赔偿标准的结论。由于行政协议的变更、解除在补偿范围上可能会有所差别，但在补偿标准问题的讨论上有类似之处，因此，下文主要从行政协议解除的角度展开论述，以努力厘清基于行政优益权解除行政协议与其他原因而解除行政协议在补偿或赔偿标准问题上的差异。

三、基于公共利益对计算补偿的影响

行政协议的解除，从客观上看存在多种原由和路径。仅从行政主体拟合法地解除行政协议所可适用的原由，其可以根据行政协议本身的规定以行政相对人严重违约等原由适用解除民事合同的相关法律规定主张解除行政协议，也可以参照适用民事合同法律规定中有关法定解除事由及情势变更或不可抗力的法律规定主张解除行政协议。在解除行政协议的程序上，可以基于行政协议本身按照合同法的程序提出，也可以另行发起一项单方解除合同的具体行政行为。在这两种程序上，应当按照协议优先的原则，只有在确有必要时，行政主体才可以另行依法作出单方决定解除行政协议的具体行政行为。[①]基于行政优益权解除行政协议，尽管在行政协议中可能会有原则性的规定，但发生需要解除行政协议的公共利益需求事件显然并不符合双方订立行政协议的预期，因此，基于行政优益权而解除行政协议，应当是行政机关基于公共利益需要而单方作出的具体行政行为。基于行政优益权解除行政协议，与行政主体违约解除行政协议、因不可抗力解除行政协议、因情势变更解除行政协议等情形，在解除行为的前提条件及归责原则上的区别，对最终行政机关应承担的给予受影响的行政相对人的补偿

---

① 刘飞：《行政协议与单方行为的界分》，载于《中国法学》2023年第2期，第71—89页。

或赔偿责任,会产生不同的影响。

(一) 行政优益权解除与不可抗力、情势变更解除的适用差异

行政协议司法解释第二十七条第二款规定,审理行政协议案"可以参照适用民事法律规范关于民事合同的相关规定"。行政主体单方提出解除行政协议的情形,参照适用民事合同解除情形分析,存在政府违约解除行政协议、因不可抗力而解除行政协议、因情势变更而解除合同、政府因对方违约而提出解除行政协议等情形。基于行政优益权解除行政协议是基于公共利益的需要,在适用情形上应重点注意与因不可抗力解除和因情势变更解除加以区分。

1. 因不可抗力而解除合同的适用

《民法典》规定,因不可抗力不能实现合同目的的,当事人可以解除合同。不可抗力对合同履行的影响,可能体现于对双方履约内容的影响,也可能仅是对一方履约内容的影响。行政主体一方基于不可抗力而主动提出解除行政协议,通常是出现行政主体一方受不可抗力影响而无法履行行政协议义务的情况。对于什么是不可抗力,我国法律只是作出了原则性规定,为避免争议,协议双方在订立合同时可以选择具体列举不可抗力事件,例如,较为具体地将法规政策变化、政府防控疫情措施等列为不可抗力事件。尽管合同中有所列举,但在具体事件发生时,仍需要对该不可抗力事件对合同履行的具体影响进行分析,根据影响的程度确定是否构成有权解除合同的不可抗力。当事人约定的名为不可抗力的事项超出了法律界定的不可抗力范围的,仍需由债务人承担民事责任。[①] 如果行政主体以不可抗力为由提出解除行政协议,其合法性亦应按照民事法律规范有关因不可抗力而解除合同的规定来认定。

2. 因情势变更而解除合同的适用

因情势变更而解除合同,与因不可抗力而解除合同相比在对合同可否

---

① 崔建远:《不可抗力条款及其解释》,载于《环球法律评论》2019年第1期,第49—50页。

继续履行的阻力以及解除合同的程序上稍有区别。从《民法典》第五百三十三条的规定来看，因合同基础条件的重大变化造成继续履行合同对于当事人一方明显不公平的，受不利影响的当事人在与对方重新协商不成的情况下可主张变更或解除合同。与《民法典》第一百八十条有关"不可抗力是不能预见、不能避免且不能克服的客观情况"规定相比，情势变更情形下合同履行一般尚未达到履行不能的程度，但合同履行已十分困难从而明显不公平。而在解除合同的程序上，因情势变更主张解除合同，应以与对方当事人充分协商为前提；因不可抗力解除合同，基于不能达成合同目的的情况已十分明显，法律未规定必须先进行协商。

3. 基于行政优益权解除与前两者的竞合

基于行政优益权解除行政协议的情形，与基于不可抗力、情势变更而解除行政协议的情形，并不是完全相互隔离的，在某些情况下存在竞合的情况，这些不可抗力、情势变更的情形在很多情况下会成为行政主体行使行政优益权单方终止或变更行政协议的一种具体理由。[①] 例如，在"向世松诉碧江区政府案"中，[②] 被告碧江区政府拆迁原告时原定还迁宅基地，但此后因城市规划调整该规划城区内不再允许私人建房，造成原拆迁安置协议不能履行。该变更事由被一审法院认定为情势变更，而二审及再审法院均直接认为是政府行使优益权而单方变更解除行政协议的情况。这是行政优益权的解除与情势变更解除的竞合情形。[③]

4. 基于行益权解除制度的独立性

尽管存在适用中的竞合情况，基于行政优益权解除行政协议的情形，与基于不可抗力、情势变更而解除行政协议的情形，仍有必要作为独立存

[①] 王彦木：《论民法情势变更制度在行政协议领域的适用》，载于《西部学刊》2022年第18期，第66页。

[②] 参见向世松诉贵州省铜仁市碧江区人民政府、贵州省铜仁市碧江区灯塔街道办事处及第三人铜仁市九龙房屋拆迁安置有限公司房屋征收补偿协议案，最高人民法院（2017）行申4595号行政裁定书。

[③] 陈天昊：《行政协议变更、解除制度的整合与完善》，载于《中国法学》2022年第1期，第175页。

在的制度。行政优益权制度作为适用于行政协议的制度，彰显了行政主体在行政协议项下的特殊身份和地位，不宜仅以不可抗力或情势变更制度加以替代。同时，也不能把基于行政优益权解除行政协议的情形，完全归入基于不可抗力或者基于情势变更而解除行政协议的情形。尽管有的行政协议将政府政策变化界定为不可抗力，并列明公共利益影响下可以单方解除行政协议的做法，但行政优益权仍应被视为独立于不可抗力以及情势变更原则的解除制度之外的独立的一项制度，其解除行政协议的原因是公共利益的需要，这种公共利益的需要本身在可能不构成行政协议履行本身的障碍，因此，不足以构成不可抗力。行政优益权解除也不是合同基础条件的重大变化，可能只是基于行政主体一方对于公共利益需要的考虑，与合同履行的外部大环境可能并无必然的联系，也不存在对公共利益明显不公平的情况。因此，行政优益权解除合同可以在论证解除理由的充分性时适用不可抗力或情势变更制度，但仍有适用该两种制度的依据均不充分而需另行适用行政优益权制度的情况。

（二）行政优益权解除与其他事由解除的责任比较

行政优益权的解除对应的补偿内容是行政相对方在行政协议项下的合同权益，与行政征收补偿以被征收的物权价值为依据相比更为抽象，应主要适用有关合同违约损害赔偿的规定加以分析。为认清行政优益权解除的补偿责任，有必要将基于行政优益权解除与政府方违约解除、因不可抗力解除、因情势变更解除所导致的补或赔偿责任标准加以比较。

1. 补偿责任一般低于赔偿责任

一般认为，在民事法律制度下，补偿和赔偿在责任范围上存在区别。补偿强调是基于合法行为，补偿范围强调基于公平原则而进行的填补，目的是填补受害人的损失，对承担补偿责任的当事方并不进行否定性评价。而赔偿往往是基于违约行为而对责任人作出的惩罚性规定，其目的既有填补损失，也可以施加惩罚性内容，对承担赔偿责任的当事方有否定性的评价。因此，一般而言，赔偿责任比补偿责任更重。补偿责任在多数情况下会小于受损失方的损失，而赔偿往往会超过受损失方的损失。按照我国

《民法典》对合同违约的损害赔偿范围的规定，赔偿范围相当于因违约所造成的损失，包括合同履行后可以获得的利益，同时也不得超出订立合同时可预见的范围。基于行政优益权而解除行政协使用的是补偿的措辞，对于基于行政优益权而解除行政协议的损失赔偿范围的认定，是对行政相对人因行政协议被解除而遭受的损失的计算，可以适用民法典的规定，但基于行政主体系出于公共利益的需要而作出解除行政协议的决定，且该行为具有合法性，其对行政相对人补偿标准，一般认为应低于行政主体违约而给守约方造成损失赔偿的标准。

2. 因不可抗力而解除合同往往不包含预期利润损失

认定基于不可抗力而解除合同的责任，因不可抗力属于双方均过错的事件，因此一般基于公平原则由双方共同分摊风险，在进行双方合同权益调整时，可以使用"补偿"的措辞。但是，我国对民事合同违约采取严格责任的归责原则，基于不可抗力而不承担合同责任，也只是考虑在受不可抗力影响的范围内免除相应的责任，因此，同样也存在先认定损失范围与标准，然后再考虑免除的问题，因此如需进行利益调整，基于不可抗力而解除合同的一方给予对方的补偿的法律规定实质仍应是赔偿。合同的损害赔偿主要涉及两个标准，一是期待利益标准，使被赔偿的合同方处于如同被履行一样的状态；二是信赖利益标准，使其恢复到合同订立前的状态。期待利益通常被认为包含履行利益和可得利益两个部分，在通常情况下期待利益当然会超过信赖利益，超过部分至少会包括履行合同为当事方带来的预期利润即可得利益。因不可抗力所致的合同解除，依不可抗力免责原则甚至可免除信赖利益的损害赔偿。[1] 显然，因不可抗力而解除合同所进行的赔偿，一般不应包含合同履行可能产生的预期利润损失。财政部《PPP项目合同指南（试行）》对于自然不可抗力造成的合同解除的补偿标准也认为

---

[1] 谭启平、龚军伟：《不可抗力与合同中的民事责任承担——兼与罗万里先生商榷》，载于《河北法学》2002年第3期，第127页。

一般不包括预期利润损失。[1]

3. 基于行政优益权解除与政府违约解除的责任不宜等同

行政优益权解除制度与政府违约解除、不可抗力解除制度相互具有独立性，政府违约解除及不可抗力解除的赔偿责任对行政优益权解除的补偿责任是否仍具有可参照性？财政部《PPP项目合同指南（试行）》对政府违约事件、政治不可抗力以及政府方选择终止导致的合作合同终止规定了同样的补偿原则，认为都是需要使项目公司获得的补偿等于假设该PPP项目按原计划继续实施的情形下项目公司能够获得的经济收益。政治不可抗力、政府方选择终止这两种情况，与行政优益权的解除在解除原由上具有共同点在于行政相对方都是无过错方，确定由政府方在此情况下给付包括预期利润在内的履行利益补偿，充分维护了行政协议中的行政相对人一方的利益，但这种做法将政府有过错违约情况下解除的赔偿标准与政府无明显过错解除的补偿相混同，如果适用于行政优益权解除，将无法体现基于行政优益权解除行政协议制度所体现的公共利益的优先性。行政主体基于公共利益的需要而行使优益权解除行政协议，不宜等同于政府违约情况下的赔偿责任。《PPP项目合同指南（试行）》同时明确，要确保项目公司不会因项目提前终止而受损或获得额外利益，尊重政府与社会资本方在PPP项目合同中事先约定利润损失的界定标准及补偿比例，即并不排除将具体预期利益的补偿范围交由双方事先的比例商定加以调整、从而减少赔偿预期利润损失的可能性。

（三）我国行政协议解除的赔偿或补偿标准的司法实践

经检索中国裁判文书网等，目前在行政协议解除领域形成判例的案件并不多。在涉及因政府违约被诉赔偿解除行政协议的损失案件中，对于政府违约造成行政协议解除的赔偿责任应适用行政赔偿规定还是民事赔偿规定赔偿的问题，尚有不同的看法。而在赔偿标准的理解上，个案之间也不

---

[1] 参见《财政部关于规范政府和社会资本合作合同管理工作的通知》（财金〔2014〕156号）的附件《PPP项目合同指南（试行）》。

尽相同。在（2020）鲁行终276号案件中，政府先后重复授予两家企业燃气特许经营权，在先获得特许权的企业要求赔偿经营性损失，法院以《国家赔偿法》规定对财产权造成的损害只赔偿"直接损失"为由，认为所诉请的经营收益是具有期待性和不确定性，未予支持。而在（2020）最高法行申5229号案件中，同样引用《国家赔偿法》，法院却认为《国家赔偿法》中的"直接损失"包括已经发生的财产损失和必将发生的可得利益损失，因未按照土地出让合同给受让人办理国有土地使用权证，土地受让人起诉要求赔偿土地增值损失应当予以支持。同样支持可得利益损失的案件还有（2018）最高法行申154号案件，该案中最高人民法院认为行政协议的公益性质不能免除应负有的违约赔偿责任，应当支持再审申请人对其十年多因无法使用置换土地而失去的经济利益的赔偿请求，这些建设开发土地可获得的利益，实际上也是可得利益。

在基于行政优益权解除行政协议的补偿问题上，也有案件考虑了赔偿预期利润损失的问题。（2020）最高法民终896号案件虽以民事案由审理，但涉案公路特许经营权被收回是由于政府公路建成后的运营过程中决定停止公路收费所导致的，案件围绕双方达成的移交协议如何履行展开。在该案中，最高院未支持北方公司对公路特许经营可得利益的主张，阐明的理由主要有四点：其一，双方未签订正式特许经营协议，未形成可得预期；其二，未来是否必然盈利并不确定；其三，双方对解除后果所达成的合意中已包含对损失的弥补；其四，未能证明预期可得利益数额。[①] 从法院论理来看，在条件获得满足的情况下，行政相对方可得利益的主张仍可能得到支持。但最高人民法院对这一案件的意见表述，恐难意味着在基于行政优益权解除行政协议的补偿问题上，一律要充分考虑补偿预期利润损失。

（四）法国基于行政优益权解除行政合同的补偿原则

行使行政优益权解除行政协议，在维护公共利益的同时，也应对行政

---

① 最高人民法院北京北方电联电力工程有限责任公司、乌鲁木齐市交通运输局与乌鲁木齐天山大道投资管理有限责任公司合同纠纷一案，（2020）最高法民终896号民事判决书。

第七章 政府采购争议解决的重要抉择

相对人利益受损的情况予以补偿。法国行政法院的判例对补偿问题确立了"财务平衡标准",该原则要求行政法院在承认行政机关对行政协议的单方变更权的同时,不能忽略相对人的补偿请求权。行政机关单方变更权的行使可能导致相对人履约成本增加,从而有必要重建原始财务平衡。[1] 这一原则要求对于行使单方变更权或者单方解除权给合同相对人造成损失的,行政机关必须全额赔偿,包括直接损失及预期收入损失。[2] 这一做法要求凡是涉及行政优益权的行使,无论行政主体是否违法,都需要对相对人遭受的实际损失与协议履行可能取得的期待利益进行赔偿。这呈现出法国私人权益相较于公共利益的强势姿态,同时也存在不分过错地一刀切的问题。[3] 但也有学者认为,法国的财务平衡原则只要求行政主体维护行政相对人在"预期收益"与"现实损失"之间的经济平衡,行政法官可以酌情在"承诺给相对人的利益"与"强加给相对人的损失"之间确定一个均衡点,从而获得相对合理的结果。[4]

另外,在一些国际上的一般商业合同中,往往也会"任意解除权"条款的约定。例如,世界银行贷款项目《货物采购国际竞争性招标文件》范本中,就规定了因买方的便利而终止合同的条款。在终止剩余货物采购的情况下,未明确需要给予卖方做补偿。[5] 在土木工程施工(FIDIC)合同条件中也有业主便利解约条款。但即便作出了采购方出于自身便利可以随时通知解除合同的约定,便利终止解除合同也并非任意,需受诚信原则的限制。[6] 在解除后的赔偿问题上,1999版FIDIC条款规定承包商只能得到与不可抗力

---

[1] 张鲁萍:《行政协议优益权行使的司法审查——基于对部分司法判决书的实证分析》,载于《西南政法大学学报》2018年第5期,第8页。

[2] 郭雪、杨科雄:《传统行政协议优益权的行使》,载于《法律适用》2021年第6期,第56页。

[3] 邢鸿飞、朱菲:《论行政协议单方变更或解除权行使的司法审查》,载于《江苏社会科学》2021年第1期,第118页。

[4] 李颖轶:《优益权的另一面:论法国行政合同相对人保护制度》,载于《苏州大学学报(哲学社会科学版)》2020年第2期,第88页。

[5] 参见1996年财政部编的世界银行贷款项目招标文件范本《货物采购国际竞争性招标文件》第三十一条,何红锋主编:《政府采购招投标范本汇编》,华中科技大学出版社2008年,第768页。

[6] 赵伟、刘志鹏:《采购合同中的便利终止条款是否合法有效》,载于《招标采购管理》2018年第8期,第65—66页。

发生后终止合同时得到的补偿一样的补偿，即不能得到利润补偿。但在 2017 版修订后，又规定业主便利解约以后承包商可以获得预期利润补偿。[①]

（五）为基于行政优益权解除行政协议设定合理的补偿标准

基于行政协议的不同类型以及区分行政优益权与政府违约、不可抗力等解除行政协议情形的差异考虑，有必要进一步明确基于行政优益权解除行政协议的补偿标准。可从以下方面做好工作以保障补偿标准的合理性，减少争议的发生。

1. 审慎适用行政优益权解除行政协议

行政协议，特别是具有市场交易因素的行政协议，既具有行政管理性，又具有民事契约性，在解除所适用的法律依据及补偿所适用的法律依据方面均具有可选择性。行政优益权是行政协议制度中的一般规定，在不同类型的行政协议、不同内容的行政协议中适用时，难以形成完全一致的标准。行政优益权的行使以公共利益的需要为理由，而对"公共利益"的内涵具有模糊性和变动性，[②] 不同类型的行政协议单方变更解除行为所涉公共利益并不同质，[③] 需要在法律适用时根据具体个案进行适应性的解释。因此，对行政优益权的行使的公共利益内涵并无必要做抽象的统一界定。正是由于对公共利益界定困难、补偿标准不清晰等原因，在政府选择解除行政协议时，应将基于行政优益权解除行政协议作为最审慎的理由。即优先适用首选适用不可抗力、情势变更等民事合同法律制度上的法定解除事由以及其他约定事由，在确不能协商一致的情况下再行援引行政优益权制度单方解除行政协议。在（2017）最高法行申 3564 号案件中，法院就认为如果存在行政相对方违约致使合同目的不能实现的事由，行政机关完全可以依法或依合同约定采取相关措施，并无必要行使行政优益权。

[①] 赵华：《FIDIC 合同条件中业主便利解约条款研究》，东南大学 2020 年硕士学位论文，第 36 页。
[②] 梁上上：《公共利益与利益衡量》，载于《政法论坛》2016 年第 6 期，第 4 页。
[③] 翟冬：《行政协议单方变更解除行为的司法审查》，载于《行政法学研究》2022 年第 3 期，第 80 页。

第七章 政府采购争议解决的重要抉择

2. 以实际损失及受限制的机会利益为补偿标准

首先,在基于行政优益权解除行政协议的补偿问题上,应当尊重双方在行政协议中的事先约定。在行政协议订立时即设置政府方单方变更、解除行政协议的补偿标准条款,明确在基于公共利益需要而变更、解除行政协议时,仅对因此而给行政相对方造成的实际损失进行适当补偿,并明确不予补偿预期利益。如果在行政协议中专门列明了政府有对合同的任意解除权,或将规划调整、法规变更等影响合同按照预期履行的情形一律界定为不可抗力,也建议同时具体商定相关的补偿标准。在事先约定的情况下,行政相对人会对受行政优益权影响而解除行政协议情况下可能获得的补偿有明确的预见,在行政优益权事件发生后确定补偿标准时,政府方就可以掌握主动。尊重事先约定的原则还体现在,如果对于补偿标准经双方充分协商或委托评估自愿达成了一致意思表示并签订了补偿协议,则除非存在签订协议时受到胁迫、欺诈或者对补偿标准存在重大误解,抑或履行协议补偿标准显失公平的情况,否则人民法院不得支持申请撤销已协议好的相关补偿标准的诉请。①

其次,补偿标准应充分考虑行政优益权解除行政协议的公益性与合法性,尽量避免考虑预期经营润等预期利益的赔偿。在行政协议对补偿标准无约定或行政相对方不满意补偿决定而产生争议的情况下,仍需要确立对基于行政权解除行政协议的补偿标准确定司法裁量尺度。在将行政优益权确立为政府方在行政协议项下所默认被赋予的行政权力或具有优先性的合同权利的基础上,既应当充分考虑信赖保护原则的适用,给行政相对人提供相对充分的保护;又应当考虑行政优益权的合法性,限制相对方与资信较高的政府方开展交易的低回报预期利益水平。从区分行政优益权与政府违约、不可抗力等解除行政协议情形差异的角度来看,政府方主张行政优益权解除行政协议,应以实际损失作为给行政相对人进行补偿的主要原则,

---

① 最高人民法院行政庭著:《〈最高人民法院关于审理行政协议案件若干问题的规定〉理解与适用》,人民法院出版社2020年版,第207—208页。

参照美国政府采购中便利终止合同的政策，严格掌握向行政相对人支付尚未发生的预期利益的条件。

最后，在补偿中如需考虑预期利益，应以参照行业市场一般利润水平的机会利益为限制。基于行政优益权解除行政协议的补偿标准，仍应参照适用合同损害赔偿规定的原则。补偿以行政协议全部充分履行状态下相对方可获得的期待利益为上限，如果超出可能构成行政职权在补偿标准确定问题上滥用。而通常补偿也不能低于相对方的信赖利益标准，即至少要使补偿方回到订立履行合同前的状态，同时，可以适当考虑行政相对方的机会利益损失。机会利益是行政相对方因投入本项目而丧失开展其他项目的机会所可能获得的利益。一旦在本项目中获得，机会利益显然构成预期利益的一部分。当然，如同在本项目上能否盈利并不确定一样，行政相对方投入其他项目可能获利也可能亏损。机会利益的估算涉及未来的不确定性，往往难以有充分的证据证明，因此，可以参照行业市场的一般利润水平加以估算。在（2016）最高法民终802号案件中，法院认为标榜公司了丧失购买涉案股权的交易机会，但并不因此妨碍其将资金另投其他项目，对交易机会损失，按照被告鞍山财政局转售涉案股权价差的10%予以确定。[①] 在（2014）闽民终字第1434号案件中，法院认为可以依据当地建设工程安装费用定额中的利润率确定预期可得利益。[②] 如果行业利润水平亦不可得，则可按照不超过行政相对方实际已投入资金的同期基准贷款利率利息的水平确定。在确定了预期利益的基础上，再进一步结合具体项目分析实现的可能性认定机会利益。

（六）规范补偿标准争议的监督救济程序

无论是行政机关行使行政优益权是正当合法的，还是行政机关滥用行政优益权损害相对人合法权益，行政相对人都有权启动对补偿标准的监督救济程序。如果补偿标准明显不当，应予以变更调整。

---

① 深圳市标榜投资发展有限公司与鞍山市财政局股权转让纠纷案，载于《最高人民法院公报》2017年第12期。

② 中国工商银行股份有限公司福清支行与福州日晖建筑工程有限公司因建设工程施工合同纠纷案，福建省高级人民法院（2014）闽民终字第1434号。

1. 对行政协议补偿开展行政裁决或纳入行政复议监督

行使行政优益权应当遵循正当程序。根据行政法理和诸多已生效的行政裁判文书，行政机关行使优益权单方变更、解除行政协议时，虽然是可单方最终决定的行为，但亦应当充分告知相对人拟变更、解除协议事实根据和法律依据，保障相对人享有的陈述、申辩、听证等程序性权利，向相对人充分说明理由并充分听取协议相对人的意见。如果行政机关违反上述程序规定或者侵犯相对人的程序性权利，则其单方变更、解除行为会被撤销或者被确认违法。[①] 对行政协议解除后的补偿，亦应当遵守相应的程序，进行必要的评估和专业论证，涉及重大复杂事项的，行政机关要进行集体决策。在行政机关作出行政补偿决定的基础上，要对相对人后续享有的程序权利进行充分的告知。在现行行政监督法律机制下，应将行政机关基于行政优益权要求变更、解除行政协议等引发的行政协议争议全部作为公法争议，纳入行政复议的审查范围。[②] 允许行政相对人对解除行政协议的补偿标准提出行政复议，或不经行政复议直接提起行政诉讼。为促进矛盾快速解决，也可按照《关于健全行政裁决制度加强行政裁决工作的意见》建立健全解除行政协议补偿争议的行政裁决制度，可以参照征地补偿安置争议裁决制度等行政裁决制度的做法，由市、县人民政府主导对解除行政协议的补偿标准进行行政裁决。对于不服务裁决结果的，可进一步提出行政复议和行政诉讼。

2. 在司法救济中充分尊重行政裁量

在对行政协议解除后的补偿标准进行司法审查时，人民法院应充分尊重行政裁量权。在（2018）最高法行申 6335 号案件中，[③] 原告瀚洋公司与济南市环保局签署有关医疗废物集中处置项目的特许经营权协议，因选址

[①] 熊勇先：《论行政机关变更、解除权的行使规则——基于司法裁判立场的考察》，载于《政治与法律》2020 年第 12 期，第 94 页。

[②] 赵德关：《行政协议纳入行政复议审查问题研究》，载于《行政法学研究》2021 年第 4 期，第 124 页。

[③] 参见济南瀚洋固废处置有限公司诉济南市生态环境局、济南市人民政府终止政府特许经营协议一案，最高人民法院（2018）最高法行申 6335 号行政裁定书。

地块附近村民不予配合，导致涉案项目无法通过环境影响评价，瀚洋公司不能履行协议义务。考虑不能处置医疗废物危及公共利益，济南市环保局单方终止了案涉特许经营权协议。在补偿上，政府方仅认可设计咨询费和留守人员工资，对原告诉求的投资借款、设施设备固定资产投入及剩余17年运营的预期收益3326万元均未认可。最高院认为属于被告因公共利益需要或者其他法定理由单方变更、解除协议的情况，对于损失补偿问题，认为一二审法院已进行了处理，但对于补偿是否充分，最高人民法院未予置评。这种充分尊重行政机关裁量权的做法，可避免一概统一补偿标准的具体裁量尺度而陷入被动。人民法院在不同的案件中，应充分认识这种与政府开展交易的非纯商业交易的处境，将行政法律规范置于商业规范之上优先适用，充分尊重政府对补偿标准的衡量，在行政相对人的权益救济上，只需保证行政相对人获偿最低程度的信赖利益损失。对政府同意给予充分期待利益损失的补偿行为，予以认可不降低司法标准。

总之，行政主体确定基于行政优益权解除行政协议的补偿标准，可参照适用不可抗力、情势变更等民事合同解除情形下的赔偿责任，并借鉴美国政府采购合同便利终止制度，在给予实际损失补偿的基础上，有限地支持行政相对人的机会利益损失。为减少争议，行政协议中应事先约定协议解除的补偿标准。行政相对人对补偿决定有异议的，应允许进行行政复议和行政诉讼。法院在司法审查中应充分尊重行政主体对补偿标准的裁量权。

四、美国：基于公益解除合同的补偿标准

美国政府采购合同中经常会设置政府便利终止合同的条款。这一条款最早出现在美国内战时期的美国政府采购合同中，以便政府方保持对合同的控制权，随时可以停止大规模的战争物资采购。在美国PPP合同的合同终止条款中，在政府方违约终止、供应商违约终止、不可抗力事件终止之外，也通常会列明政府便利终止条款。① 美国联邦政府在包括政府采购合同

---

① 邢钢：《PPP项目合同中的便利终止条款研究》，载于《法学杂志》2018年第1期，第81页。

在内的行政协议履行中,在终止合同有利于公众的利益时,以合同终止最有利于政府利益为由而单方决定终止合同,其法律效果相当于基于行政优益权而单方解除行政协议。适用便利终止合同的条款,往往可以避免适用合同事先约定的带有惩罚性的违约责任条款,从而减轻政府方的补偿或赔偿责任。美国《联邦采购条例》也要求采购合同要规定"工作中止条款",即规定政府方可以基于政府利益,要求承包商全部或部分中止、搁置或中断工作,如果该被中止、搁置或中断工作的期限不合理且该不合理是政府人员所造成的,可调整因此而给承包商增加的履约成本(不含利润)。

(一)采购项目情况

1989年,美国林务局启动明尼苏达州的驼鹿湖路改造项目,路易斯公司被授予合同。项目内容为重建4段道路,施工合同规定了"合同中止条款"述称采购人可以基于政府利益,要求承包商中止、搁置或中断本合同的部分或全部工作,如果该中止、搁置或中断的期限不合理是由于采购人的不作为造成的,应赔偿由此而增加的履约成本(不含利润)。但基于其他原因的合同的中止、搁置及中断,包括承包商过错或过失造成,或其他条款已规定了如何处理,则不再依据本条款处理。

在施工期间,工程项目被居住于项目所在湖边的一对夫妇投诉称构成对人类环境的重大影响。对此项目的实施,采购人已经实施了环境影响评价程序,相关官员认定本项目并不构成影响人类生存环境质量的重大联邦行动。在接到投诉后,采购人并未要求停止项目,并驳回了投诉。投诉的夫妇继续按照程序向上级投诉,后投诉人与政府部门达成调解,采购人同意暂停部分项目施工以在后期继续进行环境影响评估,在此情况下采购人签发了部分工程暂停命令,涉及4个道路施工标段中的2个。经过重新评估,环境影响评价的结论仍为不构成重大行动,投诉人继续投诉。1990年5月31日,采购人签发了复工令继续施工。但对于处理投诉期间持续停工造成的施工成本费用增加,承包商提出了索赔40余万美元的诉讼。

(二)法院审理判决情况

原告路易斯公司起诉称,其从未参与也从不知道采购人和环保投诉人之间的谈判，在1989年11月2日收到部分工程暂停令时，已经做了大量的施工准备将设备运到施工现场，由于没有接到复工指示，设备和工人长期闲置。仪式持续了7个月。被告则认为，由于冬天天气原因，本来在1989年11月30日至1990年5月1日原告就计划停工，实际受停工令影响的部分工程停工时间只有约8周。

  原告提出了总额为404751.90美元的索赔，包括机器闲置索赔和改变工作性质的索赔。采购人认为，设备闲置损失只有在能够证明本来会在另一合同项下使用，却因合同停工而闲置才产生索赔。如果承包商根本没有其他工作需要使用设备，则不能主张没有实际发生的损害赔偿。且原告表示过要在夏天施工，其生产安排产生的成本增加应由承包商自行承担。

  法院认为，承包商有义务举证证明被告在事实上造成延迟以及该延迟对工程造成的不利影响。从本案来看，采购人及时处理了环保投诉，且在投诉程序完成后及时签发了复工令，停工要求最终没有影响整体的合同工期，实际完工比计划提前了4个月，故法院认为原告并不能证明停工持续的时间不合理，且证据显示在投标时原告应当已经知道可能会有居民反对该项目。最终法院认定原告无权获得赔偿。但法院也指出，作为政府采购合同的供应商，应当充分认识到政府采购合同与私人合同的规则有所不同，法院会尽量压缩要求国库承担费用的可能。由此可见，美国法院在支持政府机关在政府采购中行使行政优益权的同时，对补偿标准问题始终采取从严掌握的态度。[1]

---

[1] Louis Leustek & Sons, Inc v. United States (1998), 参见焦洪宝：《采购人的行政优益权如何适用——美国一起因政府原因暂停工程的案例引发的思考》，载于《中国政府采购报》2016年12月2日。

08 第八章
政府采购争议解决制度展望

政府采购伴随着政府的存续而存在，并且在实现方式、管理体制上不断发展。政府采购争议解决制度是为妥善解决政府采购中的各类争议而提供的解决方式，既援用其他行业领域争议解决的机制，又聚焦于政府采购这一融合兼具行政事务与市场交易双重特征领域的问题解决，在全球范围内的不同国家和地区形成了各具特点的争议解决制度。在推动政府采购这一占据着庞大市场份额的商业领域走向全球一体化的同时，不同国家和地区也在通过各种政府采购合作框架建立更为统一的政府采购管理制度，并致力于使政府采购争议解决制度的运行更为有效。

第八章　政府采购争议解决制度展望

第一节　我国政府采购争议制度的改革

我国的政府采购，从新中国成立伊始的定额计划采购，到社会主义市场经济探索和建立阶段的分散采购与集中采购，再到 2002 年《政府采购法》出台，经历着由政府财政体制的内部管理到纳入法律治理轨道的发展过程。[①] 在《政府采购法》已实施二十多年、政府采购制度面临着深化改革任务的新时期，肩负政府采购监督管理职责的财政部已经公布了两稿政府采购法修订草案面向社会公众征求意见。政府采购法修订草案中涉及的重大修改内容，除本身可由政府采购监督管理部门在政府采购行政管理职责内不断完善治理的政府采购实施程序中的制度规则外，还包括了诸如政府采购合同的法律性质、政府采购争议解决渠道等需要在全国人大法律层面加以明确的重大问题。这意味着我国政府采购争议制度正处于一个重要的改革时机。

一、我国政府采购法修订待明确的问题

从争议解决的程序机制设计来看，政府采购争议制度最终需要解决争议管辖权和争议具体程序的问题。争议管辖权主要涉及受案范围、争议主体与管辖机构，即什么争议由什么主体提出、由何机构作出争议裁判。而争议具体程序涉及每一个争议管辖机构具体处理争议的程序设计、不同争议管辖机构之间在处理同一争议时的关系以及政府采购争议解决程序与政府采购活动的关系、政府采购争议解决程序与其他领域的争议解决程序的关系等问题。在争议管辖权和争议具体程序这两个问题上，2022 年 7 月 15 日，财政部第二次发布的《中华人民共和国政府采购法（修订草案征求意见稿）》（以下简称《意见稿》）较《政府采购法》有所修改，但仍然留下

[①] 裴育:《中国政府采购 70 年：从传统治理迈向现代治理》，载于《中国政府采购》2019 年第 10 期。

了一些待明确的问题。

(一) 明确了政府采购合同的性质，但未明确政府采购行为的性质

确定争议解决的管辖权，离不开对争议的法律性质的界定。在《政府采购法》中，明确规定了政府采购合同适用合同法，这为政府采购合同争议应主要由解决合同争议的民事救济法律程序加以解决指明了方向。但是随着对政府采购行为性质认识的深入，特别是在行政诉讼领域开始明确认可行政协议的概念以来，政府采购合同究竟是民事合同还是和行政协议，学术界和司法界一直存在争议，莫衷一是。

《意见稿》第七十一条对此进行了规定：政府采购合同适用民法典，但是创新采购合同、政府和社会资本合同适用行政协议的相关规定。也就是说：普通的政府采购合同属于民事合同，适用民法典。但是创新采购合同、政府和社会资本合同属于行政协议。不再囿于一种。将政府采购合同区分为民事合同与行政协议，未给出区分标准而只是进行了列举，可能并不全面，但至少是将行政协议的概念引入政府采购合同的规定中，对政府采购合同的性质进行了多样化的规定，为以行政诉讼程序直接解决具有行政性质的政府采购合同的争议预留了空间。

但是，适用民法典的普通政府采购合同，是否在订立、效力认定、履行、解除、变更、终止、违约责任等问题上均适用《民法典》？特别是在政府采购合同的授予以前，有关政府采购的需求与采购人的政务需求有关，所设置的供应商或产品的资格条件与实质条件均要求符合公平竞争待遇，政府采购活动的部分行为规则已经超出了民事法律行为的范围。而在争议解决程序中，对于政府采购合同授予以前以及合同授予决定本身的争议，我国现行政府采购争议解决的实践基本是按照行政争议去处理，供应商按照询问、质疑、投诉和行政诉讼的程序主张权利，与德国等对政府采购适用双阶理论将合同授予前的争议解决主要适用行政争议解决程序并无明显的区别。因此，在政府采购法的此次修订中，在仍未明确合同授予前的政府采购环节，采购人的行为具有行政行为属性的情况下，实际上是对政府采购行为的法律性质未加以明确的界定，也相应地影响了对政府采购争议

解决程序区分适用的选择标准。当然，对于政府采购行为的法律性质进行笼统而整体的界定也存在一定的困难，特别是在《意见稿》将政府采购的适用范围拟进一步扩大到公益性国有企业采购的情况下，政府采购在公益性国有企业的适用程序是否有所不同，以及如何围绕这些采购行为的目的、合同授予决定的作出程序确定这些采购行为的性质，也难以一概而论。

（二） 明确了可直接寻求司法救济，但未明确司法救济的民事或行政程序适用

《意见稿》对政府采购争议处理主要有两条规定，其一是第九十二条规定对投诉处理的进一步司法救济的规定，明确投诉人可以就投诉处理结果向法院提出行政诉讼，并要求法院一并解决政府采购争议；其二是第九十三条有关合同订立和合同变更、中止、解除的争议，供应商可以作为原告向人民法院起诉采购人、采购代理机构。但如果诉讼的，不得再向监督管理部门就同一争议事项投诉。另外，第一百一十七条就政府采购参加人侵犯他人民事权益的，应当依照民事法律规定承担民事责任进行了规定。但《意见稿》都对司法救济环节的具体程序适用作出明确规定，给人以无所适从之感。

首先，有关对投诉结果不认可后可提起行政诉讼的规定，较现行法律的规定减少了对投诉处理的行政复议环节，直接与司法救济程序相衔接，但基本上还是按照行政诉讼的救济渠道，其中一并解决政府采购争议的约定，是属于行政诉讼程序中的附带民事诉讼程序，还是要求由法院在解决投诉处理这一行政行为合法性的基础上对政府采购行为的合法性一并处理，并未进一步明确。

其次，对于合同相关的争议提出诉讼的规定，《意见稿》抛弃了现行争议解决实践中需要质疑、投诉作为向人民法院起诉的前置程序的设置，使投诉人没有义务在申请司法救济之前等待行政监督机构的决定或绕开行政监督机构直接进入法院诉讼。但对于直接起诉至法院是按照行政诉讼程序处理，还是按照民事诉讼处理并未明确。特别是有关中标成交结果即合同授予决定的争议，是否作为合同订立的争议加以处理？如果按照合同订立加以处理，关系到政府采购文件内容、政府采购评审过程等影响中标成交结果合法性的要素，仍应主要按照行政争议的处理思路进行司法审查。而如果将合同订立等问题限缩理解为采购人与成交供应商之间围绕是否签署合同以及所签署合同内容与采购文件的一致性等问题的争议，这些争议又是可以直接按照民事诉讼程序加以处理的。另外，仅对向人民法院起诉作出规定，是否意味着不能够约定民商事仲裁的争议解决方式，也未加明确。

具体而言，有必要进一步结合争议标的，对于政府采购争议在司法程序中具体是适用行政诉讼程序还是适用民事诉讼程序加以区分。例如，对于因采购程序影响合同效力的争议问题、因政府采购合同履行过程中涉及采购人行使行政优益权、政府行政行为原因造成的违约损害赔偿等因可归因于行政行为而引发的问题，可规定适用行政诉讼或行政附带民事诉讼程序。在政府采购活动环节，如果在投诉等行政监督审查程序中已经完成责任认定，仅需解决损害赔偿数额问题时，可以直接进行民事诉讼；对于履行中延迟履行的违约责任数额、履行中供应商违约造成损失以及采购人因财政困难、不按照合同履行结算或不给付款项等问题，也可以规定直接适用民事诉讼加以解决。在供应商起诉时选择适用民事诉讼或者行政诉讼程序错误的，可由受理法院在征求原告意见的基础上直接在不同的审判庭之间移送，而无须再以不属于行政诉讼受案范围或不属于民事案件受案范围为由裁定驳回起诉。

（三）其他有待明确的政府采购争议程序规定

《意见稿》第八十七条有关供应商质疑的规定，将质疑事项的范围从原合同授予前的政府采购环节的采购文件，采购过程，中标、成交、入围结果扩展到了合同变更、中止、解除。合同变更、中止、解除的问题，一般视为民事纠纷，将其纳入质疑、投诉的争议处理范围，扩大了政府采购行政处理程序的工作范围。但这种扩展是基于对政府采购合同有不同于一般民事合同特点的考虑，并将继续在处理程序上适用现行的对投诉进行行政处理的程序，还是拟将政府采购合同履行阶段的争议由投诉处理机关居中按照行政裁决程序加以处理，并不明确。

《意见稿》还对政府采购争议处理程序中的相关期限进行了调整规定。

按照现在的程序规定，认为采购文件、入围名单、中标供应商的选择或流程的其他部分损害了其权益的供应商，在向采购人或采购代理机构质疑后，采购人或采购代理机构必须在 7 个工作日内作出答复。对答复不满意的，可以在 15 个工作日内向监督机构提出投诉，监督机构应在 30 个工作日内对此事作出决定。在此期间，监管机构可以暂停正在进行的采购程序。对于暂停采购活动的期限，现行规定为 30 日，此次《意见稿》的修改意见为暂停采购最长不超过 30 个工作日。这个时间与处理投诉的期限相当，便于保障在投诉处理决定未出具前不会继续进行采购活动。但这一暂停采购措施在投诉处理决定作出后进入法院诉讼阶段时，特别是对于尚未签署政府采购合同或尚未开始履行政府采购合同阶段的争议，法院是否同样有权适用这一暂停措施的规定以及法院可暂停采购的期限有无限制等问题，《意见稿》亦未作出规定。

二、保障质疑答复作为预救济机制的顺畅运行

在我国政府采购争议处理机制下，对政府采购活动的质疑是发生在政府采购活动第一现场的争议，由供应商和采购人、采购代理机构直接对话。在对质疑作出答复后，供应商可紧接着向政府采购活动的监督管理部门进行投诉以获得行政部门的处理。供应商提出质疑以及采购人、采购代理机构对质疑的答复，可被视为是对供应商提供预救济的机制。如果能够充分沟通，将会有大量的政府采购争议在质疑阶段得到化解，而无须进入后续的政府采购监督管理部门的投诉处理及之后由独立的司法机关进行诉讼解决的程序。为此，应当将质疑答复的工作职能与政府采购交易当事方之外的第三方介入程序区分开来，给予采购人和采购代理机构以充分的争议解决的授权，保障质疑答复程序的顺畅运行。

（一）质疑作为预救济程序是救济程序的前置程序

按照我国现行的质疑投诉与诉讼程序相衔接的制度安排，质疑、投诉及诉讼是依次递进的程序选择，即只有质疑供应商才可启动投诉程序，继

而对投诉不服才可提起行政诉讼。这意味着，政府采购的质疑答复程序是其他政府争议救济程序的前置程序。

质疑程序允许供应商在采购行为进行中即进行质疑，这些质疑事项由于尚在采购过程中，可能并未形成对供应商有实际权利义务影响的最终结果。从政府采购行为作为具体行政行为的角度来分析，涉及在采购过程中对采购文件的合规性等问题的采购行为仅是一项中间行为，可不纳入行政诉讼的受案范围。供应商对于采购成交结果的质疑，也应当在成交结果公示后的7个工作日内书面提出。在质疑期限内，采购合同往往还没有签署或者还没有开始履行，采购人就有机会根据所收到的质疑情况作出必要的调整。如果没有这样有严格时限要求的质疑程序的设计，则政府采购形成成交结果之后，供应商再以要求撤销成交结果或损害赔偿的方式提出争议事项，将增加争议解决的难度，并导致可能的违法采购行为造成更大的损失。

要求供应商在投诉以前需前置质疑的做法，在一定程度上发挥"倒逼"供应商及时提出争议事项以提高政府采购整体工作效率的作用。采购人和供应商均希望争议能够得到及时解决，避免出现无法纠正的错误或在错误发生后再以损害赔偿的方式予以补救。对采购人而言，只要能够满足采购需求，具体由哪个供应商供应似乎区别不大。而对于供应商而言，更看重获得合同，因为损害赔偿常常是不充分的。因此，双方都希望获得一个有效的成交结果。在成交结果确定以前，采购人没有卷入与任何一家供应商的合同关系，故采购人会希望有问题和意见的供应商能够及时准确地提出来，避免采购人陷入成交后又出现落选供应商努力推翻成交结果的被动局面。而在成交后，供应商无论要求变更结果还是要求损害赔偿，都是采购人所不愿看到的。因此，质疑作为前置程序，能够推动供应商尽可能把问题暴露在前面，使采购程序更为完善，具有及时纠错，避免问题扩大化的作用。

（二）质疑问题的高效处理符合各方预期

质疑程序使供应商能够预先行使对其可能受到损害的救济权，但由于采购活动尚在进行中，对质疑投诉的处理程序会造成整个采购程序进展的拖延。因此，现行法律规定对质疑程序的处理时限有较严格的要求。《政府采购法》规定质疑答复的期限为7个工作日。在质疑制度设计上，允许在采购结果形成以前质疑，实际上鼓励了供应商从程序上、过程上参与到采购活动中来，避免出现不可挽回的妨害公平竞争等后果。如果前期把这些问题解决掉，在采购成交结果公示后，会大大减少通过要求撤销成交结果来提供救济的要求。如果供应商没有把握住在前期进行质疑的机会，则在政府采购争议处理机制后续程序上，供应商仍可能很难通过实际获得合同来实现救济，即只有获得有限的损害赔偿的可能。而对于采购人而言，虽然重新评标确定新的供应商的成本不高，远比给予损害赔偿要简单，但是一旦已经订立了合同且开始履行，改变成交结果仍然会涉及各方面的问题，因此，法院在最终诉讼程序中一般不再改变成交结果，从而加大了要求政府采购人给予损害赔偿的可能性。这也是采购人不愿看到的。

为了提高质疑答复工作的效率，给采购人或采购代理机构在采购工作前端的工作人员以充分的处理质疑争议事项的授权将成为必要。因为较短的质疑答复工作时限内，只有直接参与政府采购工作的工作人员能够基于自身对前期所参与的采购工作的情况，及时有效准确地对质疑问题作出回应。如果安排其他人员进行答复，需要重新熟悉和梳理相关问题，可能无法准确把握供应商所质疑的问题的关键，无法全面了解采购项目的需求和相关采购文件规定的考虑因素。因此，主导质疑事项处理的，应当是采购项目的具体经办人员。如果仍需要详细汇报，或者其主张建议被轻易否定，将可能使质疑答复工作效率不高，影响质疑答复作为预救济机制在争议形成阶段及时处理争议的效果。

三、充分发挥投诉处理解决政府采购争议主渠道作用

投诉是供应商就与采购人的争议未达成一致意见后，进一步向采购人的上级寻求争议解决的方式。投诉的处理仍在政府采购行政管理体系内，属于行政监督和救济的范畴。这是投诉与司法救济的重要区别，也使投诉处理决定往往不具有最终的法律效力。尽管投诉处理程序不是政府采购争议解决的最终程序，但在实践中由于投诉处理是在行政管理系统内为政府

采购争议处理专设的解决程序，投诉处理机构相对比较专业，且处理程序的时效性较强，往往是解决政府采购争议的首选解决方式。

在我国，在供应商对采购程序及采购结果不满向采购人或采购代理机构质疑并获得答复后，如不服质疑答复，可进一步向政府采购监督管理部门进行投诉。由于大量的政府采购争议是在质疑、投诉程序中得到化解，因此质疑投诉是政府采购争议解决的"基本盘"，应保障其能够顺畅运行，并将其职能与司法程序相区分开。与美国等政府采购争议投诉处理机制相比，我国投诉处理程序在机构设置、受案范围、处理决定的法律效力及其与司法程序的衔接方面均有所不同。为充分发挥投诉处理解决政府采购争议的主渠道作用，未来有必要对投诉处理程序作出进一步改革。

（一）我国投诉处理程序与美国投诉处理程序的比较

首先，在机构设置上，我国负责投诉处理的部门是政府采购监督管理部门，同时也是政府采购的资金支出管理部门，即财政部门。美国联邦政府的政府采购管理制度下，除国防采购外的政府采购事务主要由联邦总务管理局负责，政府系统内部处理供应商投诉的机构主要是联邦政府问责局和美国各政府系统内的合同上诉委员会。美国的投诉处理机构也都是属于行政系统内部的机构，但不受行政管理部门的直接干预，相对较为独立。我国的投诉处理机构是负责政府采购监督管理的财政部门，在内蒙古自治区、浙江省等地方开始试点建立了事业单位编制的政府采购行政裁决服务中心，也在致力于调整为具有相对独立性的专门性政府采购争议解决行政裁决机构。

其次，在受案范围上，我国政府采购的投诉处理主要限于对已经进行了质疑程序的有关政府采购程序及采购结果的争议，不处理合同履行的争议。且投诉处理决定主要对采购行为、采购程序及采购结果作出决定，不对政府采购争议引发的损害赔偿责任进行审理和决定。在美国联邦政府采购制度下，联邦政府问责局主要解决合同授予前和合同授予阶段的争议，合同上诉委员会主要解决合同履行阶段的供应商索赔争议。

再次，在投诉处理决定的效力上，我国的政府采购投诉处理决定和美国投诉处理决定,在原则上都不具有最终的法律效力。其中,美国合同上诉委员会的处理决定仅小额索赔决定不允许再向法院起诉。但是在起诉机制上,我国的做法与美国有着重要的不同在于,对于美国投诉处理决定,既允许供应商上诉,也允许采购人上诉。例如,对于联邦问责局的决定,双方都可以向联邦索赔法院起诉;对于合同上诉委员会的投诉处理决定,双方都可以向联邦上诉法院起诉。而在我国,对于投诉处理决定,只有供应商可以上诉,采购人不得上诉,在作为行政诉讼的被告情况下,也不能提出反诉。采购人无法主动寻求行政管理系统外的司法系统的救济。而在处理作为行政协议的政府采购合同中供应商违约事件时,采购人可以先行对违约事件作出要求履行或责令履行的行政处理决定,并可进一步向人民法院申请非诉行政强制执行。在非诉行政强制执行程序下,人民法院可以对行政处理决定进行审查,作出准予或不准予执行的裁定。这表明,在处理决定的效力上,我国的投诉处理决定对于采购人具有更强的约束力。

最后,在对投诉处理决定的上诉程序中,投诉处理机构的法律地位不同。在我国,政府采购监督管理部门对于供应商的投诉作出处理决定后,对该投诉处理决定不服,供应商可以起诉,并以投诉处理机构为被告,可以视情况将采购人和采购代理机构及其他相关供应商列为第三人。投诉处理决定经过行政复议的,还可根据复议情况列复议机关为被告。而对美国投诉处理机构而言,其仅作为裁决者,在后续的司法审查程序中不作为被告,而仍然由采购人作为被告应诉。

(二) 投诉处理作为主渠道的改革方向与面临的选择

投诉处理程序与法院诉讼程序相比具有一定的效率优势。在法院诉讼审理程序中,法院面临着根据双方的举证查清事实、要求双方阐明立场等工作,而投诉处理机构专业从事政府采购争议解决,能够较快地获得政府采购程序中的记录文件并把握住争议焦点。相对于投诉处理程序,法院审理要求较为严格的程序和相对较长的审理期限,不利于争议事项的快速解决,且给供应商提供了滥诉的机会。当前我国的法院诉讼必须以质疑投诉为前提,设置投诉为诉讼的前置程序,并不影响最终在法院诉讼中要求获得累加救济,在一定程度上减轻了因争议被供应商随意启动进入诉讼程序造成的负担。但是,设置和不设置投诉作为诉讼的前置程序相比较,对于实现政府采购争议的公正有效处理孰优孰劣,可能无从验证。考虑目前我国行政救济机制的背景,对于投诉处理作为政府采购争议处理主渠道的制度设计,仍需要考虑以下制度选择。

一是保留质疑作为投诉的前置程序,并保留质疑作为诉讼的前置程序,但可考虑不再保留投诉作为诉讼前置程序,鼓励以供应商优先选择投诉处理程序。质疑是供应商与采购人直接沟通解决争议的程序,保留质疑作为前置程序,使供应商将所关注的争议问题必须先行向采购人披露,争取由采购人直接予以解决,避免供应商动辄就援引第三方处理程序,节约了有限的行政争议解决资源和司法资源,有助于政府采购争议问题在前端有效地化解。将投诉作为诉讼的前置程序,与允许供应商不经投诉而直接进入诉讼程序相比较,允许供应商直接进入诉讼程序,使供应商获得更多的程序性选择机会。对于法院诉讼程序可能无法及时处理正在进行中、急需形成采购结果的政府采购程序时效要求的问题,可由法院经初步审理视情况作出暂停采购的裁定。

二是将合同履行争议及损害赔偿引入投诉处理程序。将投诉处理机构进行更为专业化的改革,扩大受理投诉事项的范围。目前,对合同履行中的争议,有些是数额不大的争议,采购人自行决策存在困难的问题,由投诉处理机构予以受理,对采购人的决定可以进行复核。另外,如果因采购环节的违法违规行为而给投诉供应商造成损失,供应商愿意要求投诉处理机构一并解决,也可以一并处理。如果在改革初期认为投诉处理机构处理能力有限,可将处理损害赔偿的范围设置在一定金额以下,例如,不超过采购合同金额的30%或不超过1000万元等限额标准。

三是取消对投诉处理的行政复议程序。采购人本身是行政机关或具有行政职能的事业单位或其他组织,在质疑程序中已经对供应商提出的争议问题进行了一次行政决策。在质疑之后的投诉处理程序中,政府采购监督管理部门作为投诉处理机构进行投诉处理是进行第二次行政决策。如果再允许对投诉处理决定提出行政复议，会给予供应商在行政系统内部再次寻求行政救济的机会，且在现行行政复议管辖体制下对省市以下级别的政府投诉处理决定会集中到政府进行行政复议，但由于政府采购投诉处理（行政裁决）程序已经是由行政管理系统内专业性的政府采购监督管理部门作出，再进行行政复议改变投诉处理决定的可能性不大，因此，如供应商不服投诉处理决定，应直接要求其进入司法诉讼程序进行最后处理。

四是继续保持将投诉处理机构（行政裁决机构）列为行政诉讼被告的诉讼程序设计。在我国行政诉讼体制下，由于政府采购人无法成为原告，对于投诉处理结果，采购人可能并不理解和接受，只是要求由采购人去应诉，显然对于采购人的要求也不合理，因此，将投诉处理机构（行政裁决机构）列为行政诉讼的被告也有一定的合理性。投诉处理机构（行政裁决机构）实际代表着采购人的利益，考虑到维持投诉处理机构的权威性与中立性的考虑，可以根据投诉处理决定的结果进行区分，仅对投诉处理决定改变采购人的质疑处理结果且影响采购成交结果的情况下，允许供应商对投诉处理机构提起诉讼。如果投诉处理决定维持采购人的质疑答复结论，供应商只可以对采购人提出诉讼，同时可试点允许采购人基于政府采购合同对供应商提出民事诉讼。如果将损害赔偿纳入行政裁决的处理范围中，对于供应商对赔偿数额的决定不服提起诉讼的，直接由供应商与采购人之间通过民事诉讼解决，不将行政裁决机构列为被告。

四、鼓励政府采购争议机制走向多元化

争议解决的方式多元化是重要趋势。诉讼、仲裁与调解等多元化纠纷解决机制近年来在商事争议解决领域得到了广泛应用和推广，在政府采购领域也受到鼓励和推动。《国务院办公厅关于创新完善体制机制推动招标投标市场规范健康发展的意见》（国办发〔2024〕21号）文件提出："发挥调解、仲裁、诉讼等争议解决机制作用，支持经营主体依据民事合同维护自身合法权益，推动招标投标纠纷多元化解。"政府采购领域中规模较大的采购项目仍以公开招标为主要采购方式，招标投标领域的纠纷多元化解决机

制当然会直接应用于政府采购领域。

为争议当事方提供多元化的争议解决机制,在制度上赋予了参与政府采购交易的主体在争议解决方面有更广泛的选择权,能够满足不同交易主体的多样化需求,体现了对交易主体所享有的程序和实体权益处分权的尊重。多元化的争议解决机制,是便捷、节约、高效、妥善解决纠纷的需要,也是对政府采购交易主体合法权利多途径、多层次的保障,有望促进争议解决更加灵活和高效,从而提升政府采购活动的质量和效率,优化政府采购营商环境。

尽管多种争议解决方式的目标都是殊途同归,即解决各方争议使政府采购合同回到合法合规运行的轨道上来,但不同争议解决方式的适用场景仍有所不同。

首先,调解的方式较为开放,基本上可以贯穿于涉及各方可处置的权益争议的所有环节。供应商与采购人、采购代理机构可以就所质疑问题达成和解,也可以在嗣后的投诉阶段进行调解撤回投诉,但在投诉环节被发现有违法违规行为,政府采购监督管理机构有权通过检查监督程序即以纠正。在行政诉讼中,通常也可以通过达成调解以原告撤诉的方式实现争议解决或就涉及行政赔偿事项进行和解,但是如果涉及行政行为合法性等有关公共利益的问题,司法机关有权不同意撤诉而继续审理作出裁判。

其次,对民商事仲裁而言,其适用场景更多局限于合同授予后的履行阶段,且受限于不属于行政协议的采购合同。在广义上来看,仲裁能够开放面向全部的政府采购争议,以充分发挥其专业、灵活的机制。但结合实践来看,仲裁可能更多仍只适用于采购合同订立后的履行阶段。仲裁需要以存在合同关系为前提,这是因为仲裁通常以在合同中载明的重大争议仲裁条款为依据,如果合同尚未授予,则没有法律依据将问题提交仲裁。涉及是否授予合同的问题,也难以由采购人与落选供应商达成专门的仲裁条款,且采购合同的授予在形式上同时是行政决定,行政机关不愿意放弃政府主权而交由仲裁作出行政行为效力的确认。因此,采购人授予政府采购合同之前,对政府采购环节中的问题提出争议的受影响供应商必须利用现有的行政管理系统内的质疑投诉机制。

再次,诉讼程序的可得性受前置程序要求的限制。在我国现行的政府采购争议解决机制下,供应商需要先行援引行政管理系统内的质疑投诉机制,包括在收到采购人的采购结果通知后的较短时间内提出质疑投诉请求,只有在质疑投诉程序中提出诉求并失败的供应商才能作为原告启动行政诉讼程序。当然,如果取消质疑投诉程序的前置性要求,供应商提出的有关自身合法权益受损的请求可由法院单独审查是否符合案件受理条件,并根据争议标的的特征在行政诉讼程序与民事诉讼程序之间选择适用。

除了调解、仲裁、诉讼以及在行政监督系统内的质疑、投诉之外,争议解决的可能方式和渠道还包括行政复议、行政裁决、行政调解、专家评审等。当前,我国政府采购争议解决中已经较大规模地试点将投诉改革为行政裁决,但还继续对行政裁决允许进行行政复议,未能直接将行政裁决与诉讼程序直接衔接。在将来争议解决方式多元化的改革方向上,在完善政府采购行政管理体系内的质疑投诉等争议解决渠道的工作机制的同时,有必要继续鼓励政府采购当事人积极选用适宜的争议解决方式,并制订政策允许采购人就仅涉及政府采购交易事项本身的争议问题授权给民商事仲裁解决机构等通过准司法的程序予以解决,以提高争议解决的效率。

第二节 政府采购争议解决的基本原则

政府采购争议解决方式的多元,并不意味着政府采购争议解决的价值取向多元,所有的政府采购争议解决制度必然紧紧围绕政府采购活动的基本原则,以维护政府采购的法治秩序为目标,以保护供应商在政府采购制度下的合法权益为任务。政府采购争议解决涉及的具体制度较为复杂,需要以争议解决的基本原则加以统领。政府采购争议解决程序所适用的基本原则,除需要落实政府采购制度的公开、公平、公正、诚信等基本原则外,还需要结合一般争议解决程序的裁决者中立、程序公开、争议各方地位平等程序性原则，形成能够反映政府采购争议解决领域的工作特点的基本原则。

一、公平公正待遇原则

政府采购作为政府利用财政资金进行货物、工程和服务采购的行为，其基本原则之一就是确保参与采购竞争的供应商的公平公正待遇。这一原则体现在对于国内的供应商要公平对待，在对外开放政府采购市场的情况下，对于外国供应商及其产品也要落实国际贸易中的非歧视性原则。在政府采购活动中，采购人要从采购需求调查、采购标的技术规格设置、对供应商的资格要求、采购方式选择、采购评审标准及采购评审过程等各环节保障给予各供应商以公平公正待遇。一旦未落实公平公正待遇，供应商将因自身权益受侵害而有权启动争议解决程序。而在政府采购争议解决程序中，公平公正待遇既是政府采购争议解决需要落实的实体性法律原则，也是政府采购争议解决程序所要保障的程序性法律原则。

公平公正待遇是我国政府采购制度明确规定的基本原则。从国内法律层面来看，我国《政府采购法》及相关法规明确规定了政府采购应当遵循公开透明、公平竞争、公正和诚实信用的原则。这些原则要求政府采购的采购人和采购监督管理部门在政府采购活动中认真落实。例如，编制采购文件时，要明确规定采购标的、技术要求、评审标准和方法等关键信息，确保所有供应商都能准确理解并据此准备投标文件，所有符合条件的供应商都应获得参与竞争的平等机会；政府采购活动在程序上公开透明，确保供应商能够及时获得有关政府采购的关键信息，并通过公开的政府采购程序保障公众对政府采购活动的监督；在评审过程中，要依据事先公布的评审标准和程序进行，做到公正无偏，确保评审结果的公正性和客观性；在签订合同和履行合同过程中，要诚实信用地履行双方约定的义务和责任，保障供应商的合法权益不受损害。

公平公正待遇也是将来我国对外开放政府采购市场后需要落实的基本原则。在国际层面，我国作为世界贸易组织的成员和准备加入《政府采购协定》的谈判成员，要主动研究和提前对接《政府采购协定》确定的采购规则及其对政府采购争议解决制度的基本规则要求。《政府采购协定》要求成员在政府采购中不得实施任何歧视性或限制性的措施,以保障国内外供应商在政府采购市场上的平等竞争机会。我国政府在参与《政府采购协定》谈判和将来加入后履行相关义务的过程中,应始终坚持这一原则,致力于推动政府采购市场的开放和公平竞争。

在政府采购争议解决程序中,采购人、采购代理机构与供应商在政府采购的行政监督体制下享有平等的法律地位,按照政府采购争议解决程序的法律法规享有各种程序性法律权利,以获得争议处理机构的公平公正待遇。在质疑、投诉程序中,供应商有权提交质疑、投诉的相关请求文件,提供相关的证据和依据,要求采购监督管理部门依法进行调查取证,并有权对处理结果提出异议。在司法诉讼程序中,供应商享有相关诉讼程序法所赋予的诉讼当事人的法律地位,其受到公平公正的对待也是其在诉讼程序中所享有的基本权益。

二、快速处理原则

对于政府采购合同授予前各工作阶段出现的政府采购争议,包括针对政府采购合同授予决定提出的争议,都是与政府采购工作流程相并行的,往往不宜按照事后救济的方式加以处理,因此,对政府采购争议快速处理是政府采购争议解决程序的重要工作目标。快速处理原则是体现政府采购争议程序不同于其他争议解决程序的最重要的功能性原则。从全球范围来看,各个国家和地区对于政府采购争议解决程序的期限设置大部分都较为简短,体现了快速处理原则的重要性。

(一)美国对政府采购争议处理的授权制度

为使政府采购争议问题得到快速解决,《联邦采购条例》对一线的采购官员处理政府采购争议进行了充分授权。根据《联邦采购条例》的规定,在采购官员处理索赔的权利方面,除另有规定,采购官员有权在其授权书的任何具体限制范围内,决定或解决根据受争议法规约束的合同引起的或与之相关的所有索赔。采购官员有权使用替代性争议解决程序来解决索赔。决定或解决索赔的权力不包括对法规或条例规定的处罚或没收的争议以及任何涉及欺诈的索赔的和解、妥协、支付或调整。当供应商索赔但双方未能协商一致解决需要做出索赔的决定时，采购官员应审查与索赔有关的事实、获得法律和其他顾问的协助、酌情与合同管理官员或采购人机关办公室协调、准备一份书面决定。该索赔的书面决定的内容应包括：对索赔或争议的描述、对相关合同条款的引用、关于同意和不同意的事实领域的陈述、采购官员的决定声明，并附上支持理由。相关措辞例如，这是采购官员的最终决定。您可以继续向合同上诉委员会提出上诉。如果您决定上诉，您必须在收到此决定之日起 90 天内，向合同上诉委员会邮寄或以其他方式提供书面通知，并向接受此上诉决定的官员提供一份副本。在上诉时，您可以自行选择根据该委员会的（1）50000 美元或以下的索赔程序，或者，对于小企业 150000 美元或以下的索赔；或（2）100000 美元或以下索赔的加速程序。您也可以在收到此决定之日起 12 个月内直接向美国联邦索赔法院提起诉讼。

（二）美国对采购官员处理索赔工作期限的规定

《联邦采购条例》对采购官员处理政府采购争议时限作出了较短规定。采购官员应在下列法定时限内作出决定：（1）对于 100000 美元或以下的索赔，在收到承包商的书面请求后 60 天，要求在该期限内作出决定，如果承包商没有提出这种要求，则在收到索赔后的合理时间内。（2）对于超过 100000 美元的索赔，在收到经认证的索赔后 60 天；但是，如果在 60 天内未作出决定，采购官员应在该期限内将作出决定的时间通知承包者。

如果采购官员在收到索赔后 60 天内以书面形式通知承包者任何试图证明有缺陷的原因，则采购官员没有义务对任何超过 100000 美元的索赔作出最后决定。如果采购官员在就索赔作出决定时出现不当拖延，承包商可以请求有关仲裁庭指示采购官员在仲裁庭确定的特定期限内作出决定。采购官员未能在规定的期限内作出决定，将被视为采购官员拒绝索赔的决定，并将授权承包商就索赔提出上诉或诉讼。根据该决定确定应支付的金额减去已支付的任何部分，如果其他情况适当，则应支付，而无须等待承包商就上诉采取行动。这种付款不应损害任何一方的权利。

在美国政府采购争议解决机制的其他程序中，例如，合同上诉委员会解决争议的程序一般长达6—18个月，除非是索赔金额较小的可以要求缩短时间。在政府问责局的政府采购争议程序中，一般是在100天时间内作出决定。

（三）其他国家对争议处理期限的规定

快速处理原则对争议处理工作期限作出了尽可能短的时限要求，这一方面体现为要求供应商提出争议请求的时限较短，另一方面体现为对争议解决机构作出处理决定的时限较短。这在不少国家的政府采购争议解决制度中都有所体现。

在沙特阿拉伯，供应商如果对合同授予决定有异议，被要求需要在决定发布之日起5个工作日内提出申诉。供应商还可以在已经被暂停采购程序的停滞期内对合同授予决定提出申诉，采购人被要求在15个工作日内对该申诉作出决定。逾期没有作出决定或者接到申诉被逾期作出决定后，供应商可在3个工作日内向政府招标和采购司法委员会提出申诉。在沙特，该委员会由五名成员组成，根据财政部部长的决议任命，每三年重新任命一次。委员会审查和裁决提交的投诉和申诉，应在收到申诉之日起不超过15个工作日内通知索赔人其决定。在任何情况下，如有必要，委员会可自行决定将这一期限再延长15个工作日。为防止供应商滥诉影响政府采购工作的推进，在向委员会提交投诉时，供应商被要求提供相当于投标保证金价值一半的担保，如果申诉被证明有效，该担保金会被退还。[①]

在意大利，根据2016年《公共合同法典》的规定，关于合同授予阶段的争议，投标人可以在收到通知后的30日内提起诉讼，提起诉讼的期限相对较短。这一期限设置的目的在于：一是能够使得投标人对其被排除或允许进入程序的行为及时提起诉讼，因此，可以使其及时得到法律上的救济；

[①] Jonathan Davey and Amy Gatenby, The Government Procurement Review Ninth Edition, Law Business Research Ltd, May, 2021.

二是对之后的诉讼进行限制，如果在规定的期限内没有及时提起相关诉讼，之后便不能针对招标单位提起诉讼，使得诉讼的整个程序提前和加快，因此，被称为"超特别"程序。由于这一程序要求实质上限制了当事人获得法律保护的宪法权利，意大利2019年第32号法令已经将这一程序删除，从而使这一领域对当事人权利的保护又回到传统的行政诉讼程序中。[1]

在南非，依南非政府采购法规定，绝大多数采购的合同授予行为被认为是行政行为，要求供应商必须首先用尽任何其他法律规定的任何内部补救措施，才可以提起司法审查程序。根据《公共司法行政法》规定，所提起的任何司法审查诉讼必须"不得无故拖延，且不得迟于"就内部补救措施提起的任何申诉程序完成之日起180天内提起，或者在没有此类补救措施的情况下，自有关人员获知决定、意识到决定及其原因之日起，或者合理预期会意识到决定及原因之日止提起。且对于"无故拖延"会在180天时限的要求之外单独考查，即供应商尽管已在180天内提起诉讼，法院仍有权利认定供应商存在不合理的延误而有权驳回起诉。因此，供应商如不服合同授予决定拟提出挑战，必须以最快的速度行事。

（四）我国政府采购争议程序快速处理的时限要求

根据我国《政府采购法》《政府采购货物和服务招标投标管理办法》《政府采购供应商投诉处理办法》等规定，供应商提出质疑期限为知道或者应知其权益受到损害之日起7个工作日内；对中标公告有异议的，应当自中标公告发布之日起7个工作日内。采购人、采购机构答复质疑的期限为收到书面质疑后7个工作日内。对质疑答复不满意或采购人、采购代理机构未在规定的时间内作出答复的，进一步提出投诉的时限为获得答复决定或答复期满后15个工作日内。财政部门收到投诉书后5个工作日内要审查决定是否受理投诉书，在受理后3个工作日内向被投诉人发送投诉书副本，被投诉人收到投诉书副本之日起5个工作日内作出回复。财政部门的投诉处理期限

---

[1] 罗冠男：《意大利公共合同争议多元化解决机制研究》，载于《经贸法律评论》2023年第2期，第154页。

第八章 政府采购争议解决制度展望

为 30 个工作日。

《招标投标法实施条例》规定，投标人对招标文件提出异议的时限为投标截止时间 10 日前提出，招标人在收到异议之日起 3 日内答复，作出答复前，暂停招标投标活动。相关法律法规没有异议答复期延长、中断等相关规定，因此 3 日异议答复期应为法规确定的固定期间。对开标有异议应在当场提出，并应于当场作出答复。对评标结果有异议，应在评标结果公示期内提出，并在收到异议之日起 3 日内作出答复。投标人或其他利害关系人向行政监督部门提出投诉期限为自知道或应当知道之日起 10 日内，行政监督部门应自收到投诉之日起 3 个工作日决定是否受理，并自受理之日起 30 个工作日作出处理。投诉处理期间需要检验、检测、鉴定、专家评审的，所需时间不计算在 30 个工作日内。

我国台湾地区的政府采购条例对供应商投诉也设定了较短的时限要求，供应商认为其权利或利益受损害，需于下列期限内，以书面向采购人提出异议：对采购之过程、结果提出异议者，为接获采购人通知或公告之次日起 10 日。其过程或结果未经通知或公告者，为知悉或可得而知悉之次日起 10 日，但至迟不得逾决标日之次日起 15 日。

在上述法律法规规定的基础上，我国部分地方省市的政府采购监督管理部门对处理质疑、投诉的时间进行了进一步优化要求。例如，要求对供应商依法提出的询问采购人或者采购代理机构原则上在 2 个工作日内作出答复。对预算金额较大或供应商提出的询问需专家论证后作出答复的项目，可在 3 个工作日内作出答复。对供应商的质疑，要求采购人或者采购代理机构原则上在收到质疑函后 5 个工作日内作出答复。预算金额较大或者供应商的质疑需原评审专家协助答复的项目，才按照 7 个工作日内作出答复掌握。对于财政部门处理投诉的时间，原则上缩短至 20 个工作日内对投诉事项作出处理决定。预算金额较大或者投诉事项较为复杂的项目，可以视具体情况自收到投诉之日起 30 个工作日内作出处理决定。①

---

① 参见韶关市财政局于 2022 年 1 月 25 日发布的《关于优化政府采购质疑和投诉流程的通知》。

三、利益平衡原则

法律不仅是一个逻辑结构,而且是各种利益的平衡。[①] 在政府采购争议解决中,良好的利益平衡是争议得到妥善解决的必要前提和必然要求。由于政府采购涉及的相关利益方众多,利益性质和内容复杂,对各方面的利益予以充分的平衡成为政府采购争议解决程序的重要原则,指导着政府采购争议解决具体制度的落实。

(一) 政府采购争议涉及利益的内容及平衡要求

政府采购决策本身是采购人进行成本效益分析的过程。在政府采购中,采购人同其他商业采购人一样需要比较拟采购的产品或服务的成本及其潜在的好处,从而确定所采购的产品或服务就其效益而言是值得的。但与一般商业采购不同的是,在进行政府采购成本效益分析时所考虑的要素中,有些是难以量化或难以用经济指标估算的利益要素。这使得采购人在采购决策时所需要识别和权衡的利益要素更为复杂。相应地在政府采购争议处理过程中,争议处理机构不但要从政府采购项目的需求本身进行利益衡量,还需要考虑政府采购制度中所包含的政府采购目标和价值功能等抽象的利益要素,并需要一并处理争议的供应商的利益诉求。

"在这个世界中,所有的好处都在被人们追逐,其一旦实现,就必然以牺牲其他利益为代价,绝无例外。"[②] 政府采购的争议也是利益的斗争,需要准确适用法律协调处理好相关利益关系。从利益法学的分析方法来看,政府采购争议处理中普遍存在着公共利益与私人利益、总体利益与局部利益、短期利益与长期利益、物质利益与精神利益等关系。政府采购主要为满足政务活动需要,采购人一方的利益主要是代表的政府利益或公共利益,但在采购人代表的公共利益内部,还存在着总体利益与局部利益的问题。采购标的一方面被用于满足采购人自身的采购需求,另一方面需要实现支持中小企业、

[①] 付子堂:《对利益问题的法律解释》,载于《法学家》2001年第2期,第30页。
[②] [德] 菲利普·黑克著,施鸿鹏译:《利益法学》,载于《利益法学》2023年第1期,第142页。

第八章 政府采购争议解决制度展望

扶持落后地区等宏观社会功能方面的利益,这两者之间为局部利益和整体利益的关系。在统一大市场建设中,政府采购的评审标准不得有地方保护主义的倾向性,也是出于协调国家总体利益与地方或部门局部利益关系的表现。在因公共利益需要而取消采购项目或提前单方解除采购合同等公共利益和私人利益存在冲突之时,在"人民的利益是最高的法律"的基本原则下,[①] 仍应补偿由此而给私人利益造成的损害。而从供应商一方来看,按照利益相关者理论来分析,每个供应商企业背后都存在一系列的利益相关者,包括投资者、管理人员、员工、顾客、下游供应商以及所在地的政府部门、社区等,除了股东以外,企业也应当向其他利益相关者负责。由此可见,任何一项有关政府采购争议的处理决定,将影响着参加政府采购项目竞争的供应商的内部和外部多个权益主体的利益。对于按照公共利益优先原则造成供应商的商业利益受损害的,政府应依法予以合理的补偿,从而实现公共利益与供应商所代表的私人商业利益之间的平衡。可见,政府采购争议涉及的利益主体多元、利益内容多、冲突形态复杂,要做好综合平衡工作。

(二) 政府采购争议解决处理利益平衡的自由裁量范围

政府采购制度本身是对采购人实施采购程序的规范,以避免采购人滥用实施采购的公权力。但由于法律规定的原则性和采购项目情况的复杂性等原因,采购人在落实采购法律法规要求时总会有一些基于自己的判断便宜行事的权力。尽管为了加强对采购人自由裁量权的羁束性,政府采购监督管理部门会以发布政府采购负面清单等规范性文件的方式对政府采购中具体行为的界限进行行政指导,但采购人在具体项目实施过程中仍无法完全做到"照章"操作,在面对具体涉及各方利益权衡的问题时仍需要进行行政决策作出选择。在政府采购争议出现后,质疑、投诉及诉讼等各争议处理程序中,多数案件中争议处理机构也同样需要对涉及的利益冲突进行综合考量,在法律法规授权的范围内作出自由裁量。

[①] 郭道晖:《人民的利益是最高的法律——学习列宁的法制思想》,载于《法学评论》1992年第4期,第8页。

争议处理机构对政府采购争议有权全面审查和进行裁判。采购人因采购行为或采购合同履约行为被争议处理机构审查时，争议处理机构在查清事实的基础上应首先对采购人的被诉行为进行合法性的审查，然后还需要视情况对整个采购行为的合法性进行全面审查。按照我国《行政诉讼法》的相关规定，人民法院审理行政诉讼案件实施全面审查原则，对被诉行政行为的事实根据、法律依据、行政程序、职责权限等各方面进行全面、客观的合法性审查，不受诉讼请求和理由的拘束。这一原则意味着最终进入司法审查程序以后，要面临人民法院全面审查，因此，在此之前的争议处理程序中，也应对争议项目进行全面审查。当然，如果按照民事诉讼程序处理，可本着不告不理的原则仅处理有争议的事项，但考虑到政府采购是合同交易事项，而合同的合法有效性又是人民法院审理合同纠纷需要主动审查确认的事项，因此涉及可能影响政府采购合同效力的采购过程中的诸多事实和程序，仍然需要全面审查。

争议处理机构对政府采购争议事项的自由裁量权应限缩于合法性和采购人严重破坏自由裁量制度的范围内。在被诉争议事项违反法律规定的情况下，按照合法性的原则，争议处理机构应当对被诉争议事项依法处理。如果被诉政府采购行为虽表面上具有合法性，但实质上属于采购人对采购相关法律原则和法律制度的曲解，构成了"武断的、任性的、滥用自由裁量权"，则争议处理机构有权行使其进行争议处理裁判的自由裁量权，对被诉的采购行为予以纠正。由于采购人往往代表政府利益或公共利益行事，在政府采购争议进入法院进行司法审查时，法院也有必要本着尽量尊重采购人行政权力的原则，对采购人行使自由裁量权进行采购决策的行为予以最大限度地容忍。只有当采购人出现不合法的做法或者在进行采购事务处理时表现出严重超出合理范围的武断、任性或滥用自身职权的情况下，司法审查才可以对已经实施的政府采购行为作出否定性评价。

四、透明度原则

公开透明是政府采购活动及争议处理中的基本原则之一，要求政府采购的相关活动及争议处理过程必须公开进行，确保所有相关信息都能够及时、准确、全面地公之于众。这一原则旨在提高政府采购的透明度和公信力，保障供应商及其他相关方的合法权益。

政府采购争议处理程序的透明度，首先体现为政府采购争议处理的相关法律法规、政策文件及具体规则应当公开，供应商及其他相关方可以通过合法途径获取这些信息，了解争议处理的程序和要求。这种公开透明必须有明确的工作指引和指导手册。其次，在争议处理过程中，争议处理机构应当遵循法定的程序和要求，确保整个处理过程的公开、公正和透明。争议处理机构应当及时通知争议各方有关争议处理的进展情况，包括受理、调查、审理、裁决等各个环节的信息。争议处理机构在作出处理决定后，应当及时将结果公开，确保供应商及其他相关方能够了解处理决定的内容和依据。公开裁判结果有助于增强政府采购争议处理的可信度和公信力，同时有助于其他供应商从中吸取经验教训，提高参与政府采购活动的水平。

政府采购争议处理程序要求落实透明度原则，既是对政府采购争议处理程序本身的要求，也是对政府采购程序的要求。政府采购行为本身是否按照公开透明的原则实施，也是政府采购争议的事项，因为这些公开透明的程序原则关系到供应商的切身利益。为保障政府采购程序的公开透明以及政府采购争议处理程序的公开透明，应做好采购程序的全过程记录，从而为政府采购公开透明原则的落实情况提供可追溯的信息材料，为争议处理提供充分的依据材料。这包括对采购的客观过程进行充分记录，也包括对采购人进行采购决策所考虑的因素以确切的措辞予以记录。在争议处理程序中，采购人要尽可能如实向争议处理机构提供有关政府采购过程和决策过程的全面的信息、材料或文件。而依据《政府信息公开条例》，政府采购过程中形成的信息和争议处理机构处理争议过程制作和保存的信息，都可能成为依申请被要求公开的政府信息。

透明度原则要求信息公开，而且公开的信息应该容易获取并且易于理解。这样的要求实质上是为了保护相关利害关系方在实施商业行为或者法律行为时能及时获取有效信息。高透明度的争议解决程序，便于社会公众对争议程序进行切实有效的监督，确保争议处理机制更为高效、合法和公正。为提高政府采购争议处理程序透明度，政府采购监管部门和争议处理机构应当主动加大信息公开力度，通过官方网站、媒体等渠道及时发布政府采购争议处理的相关信息。为提高信息透明度，可进一步明确争议处理的程序、标准和要求，确保争议处理过程的公正、透明和高效。对违反公开透明原则的行为，应进行严肃查处，确保政府采购争议处理活动的规范性和合法性。特别要重视鼓励公众积极参与政府采购活动的监督，拓宽监督渠道和方式，增强监督效果。同时，加强对公众的宣传和教育力度，提高公众对政府采购争议处理程序的认知度和参与度。

第三节　全球视域下政府采购争议展望

数据显示，全球各国政府在公共采购上的支出每年超过13万亿美元，占全球GDP的15%，[①] 这一比例在富裕国家更高。2023年我国政府采购规模为3.39万亿元，[②] 而全国公共采购总额达46万亿元。[③] 采购是公共资金流入私人手中的主要渠道，市场巨大，竞争激烈，且容易受到不当行为的影响，相关政府采购管理的法律法规也越来越复杂，相互矛盾的规定也并不鲜见。政府采购领域的争议一旦出现，所涉利益背景和法律适用问题可能均较为复杂，各方对政府采购争议解决的效率、公正性的期望也较高。从全球视域来看，政府采购争议机制仍在不断建设、相互借鉴和发展完善。

一、对政府采购争议解决法治化的期望

政府采购作为财政支出管理的关键环节，其法治化进程对于提升政府

[①] 参见 A Global Procurement Partnership for Sustainable Development: An International Stocktaking of Developments in Public Procurement, https://documents1.worldbank.org/curated/en/173331642410951798/pdf/Synthesis-Report.pdf, January 19, 2022。

[②] 参见 https://www.ccgp.gov.cn/jdjc/fxyj/202409/t20240913_23151642.htm。

[③] 参见 http://www.chinawuliu.com.cn/lhhzq/202405/13/630964.shtml。

公信力、构建良好的营商环境以及实现国家治理能力和治理水平的现代化具有重要意义。政府采购的法治化需要通过政府争议解决的法治化予以不断推动。政府采购争议解决的法治化是维护政府采购制度健康运行、推动政府采购领域实现公平正义的重要保障。对于政府采购争议解决的法治化,至少持有以下几个方面预期。

(一) 建成完备的政府采购工作法律框架和政府采购争议解决法律框架

随着政府采购法律制度的建设和完善,政府采购相关的法律框架和规定有越来越复杂的趋势,且不同领域的法律规范及对法律政策的理解经常出现差异和冲突,会使政府采购的政策执行陷入无所适从的境地。

以2020年美国联邦巡回上诉法院对阿西特里斯公司案作出的判决为例,[1] 成熟如美国的政府采购法律制度,在一项产品是否为美国本土产品的认定标准上,在司法部门和政府部门之间也存在着重大的分歧。原告阿西特里斯公司生产的恩替卡韦药片(一种用于抑制乙肝病毒复制的药物)等十种药品是从印度进口原料药后稀释、分装而生产的,美国海关和边境保护局通常以药物活性成分的原产地确定药品的原产地。因此,美国退役军人事务部在政府采购中认为其产品不符合1979年《贸易协定法》中有关美国"制造"的定义,即没有发生"实质性改变"(substantial transformation),因此,不能被认定为美国本国产品。然而,政府一直以来对药品原产地由药品中活性药物成分的产地决定的长期立场被本案裁决否定。这一裁决导致的后果,将可能改变此前具有国内含量(即美国来源的药物活性成分)的成品药被优先于非美国来源的药品纳入联邦政府采购的做法,使美国政府可以继续采购以进口原料药生产的药品,进一步使通过联邦政府采购促进在美国国内生产活性药物成分的政策效果大打折扣,破坏了减少美国对外国药品进口依赖的努力。当然,这一原产地的适用规则可能并不能扩大到其他产品上。法院也指出,如果政府对法院所作的法律解释不满意,政府可寻求修改《联邦采购条例》中有关"美国制造的

---

[1] Acetris Health, LLC v. United States, 949 F. 3d 719, No. 2018-2399, Fed. Cir. Feb. 10, 2020.

最终产品"的定义。

在我国，调整政府采购的法律主要是《政府采购法》和《招标投标法》，其中《招标投标法》制定实施的时间早于《政府采购法》，并主要用于约束使用国有资金招标采购的行为。但政府采购的招标投标也需要适用《招标投标法》。以目前来看这两部法律在适用范围上有所重叠，相关管理制度也有差别，在争议处理程序上也有所不同。这也表明我国有关政府采购的法律框架还有待于进一步完善。在政府采购争议解决的法律规定方面，我国现行的政府采购质疑、投诉程序对于政府采购争议的受案范围还不够全面，现行规定在为政府采购争议解决提供详细、明确的法律指导方面还有待完善，在全国范围内有关政府采购争议解决的标准与规范还有待进一步协调和统一。

（二）政府采购争议解决机制在正确的导向下健康运行

政府采购争议解决机制应发挥其争议解决的程序价值，不被异化和利用。政府采购争议解决机制的健康运行，需要独立公正的争议处理机构，并确保争议解决过程的公正、独立和高效。政府采购和政府采购争议解决的法治水平，既与法治政府建设相关，又与公平竞争的市场经济秩序建设相关。政府采购争议解决程序对政府采购的监督纠错能力，需要以公平竞争的市场经济体制为依托。

政府采购制度在实际运行中，仍可能出现不尽如人意的缺憾。政府采购的治理水平受到社会关注的程度也越来越高。对政府采购的批评也时有出现，主要是涉及采购质次价高、异常低报价扰乱市场、未招先定、围标串标事件多发、滥用投诉机制、专家评审履职不力等方面。这些问题危害政府采购市场竞争，妨碍政府采购目标实现，影响政府采购工作秩序。提高政府采购领域的治理水平，一方面需要加强政府采购管理，另一方面需要借助政府采购争议解决机制加强监督和纠正错误，维护守法者的权益，对违法行为实施惩戒，从而为政府采购制度良性运作提供正确的导向。

各国为加强政府采购管理均较为重视政府采购内部监督机制。例如，在美国，在联邦政府采购管理体系内任命了4万名以上的合同官[1]，这些合同官员均须参加有关政府采购职业技能的培训，并获得政府部门的任命，专职从事联邦政府采购工作。通过这些专业采购人员落实岗位职责，并辅之以较为完备的政府采购争议解决机制，以尽可能的防范和控制内部风险。在引入外部监督方面，美国政府采购制度中设有奖励不法行为举报人的制度，并允许举报人自行对政府采购供应商违法索取合同款的行为提起公益诉讼，通过严厉打击政府采购的违法行为，维护政府利益以及维护公平竞争的市场环境。

从我国政府采购监督管理的基础设施建设情况来看，我国行政事业单位的政府采购从业人员估算约20万人，社会采购代理机构的从业人员有40万至50万人，已经具备了相当的规模。[2] 但是如果这些从业人员有部分人员不能正确地运用政府采购法律，在履行政府采购职责中不能做到权责匹配、相互制衡，会严重损害政府采购的正常秩序。由于较为激烈的竞争环境等原因，在政府采购实际工作中也出现了较多的恶意投诉，不当利用政府采购争议处理程序谋取私利、影响了政府采购工作的正常秩序的现象。无论是不积极处理投诉，还是任由恶意投诉泛滥，都将使政府采购争议处理程序被异化为破坏政府采购管理秩序的工具。因此，不断优化政府采购争议解决机制，为投诉者畅通多元化的争议解决渠道的同时，积极提高争议解决的效率和效果，才能正确发挥政府采购争议解决程序的积极作用。

（三）展现政府采购争议解决机制的价值创造功能

政府采购争议解决机制需要能够真正地创造价值，提高政府采购效益，并具有自我持续改进的能力。政府采购工作的统计数据经常会指出通过竞争性采购程序所节约的预算财政资金，在政府采购争议解决程序中，同样存在着通过监督救济挽回经济损失或创造经济效益的价值衡量。在负责解

---

[1] https://www.federaltimes.com/acquisition/regulations/2022/11/28/far-too-complicated-procurement-rules-hurt-contracting-report-says/.

[2] 中国政府采购年会暨建立适应高质量发展要求的现代政府采购制度研讨会：《政府采购理论研究与学科建设专题研讨集锦》，载于《中国政府采购》2024年第6期。

决联邦政府采购争议的美国政府问责局申请财政预算的申请书中，其最先强调的就是问责局工作产生的经济效益。例如，其在 2025 财年的预算申请中指出，在 2023 年，问责局的工作产生了 704 亿美元的经济效益。在过去 6 年中，每向政府问责局投入 1 美元所产生的投资回报为 133 美元。[①] 其中，在检测和应对欺诈方面，政府问责局经过研究估计在 COVID-19（新冠病毒）大流行期间的失业保险欺诈金额可能在 1000 亿—1350 亿美元。

政府采购争议解决程序通过甄别政府采购的违法行为，减少政府采购的不当支出，惩戒政府采购的腐败行为，规范政府采购的合同履约，对实现政府采购的法治化治理具有重要的作用，在实现我国治理体系和治理能力现代化的整体工作中，占据着不可或缺的重要地位。为使政府采购争议机制真正发挥作用，应特别重视争议处理的信息公开与透明度工作，加强政府采购争议处理过程的信息公开，包括争议受理、调查、裁判等各个环节，确保公众和利益相关者的知情权，从而使公众和利益相关者有机会参与政府采购争议处理的监督，以公开透明促进公平公正的实现。对于政府采购争议程序中违法违规的行为，要进行严厉打击，依法追究相关责任人的法律责任，维护政府采购争议程序的公平性和公正性。将政府采购争议程序置于重要的地位，可以形成对政府采购工作的良性驱动，继而在政府采购管理水平不断提高的情况下，争议解决机制妥善解决政府采购争议的能力也需要不断提高。如此良性互动的情况下，政府采购争议解决机制的效能有望得到持续改进。

二、对实现政府采购争议实质性解决的期待

全球多数国家统计来看，政府采购市场份额所占市场交易的比例越来越高，且涉及的行业广泛，政府采购市场的健康水平对经济社会发展的影响更深。在我国国有经济占比相对更高的情况下，政府采购的相关规则还被广泛地借鉴运用于使用国有资金的投资项目采购、国有独资公司和国有

---

① https://www.gao.gov/products/gao-24-107527.

控股公司的经营性采购交易活动中。例如，2024年7月，国务院国资委和国家发展改革委联合印发的《关于规范中央企业采购管理工作的指导意见》（国资发改革规〔2024〕53号），就要求中央企业在招标以外应当在询比采购、竞价采购、谈判采购、直接采购四种方式中选择采购方式。这表明采购监督管理问题已成为提高我国治理体系和治理能力现代化水平的重要内容。政府采购的参与各方对政府采购规则健康运行的期待，集中反映在出现矛盾纠纷时的政府采购争议解决程序中。在争议出现后政府采购争议解决程序能够及时有效地予以实质性化解，既是对政府采购规则得到良好遵行的有效验证，也是促进政府采购制度健康运行的重要保障。

（一）以行政法与公平竞争法规则为视角明确争议焦点问题

推动政府采购争议实质性解决，应当先适用正确的准据法正确地识别出争议问题的焦点所在。政府采购法主要是程序法，其主要内容是对参与政府采购活动的各方主体的行为规范加以规定。供应商提出的政府采购争议事项，可能难以仅运用政府采购法中的程序性规则以及一些相对简要的违规处理规定加以处理。从政府采购争议事项可能涉及的诉求依据和权益保护目标来看，主要涉及行政法和公平竞争法领域的相关规则的运用，部分索赔事项会涉及民事法律问题。

行政法的视角和行政法律规则，主要运用于分析采购人的采购行为对参与供应商以及其他市场经营者、其他政府采购利益相关者的影响。从行政合法性、自由裁量事项合理性的角度，对供应商提出的采购人行为加以分析后，可帮助争议处理机构快速地把握供应商的诉求依据，明晰争议焦点问题。在公平竞争法视角下，运用公平竞争规则分析政府采购争议事项，需要结合采购项目竞争市场背景，对参与采购的供应商及产品在整个市场中的竞争地位进行分析。在此基础上，进一步分析对供应商具体行为的竞争合法性与正当性，了解供应商在本项目中的竞争利益所在，从而在争议处理程序中有效回应供应商的利益诉求。

有关采购人在采购活动中行为的争议，可以运用行政法规则加以解决。例如，在韩国，最高法院认为政府采购合同是受私法约束的合同，对涉及中标结果和索赔的案件作为民事诉讼审理。但是，对于要求撤销采购程序中限制供应商资格的做法和暂停采购措施的请求，作为行政诉讼来审理。其理由是认为对参与采购供应商资格的限制与单方面影响行政相对人权利和义务的行政处分具有相同的性质。在实践中，到法院申请暂停执行采购中对供应商作不适当限制的诉讼非常活跃，且获得法院支持的案件比例较高。

而涉及采购中的不正当竞争行为产生的争议，则宜运用公平竞争规则加以处理。在韩国2007年修订的《垄断管理与公平贸易法》中，将"商定中标人、中标拍卖人、出价和中标或出价"定义为非法卡特尔行为。这类非法卡特尔行为将被责令纠正和处以罚款，罚款金额上限为合同额的10%。韩国公平贸易委员会发布的一份报告显示，在2009—2017年，在所查处的578起非法卡特尔活动中，涉及操纵投标案为327起，占比高达56%。这些操纵投标主要发生在公共部门采购中，且集中在建筑和土木工程采购中，而不是购买货物和服务的项目。[①] 的确，私人供应商拥有强大的通过贿赂公职人员等不法手段淘汰竞争对手、促使采购人接受低劣质量的措施，需要运用严格的反不正当竞争手段予以打击。除了行政处罚等行政监督手段以外，还应允许供应商通过政府采购争议处理程序提出有关保护其竞争利益的诉求并通过修改采购文件、纠正不当的采购程序以及改变采购成交结果等方式予以实现。

（二）加强对违规行为所引发争议的协同治理

除滥诉案件外，大部分争议诉求得到支持的政府采购争议，都存在采购人、采购代理机构或供应商、评审专家等政府采购活动参与主体的行为违规问题。保障采购行为与参加采购行为的合法合规性，将能够在争议处理程序中立于不败之地。对于采购人的违规行为，除通过争议处理程序加以纠正外，还应予以严肃问责追责，从而避免再次因违规行为而出现侵害

---

① Daein Kim, *Korean Public Procurement Law*, Korea Legislation Research Institute, January 2021。浏览于 https://www.researchgate.net/publication/348618992_Korean_Public_Procurement_Law。

供应商合法权益、引发争议纠纷的事件。而对于违规采购代理机构、违规评审专家、违规供应商，均应加强违规查处后的惩戒措施，通过取消供应商参加政府采购资格、剔除出评审专家名单等措施，加强对违规行为的协同治理，减少因劣迹供应商、劣迹评审专家再次违规行为而引发的争议。

以美国联邦政府采购"黑名单"制度为例，对于供应商经判决被认定在获取或履行政府采购活动中存在欺诈或刑事犯罪的，包括在投标过程中有反垄断法规定的不正当竞争行为、有贪污或行贿、逃税等行为的，将被列入黑名单。如果有故意违约、一次或多次未能履约等严重违反政府采购合同的行为的，也会被取消供应商资格。另外，有法律法规规定的违反环保法、违反劳动法的行为也可能基于法律规定被取消供应商资格。负责采购的联邦事务总署和国防部以及有采购权的联邦各政府部门均有权针对自己的供应商作出取消资格的决定。① 但出于维护政府利益的考虑，采购部门也有权为保障供应而选择不将一些大型企业供应商列入黑名单。

我国政府采购对于供应商资格黑名单的管理要求，主要是规定了参加政府采购活动前三年在经营活动中没有重大违法记录，包括供应商不存在因违法经营受到刑事处罚或者责令停产停业、吊销许可证或者执照、200万元以上罚款等行政处罚。按照失信联合惩戒的要求，被人民法院列为失信被执行人、环境保护领域严重失信行为主体、重大税收违法案件当事人、安全生产领域失信主体、列入政府采购严重违法失信行为记录名单的供应商等失信市场经营主体，也被拒绝参加政府采购活动。有的地方政府规章还规定使用国有资金的采购人可以拒绝在近2年内被人民法院生效裁判认定存在违约情形的投标人参加工程建设项目投标。② 目前，这些供应商黑名单的管理未区分行业，将来可进一步放开允许采购人所在的行业主管部门针对部门集中采购以及分散采购项目制定公布因违法违规、严重违约行为等

---

① 宋雅琴：《政府采购失信惩戒背后的规则与逻辑——美国政府采购"黑名单"制度的经验启示》，载于《中国政府采购报》2015年6月18日。
② 参见2018年《江苏省国有资金投资工程建设项目招标投标管理办法》（江苏省人民政府令第120号）第十五条。

被拒绝参加本部门政府采购活动的供应商黑名单，以加强对违法违规行为的治理效果。

加强对违规行为所引发争议的协同治理措施，还包括推动政府采购领域的公益诉讼实践。美国联邦政府采购公益诉讼制度鼓励普通公民举报提供政府采购供应商虚假索赔政府采购资金等违法线索。如果司法部门不启动诉讼程序，举报人可以自行到法院提出诉讼。我国当前公益诉讼制度对于原告主体资格有所限制，但行政公益诉讼制度允许检察机关在国有资产保护等领域开展检察公益诉讼以督促行政机关履职，对于政府采购领域查处违法违规行为不力、对政府采购合同履约中供应商违约行为未及时处理可能造成采购资金浪费或损失的情况，也可以通过检察公益诉讼进行协同治理。

（三）减少"程序空转"推进政府采购争议实质性化解

政府采购争议解决程序的设置，从对采购人、采购代理机构的质疑，到向监督管理部门提起投诉，以及后续的行政复议、行政诉讼或民事诉讼的一审、二审还可能发回重审及再审，有多个层级。在政府采购流程进行中发生的政府采购争议解决，应尽可能快速及时地予以处理，如果不能有效地利用每个争议解决程序争取实质性地解决争议，将可能造成案结事未了的"程序空转"。特别是在争议解决程序的适用情形规定不够清晰的情况下，如果过分纠结于案件是否应当受理、是应当按照行政诉讼案件受理还是按照民事诉讼案件受理、争议程序适用错误是否驳回起诉而不作实体处理、是否责令重新作出处理或者发回重新审理等程序性问题，将使案件当事人的诉求得不到实质的回应，降低了政府采购争议程序的工作效益。

提高实质性化解政府采购争议的能力，首先要提高政府采购从业人员的业务能力。矛盾问题总是萌生于政府采购工作的最前线，政府采购从业人员如果具有高超娴熟的业务能力，能够及时、正确地解答供应商的疑惑，将有利于避免因沟通不畅导致争议纠纷升级。其次，在投诉处理等争议解决程序设置调解机制。在进入投诉处理等政府采购争议处理渠道后，政府采购争议处理程序可探索建立先调解、后裁决处理的工作模式，力争使政府采购投诉争议事项得到高效处理，有效从前端化解政府采购纠纷，做到案结事了。当然，进行政府采购争议调解，需要赋予采购人的负责人员及投诉处理人员具有灵活处置相关问题的裁量权，如果仍事事需要请示报告，可能反而会造成程序拖沓，降低争议处理工作效率。最后，还要减少因民事与行政性质案件的区分标准不清晰造成的程序空转。对于提出争议请求的供应商而言，如果其具有利益相关的原告资格、诉求目标明确、法律和事实依据清晰，人民法院尽量不得以不符合民事受案范围或不符合行政受案范围做驳回起诉的处理，而可尝试建立对原告起诉程序错误的容错机制，在法院内部转换处理部门，直接予以实体性的审理。

三、政府采购争议解决制度发展趋势

得益于互联网信息技术的发展，政府采购工作流程的效率和透明度正在逐步提高。随着全球化发展，各国之间逐步增加开放政府采购市场的国际合作，逐步增进了对彼此政府采购争议解决制度的了解和互鉴。2023年世界银行公布的用于评估全球商业和投资环境的营商就绪评价体系，就将公共采购法规质量、政府采购市场的进入、公共采购规则运行效率等指标纳入对世界银行成员营商环境评价指标中，并将质疑投诉及上诉机制纳入观测点。[1] 面对提高采购工作效率的需要和供应商之间竞争加剧的态势，政府采购争议解决制度需要不断发展完善。在全球视域下，政府采购争议解决制度的发展主要有以下趋势。

（一）采购政策与技术的发展有助于降低争议概率

政府采购争议的发生，主要源于对采购法律法规政策理解与适用领域、采购技术操作领域，当然也有因追求不当利益的违规行为引发的争议。在采购政策方面，政府采购的理念和法律政策逐步清晰。在强调实现竞争公平性的同时，也越来越重视发挥政府采购的政策引导功能，在鼓励采购人

---

[1] 焦洪宝：《世行营商就绪评价指标对我国公共采购制度建设的启发》，载于《中国政府采购报》2023年6月19日。

开展合作创新采购、节约能源资源、生态环保、支持中小企业发展等方面设置要求和条件，注重绿色采购和可持续采购。在采购技术的进步方面，随着大数据技术的发展，政府采购将能够更有效地对采购对象进行全生命周期的价值评估，有利于实现物有所值的采购。在专业化采购技术人员的支持下，采购交易过程将更为专业高效，对采购人、供应商而言将更为便捷，采购需求得以更好实现。相应地，在政策明晰、采购技术日趋成熟的基础上，因采购政策不明确、采购实施操作环节错误等原因出现政府采购争议的概率将会降低。

随着数字化技术的快速发展，政府采购将更多地采用电子化采购系统。这将有助于实现采购过程的自动化和智能化，提高采购效率和透明度。同时，电子化采购系统还可以为政府采购争议解决提供更加便捷和高效的手段。政府采购争议解决将应用区块链技术，区块链技术可广泛记录采购过程的信息，进行存储、传输和验证，确保采购数据的真实性和完整性，为争议解决提供有力证据，提高政府采购争议解决效率。

（二）争议解决的国际规则与标准相互融合

随着全球贸易的深入发展和国际合作的加强，政府采购争议解决制度将更多地融入国际规则和标准。例如，WTO 的《政府采购协定》（GPA）为各国政府采购争议解决提供了国际框架，未来将有更多国家加入 GPA 或采用类似国际规则，以实现政府采购市场的公平竞争和透明化。各国政府在政府采购方面会进一步加强多边和双边合作，通过签订自由贸易协定（FTA）等方式，推动政府采购市场的开放，相应地，争端解决机制是双方市场开放和贸易待遇中的重要议题，政府采购贸易的发展，离不开各贸易方对政府采购争议解决机制的统一。政府采购争议解决机制的一体化将有助于减少贸易壁垒，提高政府采购效率，并促进国际经济一体化。

各国政府将加强在政府采购争议解决领域的国际交流与合作。通过分享经验、交流做法和共同研究等方式，推动全球政府采购争议解决制度的创新和发展。国际组织如 WTO、联合国贸易和发展会议（UNCTAD）等将在推动全球政府采购争议解决制度发展中发挥重要作用。这些国际组织将提供技术支持、培训服务和政策建议等，帮助各国政府完善政府采购争议解决制度。全球视域下政府采购争议解决制度的发展将呈现国际化、法治化、多元化、数字化和可持续化的趋势。

（三）政府采购争议解决政策与法律体系不断完善

包括政府采购争议解决的相关法律制度在内的政府采购法治将得到进一步的修订与完善。由于政府的购买力及政府在经济发展中的主导地位日渐走强，各国政府将根据实际情况和国际趋势，对政府采购相关法律法规进行修订和补充。为保障采购效率，落实采购人主体责任，采购方式适用区分趋于模糊，在更多操作性细节问题上将更为尊重采购人的选择。例如，中国正在推进《政府采购法》的修订工作，以强化采购人主体责任、完善政府采购交易制度、健全政府采购政策落实机制等。这将为政府采购争议解决提供更加坚实的法律基础。

在具体采购争议解决制度上，为了提高争议解决效率和降低解决成本，各国政府将推动多元化争议解决机制的发展。这包括调解、仲裁等非诉讼纠纷解决方式（ADR）的广泛应用，以及行政裁决、行政复议和司法诉讼等诉讼方式的优化和完善。为尽快高效处理争议，争议解决机构必须具有快速响应重大案件的处理程序，司法机关也有必要建立起综合处理各类纠纷的程序。例如，意大利就允许行政机关对供应商在招标过程中的欺诈、履行政府采购合同中的违约提起损害赔偿之诉。[1] 在行政协议性质的政府采购合同争议解决中，在行政诉讼中有限地承认作为采购人的行政机关一方的起诉权或反诉权，将有助于避免行政机关过多地行使行政优益权。但是，由于供应商之间的竞争加剧，在供应商与政府采购交易的过程中，如因政府基于行政优益权或违约致使供应商受损害，供应商可获得的损害赔偿范围仍然将受到抑制。

---

[1] 罗冠男：《意大利公共合同争议多元化解决机制研究》，载于《经贸法律评论》2023年第2期，第154页。

附录　相关法律法规部门规章规范性文件

中华人民共和国民法典

　　第十三届全国人民代表大会第三次会议表决通过　2020 年 5 月 28 日

中华人民共和国预算法

　　第八届全国人民代表大会常务委员会第二次会议通过　1994 年 3 月 22 日

　　第十二届全国人民代表大会常务委员会第十次会议修订　2014 年 8 月 31 日

　　第十三届全国人民代表大会常务委员会第七次会议修订　2018 年 12 月 29 日

中华人民共和国政府采购法

　　第九届全国人民代表大会常务委员会第二十八次会议通过　2002 年 6 月 29 日

　　第十二届全国人民代表大会常务委员会第十次会议修改　2014 年 8 月 31 日

中华人民共和国招标投标法

　　第九届全国人民代表大会常务委员会第十一次会议通过　1999 年 8 月 30 日

　　第十二届全国人民代表大会常务委员会第三十一次会议修改　2017 年 12 月 27 日

中华人民共和国行政处罚法

　　第八届全国人民代表大会第四次会议通过　1996 年 3 月 17 日

　　第十一届全国人民代表大会常务委员会第十次会议《关于修改部分法律的决定》第一次修正　2009 年 8 月 27 日

第十二届全国人民代表大会常务委员会第二十九次会议《关于修改〈中华人民共和国法官法〉等八部法律的决定》第二次修正 2017年9月1日

中华人民共和国行政复议法

第九届全国人民代表大会常务委员会第九次会议通过 1999年4月29日

第十一届全国人民代表大会常务委员会第十次会议《关于修改部分法律的决定》第一次修正 2009年8月27日

第十二届全国人民代表大会常务委员会第二十九次会议《关于修改〈中华人民共和国法官法〉等八部法律的决定》第二次修正 2017年9月1日

第十四届全国人民代表大会常务委员会第五次会议修订 2023年9月1日

中华人民共和国公司法

第十四届全国人民代表大会常务委员会第七次会议通过修订 2023年12月29日

中华人民共和国民事诉讼法

第十届全国人民代表大会常务委员会第三十次会议第一次修正 2007年10月28日

第十一届全国人民代表大会常务委员会第二十八次会议第二次修正 2012年8月31日

第十二届全国人民代表大会常务委员会第二十八次会议第三次修正 2017年6月27日

第十三届全国人民代表大会常务委员会第三十二次会议第四次修正 2021年12月24日

第十四届全国人民代表大会常务委员会第五次会议修正 2023年9月1日

中华人民共和国行政诉讼法

第七届全国人民代表大会第二次会议通过 1989年4月4日

第十二届全国人民代表大会常务委员会第十一次会议第一次修正 2014年11月1日

第十二届全国人民代表大会常务委员会第二十八次会议第二次修正 2017年6月27日

中华人民共和国仲裁法

　　第八届全国人民代表大会常务委员会第九次会议通过　1994 年 8 月 31 日

　　第十一届全国人民代表大会常务委员会第十次会议第一次修正　2009 年 8 月 27 日

　　第十二届全国人民代表大会常务委员会第二十九次会议第二次修正　2017 年 9 月 1 日

　　第十四届全国人民代表大会常委会第十二次会议审议修订草案　2024 年 11 月 4 日

中华人民共和国反垄断法

　　第十届全国人民代表大会常务委员会第二十九次会议　2007 年 8 月 30 日

中华人民共和国反不正当竞争法

　　第十三届全国人民代表大会常务委员会第十次会议修改　2019 年 4 月 23 日

中华人民共和国政府采购法实施条例

　　国务院第 75 次常务会议通过　2014 年 12 月 31 日

中华人民共和国招标投标法实施条例

　　国务院令第 183 次常务会议通过　2011 年 11 月 30 日

　　国务院令第 676 号《国务院关于修改和废止部分行政法规的决定》第一次修订　2017 年 3 月 21 日

　　国务院令第 698 号《国务院关于修改和废止部分行政法规的决定》第二次修订　2018 年 3 月 19 日

　　国务院令第 709 号《国务院关于修改部分行政法规的决定》第三次修订　2019 年 3 月 2 日

中华人民共和国外商投资法实施条例

　　国务院第 74 次常务会议通过　2019 年 12 月 12 日

中华人民共和国政府信息公开条例

　　国务院第 165 次常务会议通过　2007 年 1 月 17 日

　　国务院令第 711 号修订　2019 年 4 月 3 日

政府投资条例

　　国务院第 33 次常务会议通过　2018 年 12 月 5 日

优化营商环境条例

　　国务院第 66 次常务会议通过　2019 年 10 月 8 日

政府采购货物和服务招标投标管理办法

　　财政部第 87 号令　2017 年 7 月 11 日

政府采购质疑和投诉办法

　　财政部第 94 号令　2017 年 12 月 26 日

政府采购信息发布管理办法

　　财政部令第 101 号　2019 年 11 月 27 日

政府购买服务管理办法

　　财政部令第 102 号　2020 年 1 月 3 日

政府采购进口产品管理办法

　　财库〔2007〕119 号　2007 年 12 月 27 日

政府采购需求管理办法

　　财库〔2021〕22 号　2021 年 4 月 30 日

政府采购促进中小企业发展管理办法

　　财库〔2020〕46 号　2020 年 12 月 18 日

关于在政府采购活动中落实平等对待内外资企业有关政策的通知

　　财库〔2021〕35 号　2021 年 10 月 13 日

最高人民法院关于适用《中华人民共和国民法典》合同编通则若干问题的解释

　　法释〔2023〕13 号　2023 年 12 月 4 日

最高人民法院关于执行《中华人民共和国行政诉讼法》若干问题的解释

　　法释〔2018〕1 号　2018 年 2 月 6 日

最高人民法院关于审理行政协议案件若干问题的规定

　　法释〔2019〕17 号　2019 年 11 月 27 日

参考文献

[1] 财政部国库司等:《〈中华人民共和国政府采购法实施条例〉释义》,中国财政经济出版社 2015 年版。

[2] 采购人实务指南编写组:《采购人实务指南》,经济科学出版社 2024 年版。

[3] 何红锋:《政府采购法详解》,知识产权出版社 2002 年版。

[4] 赵勇:《中国招标采购能力建设研究》,经济科学出版社 2017 年版。

[5] 曹富国:《加入 WTO 政府采购协定背景下中国政府采购法律改革问题研究》,法律出版社 2022 年版。

[6] 杭正亚:《政府采购救济争议处理:实务指引与案例分析》,法律出版社 2020 年版。

[7] 王周欢等:《政府采购 100 个典型案例评释》,中国商务出版社 2022 年版。

[8] 肖北庚:《政府采购法原理》,世界图书出版公司 2016 年版。

[9] 徐焕东:《政府采购探索之路》,经济科学出版社 2024 年版。

[10] 编写组:《政府采购行政裁决指导性案例解读汇编》,经济科学出版社 2022 年版。

[11] Bosio & Djankov, *Public Procurement in Law and Practice*, American Economic Review 2022, 112(4): 1091-1117, https://doi.org/10.1257/aer.20200738.

[12] Open Contracting Partnership, *How governments spend: Opening up*

the value of global public procurement, www. open-contracting. org.

[13] Duncan Fairgrieve, François Lichère, *Public Procurement Law: Damages as an Effective Remedy*, Hart Publishing, 2011.

[14] Flynn, M. , Buffington, K. , & Pennington, R. (2020). *Legal Aspects of Public Procurement* (3rd ed.). Routledge. https://doi. org/10. 4324/9781003041160.

[15] Piga, G. , & Treumer, S. (Eds.). (2012). *The Applied Law and Economics of Public Procurement* (1st ed.). Routledge. https://doi. org/10. 4324/9780203096314.

[16] Michael J. Schaengold and Robert S. Brams, *Choice of Forum for Government Contract Claims: Court of Federal Claims vs. Board of Contract Appeals*, The Federal Circuit Bar Journal, Volume 17 Number 3, February 2008.

[17] *The Construction Disputes Law Review*, Second Edition, Law Business Research Ltd, the United Kingdom, December 2022.

[18] Mikyung Yun, *Government Procurement Defence Under GATT 1994 Article Ⅲ: 8 (a): A Critical Review of the Turkey-Pharmaceutical Products Dispute*, Journal of World Trade, February 2023, DOI: 10. 54648/TRAD2023007.

后记：良法善治，一路向前

几乎所有的法学科研论著，与法学学术讲座或普法课堂一样，在实质效果上看都是对法律的宣传。格劳秀斯的《战争与和平法》告诫大家，国家之间的战争也要讲规则、有底线；孟德斯鸠的《论法的精神》谈到了气候和土壤对当地法律的影响，定义什么是自然法和人为法，试图阐明法与国家治理、经济贸易等之间的关系；《新教伦理与资本主义精神》在努力证明，现代商业发展的底层逻辑构建，离不开伦理观念下个人对自己行为的约束和对社会秩序的尊崇。这些论著对运行于社会发展之中的法律规则，加以不断的描述、界定和披露，让更多的读者得以感知、认可与奉行。即便是能够提出立法建议的研究，与司法解释文件、普法课堂的讲义在所达成的效果上也没有实质的区别：都是为了使人们更清晰准确地认识、校正或探究某些共用的法律规则，以更好地平衡现实世界中的各种利益纷争，实现社会的良好治理和有序发展。

在历史的长河中，社会治理水平的每一次提高，都离不开法治的坚实支撑。"良法善治"是我国建设社会主义法治国家的法治目标，代表了我们对法治社会建设的美好愿景。在良法善治目标的指引下，一路向前努力，更是推动国家发展、民族复兴的必由之路。良法善治蕴含着对现实法律制度的高标准要求和对社会治理智慧的深刻洞察。"良法"，即科学、公正、合理的法律制度，是法治社会构建的基础。"良法"要求法律必须反映人民的意志和利益，体现社会公平正义，同时能够适应时代发展的需要，不断自我完善。在良法的框架下，权利得到保障，义务得以明确，社会运行有

后记：良法善治，一路向前

章可循，矛盾纠纷得以公正解决。"善治"，则是指通过有效的治理手段，实现社会的和谐稳定与繁荣发展。"善治"强调政府、市场、社会等多元主体之间的协同合作，共同推动社会治理体系和治理能力现代化。

政府采购作为政府支出管理的重要手段，其法治化水平直接关系到公共资源的有效配置、市场经济的公平竞争以及政府公信力的提升。在政府采购争议解决领域，"良法"是指能够准确规范政府采购争议解决程序的争议解决法律规则。法律救济是法律权益实现的保障，良好的争议解决制度是政府采购法治化的前提和基础。这要求政府采购法律制度必须科学、公正、合理，能够全面反映市场经济规律，保障各方当事人的合法权益，促进公平竞争和诚信交易。建设政府采购争议"良法"，就是不断完善政府采购法律法规体系，确保法律条文的严谨性和可操作性。这包括修订《政府采购法》及其配套法规，明确采购范围、方式、程序及监管机制，使政府采购活动有法可依、有章可循。良法还体现在政府采购的透明度上。通过立法强化信息公开要求，确保采购项目、采购过程、采购结果等信息全面、及时、准确地向社会公开，接受社会监督，减少暗箱操作，增强公众信任。特别是良法要体现对供应商合法权益的充分保护。法律制度应明确供应商的救济途径，包括质疑、投诉、行政复议和诉讼等，确保供应商在权益受损时能有开放的救济渠道，能够得到有效救济。

善治是优化政府采购治理体系的结果。"善治"强调在良法基础上，通过科学有效的治理手段，实现政府采购的高效、廉洁和公正。为提高政府采购法治化水平，要建立健全政府采购监管体系，加强财政、审计、纪检监察等部门的协同配合，形成监管合力。利用大数据、云计算等现代信息技术手段，提高监管的精准度和效率，及时发现和纠正违法违规行为。在政府采购流程中，要简化审批手续，提高采购效率。推广电子化采购平台，实现采购信息的在线发布、在线投标、在线评审等，降低交易成本，提高采购效率和质量。在配套法律基础设施建设方面，要加强政府采购诚信体系建设，建立供应商信用评价制度，对失信行为进行联合惩戒。同时，加强政府采购从业人员职业道德教育和业务培训，提高其专业素养和服务水平。

在良法善治的实践中，政府是"掌舵者"也是"服务者"，既要加强宏观调控和监管，确保市场秩序和社会稳定；又要注重服务职能的发挥，为人民群众提供更加便捷、高效的公共服务。同时，政府主导的善治还离不开被治理者自身的积极参与和自治能力的提升。在政府采购的制度建设与发展实践中，主要的贡献者是采购人员、采购行业人员和采购监督管理人员，在每个采购项目的实际操作中不断检验政府采购管理制度的有效性，总结政府采购各程序环节的管理要点，形成管理制度改进的意见。但一项有助于实现特定功能目标的系统化制度的不断完善，不仅需要具体操作层面的规范和严格执行，还需要宏大的权利保护与权力制衡的工作框架，并针对偏离管理制度要求的行为在事中和事后采取严格有力的纠正、惩戒与救济措施。政府采购争议解决制度是政府采购利益相关各方达成自身利益诉求的决斗场，只有争议解决制度顺利运行，才能使不同利益相关方建立起对体系化政府采购制度的共同信赖，才有可能产生较为有序的治理环境，并使参与者享受到制度约束所创造的价值。

随着国内政府采购争议解决案例越来越丰富，政府采购争议案例对政府采购活动的指导作用正得到逐步加强。本书基于全球视域，对域外政府采购争议解决制度原理与重要案例进行了总结和分析。适逢我国深化政府采购制度改革发展的重要节点，希望这些政府采购争议解决法治实践的素材，能为我国政府采购争议解决制度建设提供重要的借鉴和助力。